지울 수 없는
꿈을 향한
여정

김상무 지음

백산출판사

지울 수 없는 꿈을 향한 여정

2024년 8월 25일 초판 1쇄 인쇄
2024년 8월 31일 초판 1쇄 발행

지은이 김상무
펴낸이 진욱상
펴낸곳 백산출판사
교 정 성인숙
본문디자인 오행복
표지디자인 오정은

등 록 1974년 1월 9일 제406-1974-000001호
주 소 경기도 파주시 회동길 370(백산빌딩 3층)
전 화 02-914-1621(代)
팩 스 031-955-9911
이메일 edit@ibaeksan.kr
홈페이지 www.ibaeksan.kr

ISBN 979-11-6639-475-1 03040
값 20,000원

서문

    인간은 명분 때문에 존재한다. 그리고 그 명분을 찾기 위해 끊임없이 도전하고 있는 것이다. 따라서 이 글은 필자가 감히 명분과 꿈을 이루기 위한 도전을 근거로 과거의 삶과 체험에 관한 것들을 반성하고 성찰하는 자세로 꾸밈없이 요약해서 정리한 이야기이다.

    시대적으로는 8.15해방 직전에 태어나서 6.25전쟁과 4.19 및 5.16군사정변 등 일련의 사회적 격동을 겪었으며, 개인적으로는 평범한 교육자의 아들로 태어나 뜻하지 않게 제2의 운명을 맞아 불행한 소년시절을 보내야만 했다. 갖은 역경과 고난 가운데 미군들의 도움으로 고학을 하면서 꿈을 키우고 어렵사리 삶을 엮어온 필자가 자신을 돌아볼 수 있는 기회를 가진다는 점에서 이 글은 다소의 의의가 있다고 본다.

    이 책을 쓰게 된 목적은 두 가지로 요약할 수 있다. 첫째는 오늘을 사는 청소년들에게 꿈과 사랑과 용기를 심어줌으로써 확고한 가치관을 설정하고 더욱 긍정적이고 희망찬 미래의 삶을 계획하고 영위하는 데 도움을 주기 위한 것이다. 둘째로 장년 및 노년층에게는 지난날의 추억을 되살리면서 자신을 성찰해 볼 수 있는 기회를 제공하고 아울러 앞으로의 생을 이웃과 함께하는 사랑과 긍휼과 자비로운 마음으로 베풀며 보람된 삶이 될 수 있도록 권면하기 위한 것이다.

꾸밈없는 나의 진솔한 이야기는 문학적으로나 교육적으로 특별한 가치를 지니고 있다고 볼 수 없기에 특별한 인간 승리적 수기도 아니지만, 누구에게나 공감을 살 수 있는 '소박한 꿈을 향한 삶의 여정' 그 자체를 표현하려고 노력했다.

이 글은 오래전 필자가 연구년을 맞아 석사 및 박사과정을 이수한 영국 서리 대학교에서 한글로 집필한 바 있다. 최근에 당시 학과 비서였던 Mrs. Gaye Wanhill의 추천과 경희대학교 교수이자 미국인 아들이기도 한 Dr. Robert Hart의 권유에 따라 이 글을 출판하기로 마음먹었다.

따라서 책으로 발간할 수 있도록 격려와 지원을 해주신 백산출판사 진욱상 사장님과 편집부 김경수 부장님 그리고 교정을 위해 애써주신 성인숙 과장님께 진심으로 감사를 드린다.

이 책이 독자의 기대에 조금이라도 부응할 수 있다면 그 영광은 지금까지 나를 인도하시고 도와주신 하나님과 모든 분께 돌릴 수 있는 가장 큰 기쁨과 명예가 될 것이다.

가야산 자락에서 김상무

차례

제1부 교장 아들

둘째 시간과 제2의 운명 _ 13
아버지를 잃은 슬픔 _ 19
유아시절 _ 22
공비의 침입 _ 25
내가 얻은 교훈과 귀한 선물 _ 29
웅변대회와 새옷 _ 33
사람 팔자 시간문제 _ 36
셋방살이의 설움 _ 38
새로운 보금자리 _ 40
진학의 기쁨 _ 43
헌 노트와 매 _ 46

제2부 김군이라는 새로운 호칭

신문 배달 _ 51
자동차 부속상 점원 _ 55
국화빵 장사 _ 58
하우스 보이 _ 62
양복점 점원 _ 65
고문관실 사환 _ 68
부대 이동 _ 71
추석 휴가 _ 74
사라호 태풍 _ 77
귀대의 길 _ 80

제3부 **주경야독**

전근과 큰형의 죽음 _ 85

고등학교 진학 _ 88

군사혁명과 형의 취업 _ 91

하숙생활 _ 93

악화된 건강 _ 95

누나집에서의 생활 _ 97

형의 결혼 _ 100

합격 통지서 _ 103

제4부 **그리던 대학생활**

대학 입학과 첫 학기 _ 109

여름방학과 아르바이트 _ 113

'올페'라는 이름의 서클 _ 116

등록금과 입양 _ 119

학생회장 선거 _ 123

학생 데모 _ 129

교생 실습 _ 132

제5부 **군생활과 진학**

훈련소 입영 _ 139

카투사 교육 _ 144

새로운 보직 _ 148

사령관 비서 _ 153

반야월과의 인연 _ 157

결혼 _ 160

대학원 진학과 첫아들 그리고 전역 _ 165

제6부 **사회 진출**

취업의 꿈 _ 171
대구시장 비서 _ 175
신명여중 교사 _ 180
시장 경질 _ 185
태평양지역 시장 및 도시개발
관계관 회의 _ 189
내무부 근무 _ 194
낙향 _ 198

제7부 **미국 유학**

하와이 도착 _ 205
독신생활 _ 208
영어 개인교사 _ 212
일부 가족과의 상봉 _ 217
팔롤로 아파트 입주 _ 222
도시계획국 현장실습 _ 227
마누라 장학생 _ 230
하와이 관광청 현장실습 _ 236
아웃리거 호텔 현장실습 _ 241
하와이에서 맞은 손님 _ 247
논문 발표 및 제출 _ 252
미국 본토 여행 _ 257
귀국 _ 265

제8부 **대학 복직**

관광과 전임 _ 273
야간부 교학차장 _ 277
스카우트 유혹 _ 282
교수와 학위 _ 286
변화된 아내의 의식 _ 289
학생부장 _ 292
큰아버지의 타계 _ 296

제9부 **영국 유학**

입양아 에스코트 _ 305
대학 기숙사 입사 _ 311
관광경영학 대학원 과정 _ 315
서울올림픽 반대운동 _ 321
재영 유학생회 _ 325
마노 하우스 _ 330
Farncombe역에서 기다린 마지막 열차 _ 335
종합시험 _ 340
시험합격 통지서 _ 344
논문 학기 _ 347
석사학위 취득 _ 351

제10부 또 다른 명분을 위한 도전

박사과정 진학 _ 359
학장 경질과 교무부장 _ 363
학부로의 전근 _ 369
신임 총장과 비서실장 _ 372
일곱 번째 에스코트 _ 376
18일간의 유럽여행 _ 380
재단 분규와 총장 경질 _ 388
서울올림픽과 지도교수 방한 _ 393
박사학위논문 제출과 구두시험 _ 398
학위 취득 축하연 _ 404
도전의 결실 _ 409

지울 수 없는
꿈을 향한 여정

제1부

교장 아들

둘째 시간과
제2의 운명

둘째 수업시간을 알리는 종소리가 귓전에서 사라지기도 전에 담임선생님이 출석부와 함께 국어 교과서를 들고 교실로 들어왔다. 오늘 이 시간에는 지난주 오어사(吾魚寺)에 봄 소풍을 다녀온 데 대한 감상문 및 시를 포함한 문학작품을 제출해야 하는 시간이기에 나는 더욱 긴장하고 있었다.

어제도 여느 때와 마찬가지로 어머니의 잔심부름과 막내동생을 돌보는 일로 많은 시간을 뺏기고, 또 병상에 계시는 아버지를 간호하느라 밤늦은 시간에야 겨우 내 자신의 시간을 가질 수 있었다.

나는 형들의 눈치를 보면서 책상머리에 앉아 오어사 방문 때 느낀 점들을 글로 표현하려고 애썼는데 마음대로 잘 되지 않았다. 다만 그곳의 나이 드신 스님이 오어사에 대한 유래를 말씀해 주셨는데, 오어사는 신라 진평왕 때 자장율사와 의상대사가 창건했다고 전해오는 절로, 두 스님이 각각 고기를 한 마리씩 절 아래 연못에 방생했는데 그 이튿날 보니 한 마리밖에 보이지 않자 서로 자기가 방생한 고기라고 우긴

데 근거해서 나오(吾)자에 고기어(魚)자를 따서 절의 이름을 오어사라고 부르게 되었다고 했다.

이러한 전설적 배경과 함께 절 주위에는 경치가 빼어난 계곡과 양지바른 산 중턱에는 자장암과 원효암 같은 암자가 있어 자연과의 조화가 아름다움의 극치를 이루고 있었다. 이러한 기억과 함께 그때의 감정을 되살려 다음과 같이 시상을 몇 줄로 정리하여 제출하기로 하고 빨리 잠이나 자라는 형들의 고함소리를 안고 나는 잠자리에 들었다.

오어사

높고 푸른 대왕암을 뒤로하고
동해를 향해 다소곳이 앉은 너
무릎 아래로 흐르는 맑은 개울에는
두어 마리의 물고기가 노닌다

흐르는 물소리와 산새들의 노래가
교향악의 조화를 이루면서

속세의 잡념과 욕망으로 얼룩진
인간에겐 참된 자유와 평화를 안겨주고 있다
양지의 진달래와 노오란 개나리가
따스한 봄 기운과 더불어 향기를 더할때

자장과 의상의 혼을 담은 너는
정녕 아름다운 사랑의 등불을 밝히리

내가 3개월 전에 전학해 온 동해초등학교는 경상북도 영일군 동해면 도구동에 위치했다. 전설에 의하면 이곳은 신라 제8대 임금 아달라왕 때 동해가에 살던 연오랑과 세오녀 부부가 바위 또는 고기를 타고 일본으로 가버리자 신라에서는 해와 달이 빛을 잃었다고 한다.

그래서 신라 임금이 일본으로 사람을 보내자 그곳에서 왕과 왕비가 되어 있던 연오랑과 세오녀는 사신에게 왕비가 짠 비단을 주면서 그것으로 하늘에 제사를 지내면 좋을 것이라고 했다.

신라에서 그 말대로 하였더니 정말로 해와 달이 그전과 같아졌고, 그 뒤로 그 비단을 국보로 삼아 그것을 '귀비고'라고 하는 창고에 보관하고, 제사 지낸 곳을 '영일현' 또는 '도기야'라고 했는데 도구동이 바로 이 전설의 '도기야'로 여겨지고 있는 유서 깊은 고장이기도 하다.

나는 아버지가 이 학교 교장선생님이라는 직위에 있었기 때문에 다른 애들과는 달리 항상 부담감을 안고 신중히 처신하지 않으면 안 되었다. 특히 선생님들로부터는 교장선생의 아들이기 때문에 학업이나 언행 면에서 더욱 모범을 보여야 한다는 기대감을 저버릴 수 없었고, 학급 친구들로부터는 가끔 시기와 질투 섞인 언행에 현명하게 대처해야만 했던 어려운 상황에 있었다.

나는 하루빨리 아버지가 완쾌하셔서 근엄하신 모습으로 교장실에 앉아서 직무도 수행하시고 조회시간에 운동장의 높은 교단에 올라서셔서 우렁찬 목소리로 학생들에게 훈시하시는 모습을 볼 수 있기를 간절히 소망하고 있었다. 그렇게 되면 우선 어머니와의 약속대로 새옷을 한 벌 얻어 입게 될 것이고, 또 나의 잔심부름 몫도 줄어서 공부에도 더 많은 시간을 낼 수 있어 행복할 것이라는 생각을 가지고 있었다.

그러나 어제 저녁식사를 마친 후 모든 식구들을 불러놓고 아버지께서는 한 사람 한 사람에게 평상시의 훈계와는 다른 분위기로 이례적인 당부의 말씀을 하셨다.

포항 영흥초등학교에서 교편을 잡은 누나는 울음을 터뜨렸고, 어머니는 연신 콧물을 앞치마로 훔치시는 바람에 형들에게 특히 무슨 말씀을 하시는지 잘 알아들을 수가 없었다. 큰형은 어릴 때부터 뇌성마비로 겨우 몸을 가누면서 그저 교회에만 열심히 다녔고, 둘째 형은 고등학교를 졸업하고 포항시청에 다니고 있었으며, 셋째 형은 고등학교에 재학 중이었다.

나는 아버지가 내 이름 부르시는 소리를 겨우 들을 수 있었다. 말씀하시기에 무척 힘들어하시는 것 같아 안타깝기 그지없었다. 그러나 나는 아버지의 야윈 다리를 주무르던 손을 멈추고 말씀에 귀를 기울였는데, "너는 착하니까 엄마 말씀 잘 듣고 열심히 공부해라." 그러시고는 다시 큰형을 향해 "불쌍한 것" 하시고는 말씀을 잇지 못하셨다. 모든 식구들이 소리를 억제하면서 눈물을 흘리고 있었으나 나이 어린 두 동생들은 장난질만 계속하고 있었다.

나는 더욱 손에 힘을 주어 아버지의 다리를 주무르면서 속으로 빨리 쾌차하시기를 빌었다. 모든 식구를 물리치시고 어머니 혼자만 남게 하셔서 나도 형들과 함께 아버지의 방을 나왔다.

나는 선생님의 호명 소리에 놀라 대답과 동시에 정신을 차리면서 심상치 않았던 어제저녁의 일을 잊으려고 애쓰면서 과제물을 제출하였다.

바로 그때 갑자기 복도에서 급히 달려오는 요란한 실내화 소리가 들리더니 우리 교실 입구에서 멈추었다. 주번 선생님이 문을 여시고는 담임선생님과 몇 마디 귓속말을 주고받은 후 나를 불러내셨다. "빨리 집에 가보아라." 하시고는 심각한 표정으로 뒤따라오시는 담임선생님과 계속 귓속말을 주고받았다.

　1953년 5월 12일 아버지가 타계하심으로써 나는 새로운 제2의 운명을 맞이하게 되었다.

아버지를 잃은 슬픔

허겁지겁 신발을 신고 집으로 달려가  는 순간 이상한 예감과 함께 애달픈 통곡 소리가 나의 발걸음을 멈추게 하였다. 갑자기 기운이 빠지고 다만 현실을 부인하고 싶은 심정뿐이었다. 뒤에서 누군가가 "빨리 들어가 보지 않고 무얼 하느냐."라고 다그치는 소리에 떠밀리다시피 나는 아버지의 방에 들어섰다. 언제 왔는지 벌써 학교 앞 아저씨네 식구들이 어머니와 함께 구슬픈 통곡 소리를 내고 있었다.

오늘 아침까지 어머니께서 정성 들여 달여주신 탕제를 드셨던 아버지가 돌아가셨다는 사실이 도저히 믿기지 않았다. 곧이어 누나와 형들이 돌아왔고 학교 선생님들과 포항 시내에 사시는 삼촌과 일가친척들이 비보를 받고 모여들었으며 집안은 많은 사람들로 북적이기 시작했다. 나는 정신없이 물 긷는 일과 잔심부름을 하면서 3일간을 어떻게 보냈는지조차 모를 정도로 바빴다.

드디어 학교장으로 장례식이 강당에서 거행되었고, 많은 사람들의 애통과 슬픔 속에 아버지는 선산인 오천읍 갈평동의 묘지에 묻히셨다. 날씨마저 못다 이룬 교육자의 꿈을 아쉬워하듯 비바람이 몰아치고 있었고, 나는 트럭 뒤쪽에 쭈그리고 앉아 묘지까지 가면서 '왜 이렇게 험하고 먼 곳으로 아버지를 모셔야만 하는가' 하는 생각과 '앞으로 우리 식구는 어떻게 될까' 하는 생각으로 머리가 복잡했다.

분명한 것은 이제 더 이상 나는 교장선생님의 아들이 아니라는 것이고, 따라서 아이들로부터 '꼬장'이라는 별명을 들을 일도 없을 것이며 외형상으로 반듯한 교장관사가 우리집이 아니라는 것 등의 생각들이 복잡하게 머릿속을 거미줄 치고 있었다. 나를 '교장집 아들'이라고 부르던 동네 사람들은 이제 나를 어떻게 부를까? 학급 친구들은 나를 무슨 별명으로 놀릴까? 그리고 우리 식구는 어디서 어떻게 살아갈 것인가?

모든 것이 순식간에 일어났다가 끝난지라 도무지 실감이 나지 않은 상태에서 나는 다시 학교에 나갔다. 그러나 아버지가 거처하시던 방은 텅 비워져 있었고, 나는 그전같이 집안의 잔심부름을 하느라 바쁘게 뛰어다닐 일도 없었으며 다만 5살짜리 막내동생을 돌보는 일만 맡게 되어 다소 여유로운 시간을 가지게 되었다. 그렇지만 마음 한구석엔 무언가 허전하고 집안 분위기도 침울하고 불안정한 상태여서 공부도 제대로 되지 않을뿐더러 노는 일에도 신명이 나지 않았다.

그전 같으면 학교 뒷산에서 찰흙을 파다가 각종 짐승 또는 그릇 모양의 공작 놀이가 재미있어 노는 데 시간 가는 줄 몰랐을 터인데, 지금은 뒤뜰에서 가끔 어머니가 태우시는 아버지의 유품 타는 냄새와 공중으로 원을 그리며 떠오르는 연기와 어머니의 한숨 소리를 들으면서 불확실한 나의 미래를 운명의 여신에게 맡길 수밖에 없다는 나약하고 슬픈 생각 때문에 도무지 신명 나는 일이 없었다. 어머니는 날이 갈수록 집안 살림들을 정리하시면서 새로운 거처를 찾으시느라 바쁘게 다니셨다.

아버지가 타계하신 지 약 1개월이 지나자 새로운 교장선생님이 부임하시게 되었다. 나는 운동장의 전교생 조회시간에 신임 교장선생님의 인사 말씀을 들으면서 불과 몇 개월 전만 해도 아버지가 교감 선생님의 안내를 받으시면서 저 교단에 서서 훈시하셨는데 하는 생각과 그때의 모습을 떠올려보았다.

그 당시 아버지는 5년 만에 다시 부임하게 되어 고향에 다시 온 것처럼 무척 기쁘시다는 말씀을 하신 기억이 났다. 부임하시자마자 건강이 다소 회복되시는 듯하셔서 모두들 기뻐했었는데 불행히도 병마를 이겨내지 못하시고 말았다. 아버지를 잃은 슬픔은 나에게 어느덧 '인간의 생과 사'를 처음으로 사색케 하는 정신적 성숙의 계기로 이어지고 있었다.

유아시절

나는 1941년 12월 19일 장기읍 임중에서 수원(水原) 김(金)씨 예산파 병사공 상(尙)자 여(旅)자의 제34대손인 우(禹)자 진(振)자와 김영 김(金)씨의 분(分)자 재(在)자 사이의 7남매 중 다섯째 아들로 태어났다.

아버지는 선비이신 경(景)자 준(俊)자의 2남 1녀 중 장남으로 포항시 상도동에서 태어나셨으며 일찍이 대구사범학교를 졸업하여 교직에 몸담고 계셨다. 어머니는 연일읍내 대지주의 1남 2녀 중 장녀로 태어나 별다른 정규교육을 받지 못한 채 부모의 주선으로 아버지와 혼인하게 되셨다.

아버지는 내가 태어날 당시 장기초등학교 교감선생님으로 근무하고 계셨으며, 교직이란 특징 때문에 여러 곳으로 전근을 다니셨다. 따라서 나도 3살 때 대송면 장흥동으로 이사를 갔다가 5살에 도구동으로 와서 6살에 초등학교에 입학하여 2학년 때 다시 대송초등학교로 전학했다.

내가 3학년 때 6.25동란(전쟁)이 일어나 우리 식구는 장기로 피난을 갔는데, 그때 나는 학질에 걸려 죽을 뻔하였다. 그러나 2살짜리 동생을 업고 죽을 힘을 다해 피난대열에서 낙오되지 않고 식구들을 따라 갔다.

피난 가던 길은 바로 '공포' 그 자체였다. 포탄이 주위의 논바닥에 떨어질 때면 주변은 아수라장이 되어 어떤 사람은 다치고 또 넘어지기도 했다. 그리고 나는 처음 보는 미군 병사들이 총을 가지고 행군하는데 얼마나 겁이 났는지 모른다. 어머니와 누나는 수건으로 머리를 싸매어 남자로 변장하고 형들은 앳된 모습을 부각시켜 위기를 모면하면서 피난 갔던 기억이 아직도 생생하다.

내가 5살 때 누나는 동해초등학교 교사로 첫 발령을 받아 1학년을 담당하게 되었는데 어머니는 나를 누나 학반에 청강생(?)으로 보냈다. 나는 가끔 옆자리의 학생들과 장난치다 누나에게 야단맞으면 울면서 집에 와서 어머니에게 일러바치던 기억이 난다.

나는 누나의 학반에 가서 구속당하느니 차라리 옆집 YH와 소꿉놀이 하면서 노는 것이 훨씬 재미있었다. 그녀는 나와 동갑내기로 재종간이었고 그의 아버지는 같은 학교 교감선생님이어서 옆집 관사에 살고 있었다. 우리는 학교 창고 안에 가서 가마니를 깔고 소꿉놀이를 가끔 했는데 YH가 가장 무서워한 사람은 큰형이었다. 큰형이 나타나면 걸음아 나 살려라 하고 소꿉 살림도 다 팽개치고 집으로 도망가곤 하였다.

나는 6살 때 동해초등학교에 입학하여 2학년 때 대송초등학교로 전학하였는데 그곳에서는 아버지께서 매주 토요일 오후에 형들과 나에게 학교 변소 청소를 큰 과제로 주셨다. 그리고 일요일 아침이면 형산강에

낚시 가시기 위해 미끼로 쓸 새우를 개울에서 잡아오게 하시던 일과 아버지가 애지중지하시던 일제 자전거를 닦게 하시던 일 등이 기억에 남아 있다. 그 당시에는 아버지가 왜 이런 구차하고 더러운 일들을 우리에게 시키시는지 전혀 이해가 되지 않았지만 이제야 교육적인 깊은 뜻이 담긴 당신의 의중을 다소나마 깨닫게 된다.

공비의 침입

내가 어릴 때 겪은 일 가운데 영원히 잊지 못할 사건은 6.25전쟁 발발 직전 초봄 어느날 밤의 일로, 자정쯤 갑자기 대문 두드리는 소리가 나더니 공비 6~7명이 신발을 신은 채 방으로 들어왔다. 그들은 어머니에게 다짜고짜 "교장 어디 갔어?"라고 물으며 온 집안을 이 잡듯 뒤지기 시작했다.

그러나 이미 그때 어머니는 아버지를 부엌으로 피신시킨 뒤였다. 그들은 새우잠을 자는 우리 형제 모두의 이불을 걷어차면서 아버지를 찾아내라고 행패를 부렸다.

어머니는 아버지가 출장 중이시라고 변명했다. 그러자 그중 한 사람이 총부리를 어머니 가슴에 갖다 대고 "거짓말하지 마라. 오늘 오후까지 학교에 있었잖아?"라며 죽일 듯이 큰 소리로 불호령을 하였다. 그리고는 일행에게 "빨리빨리 찾아봐." 하면서 장롱과 책장, 서랍 등 온 집안을 샅샅이 뒤지기 시작했다. 그들은 드디어 "학교 증축 기금은 어디 두었냐? 안 내놓으면 죽인다." 하고 어머니를 다시 협박했다.

그때 출장 가셨다고 한 아버지의 오른쪽 다리는 온통 피투성이가 되어 그들의 동료같이 보이는 험상궂게 생긴 두 사람의 부축을 받으면서 현관으로 들어왔다. 어머니에게 아버지의 행방을 다그쳐 묻던 자가 어머니의 옆구리를 걷어차면서 "왜 거짓말을 해?" 하고 버럭 소리를 질렀다.

어머니는 아버지를 끌고 온 자들에게 "이분은 불쌍한 시골 아이들 글 가르친 죄밖에 없으니 살려주십시오."라고 애원했다. 우리 형제들은 이불을 뒤집어쓰고 엎드려 있었는데, 나는 혹시 무슨 사고라도 생기면 어쩌나 하는 두려움으로 떨면서도 이불 틈 사이로 하나도 빼놓지 않고 상황을 주시했다.

나는 어린 마음이었지만 어머니가 그토록 용기 있는 여자인 줄은 미처 몰랐다. 평소에는 온순하고 아버지에게 항상 순종하고 양보하면서 생활하던 어머니가 아니던가? 그리고 때로는 아버지에게 야단도 맞고 구박도 심하게 받았지만 큰 소리나 한마디 대꾸도 하지 않으시던 어머니가 이런 무시무시한 상황에서 겁도 없이 어디서 저런 용기가 솟아날까? 나는 도저히 믿을 수가 없었다.

그들 중 우두머리같이 보이는 자가 "학교 증축 기금 어디에 숨겼냐? 빨리 내놔."라고 다그치자, 아버지는 "오늘 오후 늦게 일직 선생님이 시내 은행에 예치시켰다."라고 했다. 그자는 "정말이냐?"고 몇 번이고 다그쳐 물었다. 그러는 중에도 3~4명은 줄곧 집안을 샅샅이 뒤지면서 값이 나갈 만한 물건들을 끌어모으기 시작했다. 그러나 일곱 자녀를 둔 가난한 교직자의 집에 가치 있는 물건이 있을 리가 없었다. 다만 아버지가 생명같이 귀중히 여기는 책들이 고작이었고 나머지는 걸레 같은 헌 옷가지가 전부였다.

그들은 지저분한 세간과 궁핍한 살림살이에 대해 노골적으로 불만을 표시하였다. 계속 추궁과 수색을 당하는 중에 아버지에게 어떤 자가 "우에다 센세이, 나 모르겠습니까?"라고 하면서 동료 중 한 사람을 향해 "야, 그 상처나 좀 치료해 줘."라고 했다. 아버지는 고개를 들어 그를 쳐다보시고는 아무 말씀도 하지 않으셨다. 그는 계속해서 "미안하게 되었습니다." 하고는 일행들을 향해 "이제 그만 가자."라고 큰 소리로 명령했다.

그때 두 사람이 둘째 형을 일으켜 세우더니 "옷 입어."라고 하고는 밖으로 끌고 나갔다. 아버지는 넋을 잃고 피 흐르는 다리에 약을 바른 채 현관 입구 바닥에 앉아 계시는데, 어머니가 형을 따라 나가면서 "이 아이는 아직 어려서 아무것도 모르고 쓸모도 없으니 차라리 나를 데리고 가달라."라고 애원하며 매달렸다. 여러 차례 밀어 체이면서 엎어지고 넘어졌지만 죽음을 각오한 어머니의 집념과 본능적 모성애에 그들도 결국은 못 이긴 채 형을 돌려보냈다.

나는 그 후로 어머니의 양면성 즉, 여성으로서의 연약함과 아내와 어머니로서의 강인함을 동시에 읽을 수 있을 것 같았다. 어머니가 형을 데리고 들어오자, 밖에서는 요란한 총소리와 함께 달음박질하는 군화 소리가 점점 멀어져 갔다.

주위는 금방 적막한 밤의 고요를 되찾았다. 어머니는 그제야 숨을 돌리시고 진흙투성이가 된 마루와 방을 청소하기 시작했고, 아버지는 부엌에 피신하셨다가 아무래도 지서에 알려야겠다는 생각으로 담장을 넘는 바람에 그들에게 붙잡히셨다는 사실을 털어놓았다. 그래도 악몽 같은 순간이 무사히 지나간 것을 나는 다행으로 생각했다. 그러나 나는 그때 그들이 얼마나 무서운 모습으로 공포 분위기를 조성했는지 생각하는 것만으로도 겁이 났다.

내가 얻은 교훈과
귀한 선물

장기에서의 피난 생활은 동네 사람들의 도움으로 큰 불편 없이 그럭저럭 지내다가 전투상황이 호전되어 우리는 다시 집으로 돌아왔는데, 학교에는 미군 병사들이 주둔하고 있었다.

우리가 교장관사로 돌아와 세간을 정리하고 있을 때 한 미군 장교가 아버지를 찾더니 서툰 한국말로 '나 목사'라고 하였는데, 한참 후에야 우리는 그가 군목이라는 사실을 알게 되었다. 학교에 주둔하고 있었던 부대는 야전병원으로 형산강 전투에서 부상당한 군인들을 응급치료하여 부산 쪽으로 후송하는 업무와 각종 물품의 보급업무를 수행하고 있었다.

약 3개월가량 그들이 주둔할 동안 나는 생전 처음으로 미제 통조림 음식과 껌이나 초콜릿 같은 과자를 맛볼 수 있었다. 그러나 처음 보는 서양인들은 정말 외계인같이 생겨 무섭게 보였고, 특히 어머니와 누나는 거의 피신하다시피 그들을 피해 다녔다.

나는 군목이 가슴에 명찰을 달아줘서 부대 영내와 우리집 사이를 자유롭게 왕래할 수 있는 특권을 가지게 되었다. 그래서 볼일도 없이 군목의 사무실에 가서 난롯가에 앉아 불도 쬐고 과자도 얻어먹고 서툰 몸짓(body language)으로 의사소통을 시도하면서 시간을 재미있게 보내곤 하였다.

그때 학교의 용원도 건물과 시설을 관리한다는 명목으로 영내를 출입하고 있었는데, 하루는 내가 군목의 사무실에 갔다가 오는 길에 운동장 뒤쪽 야전막사 앞에서 그를 만나게 되었다. 그는 나를 부르더니 양담배 10갑이 들어 있는 봉지 2개를 내 윗저고리 속에 넣어주면서 자기 집에 갖다 놓으라는 것이었다. 그는 평소에 학교 일을 열심히 하였을 뿐 아니라 나에게도 친절히 대해 주어서 나는 시키는 대로 그것을 가지고 학교 운동장 동쪽에 있는 그의 집으로 갔다.

그런데 가는 도중에 미군 보초가 나에게 다가와서 내 윗저고리 속에 든 담배를 보자면서 무슨 말을 하는데, '이 물건을 어디서 가져왔느냐?'고 하는 것 같았다. 나는 하는 수 없이 용원이 있었던 곳으로 보초를 데리고 갔다. 용원은 막 그 야전막사를 빠져나와 서편 교사 쪽으로 가고 있었는데 우리와 마주쳤다. 보초는 눈치를 채고 그에게 "이 물건이 어디서 났느냐?"라고 따졌다.

용원은 입장이 난처해지자 나만 바라보고 있었다. 나는 보초와 용원을 데리고 군목 사무실로 갔다. 마침 군목이 부상병들에게 가려고 사무실에서 막 나오고 있었다. 군목은 내가 보초와 용원을 데리고 가자 보초에게 사정을 들은 후, 보초로부터 담배를 돌려받더니 자기 서랍에서 담배 2봉지를 더 꺼내어 용원에게 주면서 이것도 마저 가져가라고 하였다.

그리고는 보초에게 무슨 말을 하자 보초는 미안하다는 표정을 지으며 거수경례를 하고 사라졌다. 군목은 용원에게 글을 쓴 종이와 담배 4봉지를 함께 주면서 누가 뭐라고 하면 보여주라는 뜻으로 말하고, 아울러 선반에 있는 한글판 성경도 한 권 주었다.

용원은 새파랗게 질린 모습으로 담배와 성경책을 받아 들고 멋쩍은 표정을 지으면서 군목에게 고맙다고 여러 차례 절을 했다. 나는 용원과 함께 군목의 사무실을 나와 집으로 오면서 위기를 모면하게 해준 그가 무척 고마웠을 뿐만 아니라 그의 자비로움과 종교적 사랑 그리고 용서에 깊은 감명을 받았다.

나중에 그 용원은 신실한 기독교 신자가 되었다는 소식을 들었는데, 아마도 이것이 계기가 되지 않았나 싶은 생각이 든다. 나는 나이가 들면서 그때 군목이 한 처사가 바로 장발장의 이야기에 나오는 신부의 자비로운 행동과 같았다는 것을 알게 되었고, 이러한 자비로운 사랑과 용서의 힘이 얼마나 크고 위대한지를 점차 깨닫게 되었다.

미군들이 학교를 떠날 무렵 나는 아버지로부터 귀중한 선물을 하나 받았는데 이것이 나의 성장에 미친 영향은 이루 말할 수 없이 컸다. 지금도 어려울 때나 고통을 당할 때면 그것을 떠올리며 용기를 내어 난관을 극복한다. 이것은 나에게 성장할 수 있는 무한한 가능성과 긍정적인 사고를 할 수 있도록 해준 근간으로 삶의 지표가 되었다. 그것은 다름 아닌 미국의 제16대 대통령인 에이브러햄 링컨(Abraham Lincoln)의 일생을 알기 쉽고 재미있게 엮어 놓은 '위인 전기 그림책'이었다.

아버지께서는 서울에 장기간 출장 갔다 오시면서 내가 심부름도 잘하고 특별히 아버지가 가장 아끼시는 자전거를 잘 정비하고 있다는 칭찬과 함께 사다 주신 선물이었다. 나는 그 책의 내용 자체도 좋았지만, 그보다 아버지로부터 내가 인정받고 있다는 사실에 너무 기뻐서 며칠간 잠도 제대로 못 잤다. 그리고는 그 책을 수도 없이 반복해서 읽고 또 읽었으며 잠자리에 들 때는 가슴에 껴안고 자기도 했다.

그러나 차츰 나이가 들고 자라면서 그 책은 나에게 단지 아버지가 사다 주신 재미있는 그림책이라는 사실 이상의 큰 의미를 부여하고 있다는 것을 느끼기 시작했다. 나는 그것을 아버지가 나에게 남겨주신 유일한 정신적 유산인 것처럼 받아들이기 시작했고, 링컨의 생애는 오늘날까지 나에게 많은 영향을 미쳤으며 또한 그의 생활철학은 오늘의 나를 있게 한 원동력이 되었다.

웅변대회와 새옷

미군 부대가 대송초등학교
에서 철수한 후 얼마 되지 않
아 아버지는 포항초등학교 교
장으로 부임하시게 됨에 따라
나는 그곳 4학년에 전학하게
되었다. 그런데 그곳 교사 일
부가 파괴되어 학산동에 있는
창고를 빌려 바닥에 가마니를 깔고 공부를 하였으며 교사가 신축되자
본교로 옮겨와서 수업을 계속했다.

그곳에서는 어머니가 주로 닭이며 토끼, 돼지 등 가축 돌보는 일을
맡겼는데, 나는 동생과 함께 돼지 먹이를 집집이 거두러 다니는 데
많은 시간을 보냈다. 우리집에서는 오래전부터 이러한 가축들을 사
육해 왔는데, 그 목적은 1년에 두 번씩 학기 말 때마다 아버지께서
전 교직원들을 집으로 초대해서 회식을 베푸는 데 사용하기 위해서
였다.

학기 말이 되면 어머니와 온 집안 식구들은 잔치 준비를 위한 음식을 장만하느라 눈코 뜰 새 없이 바빴고, 아버지는 한 치의 착오나 실수라도 생길까 봐 손수 점검하시곤 했다. 어머니는 오로지 가사일을 위해 태어나신 것같이 보였고, 아무리 힘든 일이 닥쳐도 불평 한마디 없이 척척 해냈을 뿐 아니라 아버지를 하늘과 같이 떠받들고 헌신적으로 모시면서 살아오셨다.

어머니는 항상 작업복 바지에 형들이 입던 낡은 교복 윗저고리를 걸치시고 오로지 식구들을 돌보시며 집안일에만 전념하셨다. 그래서인지 우리집을 처음 찾는 손님들은 어머니를 일하는 가정부로 착각하곤 했다.

나 또한 형들이 입던 헌 옷가지나 교복을 개조해서 입었고, 명절에도 새옷은 기대조차 할 수 없었다. 기껏해야 양말과 고무신 한 켤레가 명절을 맞는 최고의 기쁨이 되었다. 그러던 중 내가 정성 들여 기르던 돼지가 새끼를 낳게 되자 어머니께서는 그에 대한 보상으로 새옷을 한 벌 사주시겠다고 약속하셨다.

그러나 그 약속도 아버지의 허락을 전제로 한 것이어서, 말치레로만 끝날 것 같았는데 드디어 좋은 기회가 다가왔다. 그 당시 포항시 교육청에서 '반공'이라는 주제로 웅변대회를 개최하게 되었는데 내가 우리 학년에서 대표로 뽑혀 대회에 나가게 되었다. 절호의 기회를 맞아 어머니를 조른 끝에 드디어 아버지로부터 허락을 받았고, 나의 기억으로는 생전 처음 검은색 학생복 새옷 한 벌을 얻어 입을 수 있었다.

그때의 기쁨은 이루 말로 표현할 수 없을 정도로 컸다. 나는 웅변대회

날이 빨리 오기만을 손꼽아 기다리면서 그때까지 거의 매일 잠자리에 들기 전에 한 번씩 거울 앞에서 새옷을 입어보며 보물단지처럼 소중히 보관하곤 했다. 이 기억은 평생을 두고 잊을 수가 없다.

사람 팔자 시간문제

　서둘러 교장관사를 비워주어야 한다는 학교의 주문에 따라 어머니는 급하게 학교 옆 시장터에 있는 H장로님댁의 아래채에 방 2칸의 세를 얻었다. 본체는 반듯한 기와집이었지만 아래채는 볼품없는 초가집이었고 방도 매우 협소했다.

　이사라고 했지만 세간살이를 들여놓을 데가 없어서 처마 밑에 일부를 둔 채 여덟 식구가 작은 2칸 방에서 새우잠을 자면서 지내야만 했다. 그것은 '피난생활' 바로 그 자체였다.

　그런데 더욱 난처했던 것은 동생들이 주인집 아들과 심한 장난을 치거나 다투고 난 후면 여지없이 그 화살이 나에게 날아왔고, 또 그것은 어머니 마음을 상하게 하여 셋방살이의 서러움을 더욱 실감케 하였다.

　주인집에는 딸만 여섯에 아들이 하나 있었는데 그야말로 금이야 옥이야 하는 외동아들로 귀여움을 독차지했을 뿐 아니라, 특히 그 집 할머니에게는 무엇과도 바꿀 수 없는 귀한 손자였다. 이렇듯 귀여움과 사랑을 독차지하며 자란 그애는 나보다 두 살 아래인데 걸핏하면 내 동생들에게 시비를 걸어 싸우거나 손찌검을 해서 내가 혼내주면 '우리

집에서 나가라'고 약을 올리곤 했다.

때로는 주인집 할머니가 나 때문에 '도저히 같이 지낼 수 없으니 빨리 다른 곳으로 옮기라'고 어머니에게 불만을 토로해서 괄시를 받았을 뿐 아니라 집 없는 서러움을 뼈에 사무치도록 안겨주었다.

"사람 팔자 시간 문제라더니 틀림없는 말이구나. 몇 달 전까지만 해도 교장선생님 사모님이라고 떠받들던 사람들이 이렇듯 괄시를 하니, 참말로 세상인심이 야박하구나." 하고 어머니는 한숨과 탄식 섞인 말로 혼자 중얼거리시면서, 인생의 무상함을 실감하시는 듯 하늘을 쳐다보며 눈물을 훔치시곤 하셨다.

한번은 뒷마당의 감나무에 감이 없어졌다면서 할머니가 나를 포함한 동생들을 의심하여 숱한 수모를 당해야만 했고, 아울러 경계의 대상이 되기도 했다. 그러나 며칠 안 가서 그것은 할머니가 가장 귀여워하는 손주의 장난이었다는 것이 밝혀져 우리는 억울한 누명을 벗을 수 있게 되었다.

나는 학교에 다니는 것조차 쑥스럽고 급우들과 어울려 노는 일에도 별로 흥미를 느끼지 못했다. 선생님들도 예전같이 대해 주시지 않는 것 같기도 하고 어떤 때는 인사를 해도 서먹서먹해 하시는 눈치였다. 그래서 나는 의도적으로 선생님들을 피해 다닐 때가 많았다.

아버지의 존재가 얼마나 크고 위대했던가 하는 것을 뼈저리게 느끼면서 나도 이 다음에 커서 훌륭한 교육자가 되어야겠다는 꿈을 키우기 시작했다.

셋방살이의 설움

　나는 가끔 새로 이사온 교장선생님의 관사 근처를 배회하면서 몇 달 전까지만 하더라도 '우리가 살던 집'이었는데 하는 아쉬움과 그리움으로 상념에 잠기곤 했다. 그럴 때면 그 집에서 데리고 온 개가 크게 짖고, 곧이어 일하는 계집아이가 뛰어나와 소나무 뒤에 몸을 숨긴 내 쪽을 향해 "어느 놈이 또 장난을 치노?"라고 고함을 치고는 대문을 '꽝' 소리내어 닫고 들어가 버린다.

　내가 형제들과 같이 거처하던 방은 누가 쓰고 지금은 어떻게 변했을까? 그리고 내가 애써 가꾸어 놓은 포도나무에는 지금쯤 탐스러운 포도가 얼마나 열렸을까? 한번 들어가서 그거라도 봤으면! 하는 생각들을 떨쳐버릴 수가 없었다. 그러나 정작 중학교에 다니는 그 집 아들이 학교 운동장의 철봉대에 매달려 신나게 기계체조를 할 때면 나는 부러움이 지나쳐 질투심까지 느꼈다.

　'그까짓 철봉 같은 거 잘하면 뭐하노? 공부를 잘해야지!'라고 혼자 중얼거리면서 다른 아이들은 신기해서 열심히 구경하는 틈을 혼자 빠져나와 텅 빈 교실에 들어가서 학교 뒷산의 푸른 소나무 숲을 바라보면서 마음을 달래곤 했다. '나도 저 소나무처럼 푸른 꿈을 안고 꿋꿋이 용감하게 살아 나가야지.' 하며 마음속으로 굳게굳게 다짐하면서 가난 속에서도 독학으로 어려움을 극복하고 훌륭한 미국의 대통령이 된 링컨의 생애를 떠올리면서 자신을 위로하곤 했다.

어느날 동네 친구들과 함께 바닷가에 놀러 갔는데, 마침 주인집 아이도 같이 가게 되었다. 우리는 편을 갈라서 기마전 놀이를 했는데, 내가 어떻게 하다가 그 애에게 심한 타격을 가해 코피를 내고 말았다. 의도적인 건 아니었다.

그 애는 울면서 혼자 집으로 갔고, 나는 또 할머니에게 혼이 날까 봐 저녁 늦게서야 고양이 걸음으로 집으로 들어갔다. 아나나 다를까 내가 오기만을 기다리던 할머니는 다짜고짜 한마디 변명의 기회도 주지 않고 작대기로 나를 때리기 시작해서 나는 반사적으로 도망쳐 나오고 말았다.

그날 밤은 결국 집에 들어가지 못하고 길 건너편에 있는 당숙네 집에 가서 신세를 지게 되었다. 그 이튿날 새벽에 나는 집에 들어가서 할머니에게 잘못을 사죄드렸지만 어머니의 꾸중은 며칠을 두고 계속되어서, 내가 겪은 고통은 이루 말로 표현할 수 없었다.

나는 그 집에서 빨리 다른 곳으로 이사를 갔으면 하고 간절히 바라던 차에, 마침 얼마간의 조의금이 교육청으로부터 전달되었고, 이것을 계기로 우리는 이웃 마을인 도구 2동의 방 세 칸짜리 작은 초가집을 마련하여 드디어 이사를 가게 되었다.

새로운 보금자리

비록 교장관사에 비해 초라한 누옥이었지만 나도 이제 우리집을 가졌다는 안도감과 더 이상 셋방살이 신세로 눈치를 보며 살지 않아도 된다는 사실이 너무도 기뻐서 어쩔 줄을 몰랐다. 더욱 기뻤던 것은 주인집 아이와의 다툼으로 인해 어머니의 심기를 불편하게 하는 일이라던가 사사건건 주인집 할머니의 간섭이나 꾸중 같은 것을 이제 염려하지 않아도 된다는 사실이었다.

나는 처음으로 사생활이 보장되고 가족이 자유롭게 행동하고 기거할 수 있는 처소의 중요성을 실감하고 하나님께 감사했다. 그리고 우리가 만약 남에게 방을 빌려줄 수 있게 된다면 친절과 관용을 베풀고 이해하는 자세로 서로 화목하게 지내야만 할 거라는 생각을 몇 번이고 해보았다.

집은 협소해서 여덟 식구가 지내기에는 불편한 점이 한두 가지가 아니었다. 나는 어머니와 형 그리고 동생들 틈에 끼어 매번 윗목에서 새우잠을 자야만 했다. 왜냐하면 큰형과 누나가 각각 작은방 하나씩을 차지하고 있었기 때문에 나머지 여섯 식구가 큰방 한 칸에서 지내려니 자연히 그렇게 될 수밖에 없었다.

때로는 큰방이 너무 비좁아서 큰형 방에 가서 자기도 했는데, 큰형 방은 너무 추울 뿐만 아니라 아침 4시만 되면 큰형이 새벽 기도회에 참석하기 위해 일찍 일어나는 바람에  오히려 옆집에 사는 친구인 SB의 방에 가서 같이 공부도 하고 놀다가 자는 것이 나한테는 더욱 편했다. 더구나 그의 집은 우리 친구들이 모이는 본부 역할을 하였다. 우리 동네의 모든 정보와 친구들의 소행 그리고 놀이에 대한 계획 등을 그곳에 모여서 하였다. 그의 아버지는 의료업무를 보고 있었기 때문에 대문은 항상 개방되어 있었다. 그리고 그는 나보다 두 살 위지만 친하게 지냈고 또 바로 우리 옆집이었기 때문에 나는 아무런 제약 없이 드나들었다.

우리는 그 당시 탄피로 총을 만들어 전쟁놀이를 주로 하고 놀았다. 특히 약전동에 있는 아이들과는 가끔 야간전투 놀이를 하였다. 하루는 방앗간 집 외동아들인 TD란 아이와 모래사장에서 땅굴을 파놓고 있었는데 그만 모래가 무너지는 사고가 생겼다. 불행하게도 그는 모래에 묻혀 죽었는데, 나는 다행히도 그날 놀이에 참석하지 않았다. 그러나 그날 같이 놀았던 아이들은 모두 파출소에 불려 가서 조사를 받았다. 그 후 외동아들을 잃은 TD어머니는 정신이상 증세를 보이기 시작하더니 실신하고 말았다.

차츰 새로 이사온 집에서의 생활이 안정을 찾으면서 집안 분위기도 활기를 되찾기 시작했다. 누나는 여전히 같은 학교에 교사로 재직 중이었고 둘째 형은 포항시청에서 일하면서 야간 초급대학에 다녔으며 셋째 형은 오천에 있는 미군부대에 다니면서 야간 고등학교에 재학 중이었다. 큰형은 교회에 더욱 열심히 다녔으며, 신앙생활이 얼마나 돈독한지 인근 교회에서 부흥회나 종교집회가 있으면 빠짐없이 참석하곤 했다. 이러한 큰형은 지역의 버스기사와 차장들에게 널리 알려져 교통비나 여비가 별도로 들지 않았다.

내가 초등학교 졸업을 바로 앞둔 때 누나는 결혼을 하게 되었고, 곧이어 둘째 형은 육군에 간부후보생으로 입영하게 되었다. 상황이 이렇게 바뀌자 갑자기 집안의 경제사정이 어려워지게 되었고, 이제는 셋째 형이 가족의 생활비를 책임져야 할 형편에 있었다.

나는 대부분의 급우들과 함께 중학교 진학을 희망했으며, 포항에 있는 중학교는 고사하고 동해중학교에라도 보내 달라고 어머니에게 졸라 대었다. 이때의 가정형편으로는 입학금과 등록금은 고사하고 책값도 감당할 형편이 못 되었다. 당장 끼니 해결이 더욱 시급한 과제였던 것을 어린 나도 모르는 바는 아니었다.

그러나 나의 애원이 너무 간절했던지 어머니는 그 당시 친분이 있는 중학교 교장선생님에게 사정을 말씀드리고 장학금 혜택을 받는 조건으로 입학을 시켜 주셨다.

진학의 기쁨

나는 어려운 형편 가운데서도 중학교에 진학시켜 주신 어머니가 얼마나 고마웠는지 모른다. 중학교에 입학하여 비록 새옷은 아니지만 교복과 교모를 착용하고 학교에 다닐 수 있다는 것은 그 당시 상황으로 봐서 그리 흔하지 않은 특권이었다.

어느덧 1학년 1학기가 끝나고 2학기를 맞아 학반에서는 실장을 선출하게 되었는데 뜻밖에도 내가 뽑히게 되었다. 나는 실장으로서의 권위를 갖추려고 거울 앞에 서서 거수경례와 함께 '차렷, 경례'라는 구령을 여러 번 연습하였고, 또 임무를 충실히 수행하려고 노력했다. 날이 갈수록 학교생활에 대한 흥미를 더욱 가지게 되었고, 나는 특히 새로운 과목인 영어가 매우 재미있었다.

그런데 얼마 가지 않아서 설상가상으로 가족의 생계를 책임지고 있던 셋째 형이 다니던 직장을 버리고 새로운 일자리를 찾아 집을 떠나고 말았다. 우리는 살아갈 길이 막막했다. 그러나 굶어 죽으라는 법이 없듯이, 다행히 군에 간 둘째 형이 이 무렵 장교로 임관하게 되어 정부로부터 양곡 배급을 받을 수 있었다. 식구 수에 비해 충분하지는 않았지만 이것을 유일한 식량으로 삼아 어머니는 살림을 꾸려 나가셨다.

집안 살림살이에만 매달려 있다가는 도저히 살기 힘들어지자 어머니는 석정동에 있는 탄광의 현장 감독에게 부탁해서 일자리를 얻어 석탄 고르는 일을 하시게 되었다. 이른 새벽부터 저녁 늦게까지 탄광에서 검은 먼지를 뒤집어쓰고 탄 고르는 작업이란 중노동 그 자체였으며, 실적이 부진할 때면 책임 추궁과 함께 갖은 수모를 당해야만 했다.

어머니는 자존심이나 체면 같은 것은 이미 오래전에 포기하셨지만 때로는 육체적인 고달픔을 못 이기시는 듯 가끔 몸살로 앓아누우셨다. 이러한 난관을 혼자 극복하기에 너무나 힘든 나머지 어머니는 드디어 모든 것을 하나님께 의지하고자 교회에 다니시게 되었다. 어머니의 신앙생활은 일종의 기복신앙이었지만 예수를 믿고 의지하는 자세는 누구보다 강했기 때문에 자신과의 싸움에서 승리하셨던 것이다. 어머니가 교회에 첫발을 들여놓을 수 있게 한 데는 물론 큰형의 힘이 컸던 것도 사실이다.

나는 이렇듯 고생하시는 어머니가 너무도 안타까워 어떻게 하면 집안 살림을 조금이라도 도울 수 있을까 하는 생각에서, 가끔 뒷산에 가서 땔감도 구해오고 날씨가 좋은 저녁에는 바닷가에 나가서 후리(그물로 고기를 잡는 일)하는 어부들을 도와주고 찬 거리도 얻어 오곤 했다.

주말에는 아버지가 살아 계실 때 우리 형제들의 이발을 해주던 낡은 바리캉으로 동네 아이들의 이발을 해주고 몇 푼씩을 받아 어머니에게 드리곤 했다. 그러나 바리캉이 워낙 오래된 것이었기 때문에 머리털을 많이 뜯어 먹어 아이들이 아파했으며 큰 인기가 없어서 별 재미는 보지 못했다.

　한번은 군인 가족에게 주는 식량 배급이 늦어져서 양식이 떨어졌는데, 워낙 다급해서 미군 부대 근처에서 주운 농구공을 가지고 문충에 있는 학급 친구네 집에 가서 딱한 사정을 이야기한 후 곡식과 바꾸어 와서 위기를 모면한 적도 있다. 이럴 때면 어머니는 항상 '산 입에 거미줄 치랴.'라고 자위하면서 노력과 궁리를 아끼지 않으셨다.

헌 노트와 매

중학교 1학년인 나는 자습서와 노트를 살 형편이 못 되어서 항상 밀가루 봉지로 손수 공책을 만들어서 사용했다. 그래서 공부 시간에 노트 검사를 할 때면 항상 핑계를 대고 선생님에게 용서를 구했다. 그러던 차에 한번은 집안을 샅샅이 뒤진 끝에 둘째 형이 학교 다닐 때 쓰던 헌 노트를 발견하고 어머니에게 허락을 받아 쓰지 않았던 뒷부분을 잘라서 공책으로 활용했다.

그런데 둘째 형이 휴가 나와서 그것을 보고 화를 내면서 나를 심하게 때린 적이 있는데, 나는 그때 형의 심정을 이해할 수 없었다. 나 같았으면 가난해서 새 공책을 사서 쓰지 못하고 형이 쓰던 헌 노트의 여백을 잘라서 쓰는 동생을 불쌍히 여기고 위로와 격려를 해주었을 것이다. 그런데 오히려 매질을 하다니 … 이것은 상식에도 어긋날 뿐 아니라 도저히 용납할 수 없는 일이라고 생각했다.

나는 매를 맞은 그날 저녁 방이 비좁아서 옆집 SB한테 가서 자겠다는 핑계로 집을 빠져나왔다. 나는 혼자 어두움을 헤치고 바닷가로 나가서 서러움에 북받쳐 얼마나 울었는지 모른다. 아버지가 살아 계셨더라면 적어도 이런 일은 없었을
텐데! 아버지는 공부하겠
다고 하는 사람은 무슨 일
이 있어도 도와주셨던 것을
나는 기억하고 있다. 우리
집 사정도 여의치 않은데도
불구하고 가정형편이 곤란한 학생들에게는 꼭 월사금(그 당시에는 초등학
교 학생에게도 수업료를 부과했었다)을 대납해 주신 것을 나는 알고 있다.
그런 의미에서 아버지는 훌륭한 교육자임에 틀림이 없었다.

밤하늘엔 마침 구름이 걷히고 초승달이 얼굴을 내밀었다. 달빛에
반사되어 반짝이는 모래사장에 앉아 확 트인 넓고 푸른 동해바다를
바라보면서 '나는 앞으로 어떠한 일이 있어도 열심히 공부해서 훌륭한
교육자가 되어야지. 그리고 아버지처럼 공부하겠다는 사람들을 꼭 도
와주어야지.'라고 다짐하면서 마음을 달랬다. 그리고는 무거운 발걸음
으로 옆집에 가서 SB와 함께 잠자리에 들었다.

그날 밤 새벽 2시경 누군가 '도둑이야' 하는 소리에 잠에서 깨어 나는
SB와 함께 밖으로 나가 보았다. 나를 본 동생은 우리집에 도둑이 들어
둘째 형의 군복을 훔쳐 갔다고 했는데, 식구들이 모두 일어나서 사방을
둘러보고 야단들이었다. 나는 우리집에 도둑이 들었다는 사실이 믿기
지 않았고, 또한 상상도 할 수 없는 일이 벌어진 데 대해 무척 당황했다.
그러면서도 또한 어린 마음속에는 이것은 틀림없이 죄 없는 나를 무자
비하게 때린 형이 천벌을 받은 것이라고 생각했다.

그러나 철이 들면서 나는 형이 그 당시 나에게 내린 벌이 인생을 살아가는 데 좋은 교훈이 되었다는 것을 깨닫게 되었다. 물론 전에도 그랬지만 그 이후로 나는 더욱 내 것이 아닌 다른 사람의 물건에 대해서는 결코 허락 없이 건드리지 않는 버릇을 가지게 되었다. 그래서 가끔은 형에게 그 당시 가혹했던 매에 대해 오히려 감사한 마음을 가질 수 있어 형이 존경스러울 때가 있었다.

그 당시 우리는 엄한 아버지 밑에서 가정교육을 받아왔기에, 형들 또한 의지와 사랑의 대상이라기보다는 두렵고 무서운 존재로만 군림하고 있었다. 그래서 평소에 나는 형제들 간의 두터운 우애를 가진 친구들을 무척 부러워했고, 가능하면 나만이라도 동생들에게 잘해 주려고 노력하였다.

이것을 계기로 나는 이토록 어려운 환경 속에서는 더 이상 학업을 계속할 수 없다는 판단과 함께 앞으로는 어떻게 해서든지 돈을 벌어야겠다는 결심을 하게 되었다.

제2부

김군이라는 새로운 호칭

신문 배달

나는 둘째 형이 귀대하자 어머니에게 나의 결심과, 가능하면 공부도 계속할 수 있는 직장을 구했으면 좋겠다는 생각도 말씀드렸다. 어머니의 허락을 받은 나는 당장 그날부터 일자리를 구해 나서기로 했다.

그때 마침 이웃에서 우리집의 방 한 칸을 전세로 내놓으라는 권유가 있어서 어머니가 승낙하셨는데, 세든 사람은 재향 상이군경 동해지부 일을 맡고 있는 지부장이었다. 이분은 흥환 쪽이 고향인데 6.25전쟁 때 형산강전투에서 양쪽 다리를 잃은 상이용사였다. 상이군경인 그는 이제 막 결혼하여 신혼살림을 우리집에서 시작하려는 것이었다.

그의 부인은 외모가 아름다운 편에 속했으며 매우 사교적이었고 경상도 여자치고는 애교도 많았다. 나는 저렇게 예쁜 여자가 어떤 연유로 불구자에게 시집을 오게 되었을까? 하는 의문도 가져보았다. 이들은 큰형이 거처하던 방에 살림을 차리고 큰형은 누나가 거처하던 방으로 옮겼다. 어머니는 이들 부부의 금실이 매우 좋다고 하셨는데, 이유는 아마도 저녁마다 그들의 방에서 들려오는 웃음소리 때문인 듯했다. 나는 바로 옆방에서 들려오는 그들의 간지러운 웃음소리에 잠을 설칠 때가 많았다.

상이군경 동해지부의 사무실은 지서 앞에 있었는데, 이들이 종합 신문사 지국 업무도 함께 보고 있었다. 마침 그 사무실에서 신문 배달원을 구한다기에 나는 직접 그곳에 찾아가서 지부장과 담당자를 만나 말씀드리고 그 일을 맡기로 하였다. 물론 지부장은 내가 누구라는 것을 알고 있었으나 담당자는 생소한 분이었다. 그는 내일부터 당장 나와서 일을 하라고 했으며 나의 이름을 다시 한번 확인하고는 '김군'이라고 불렀다. 그 후로 나는 그들로부터 '김군'이라는 새로운 호칭으로 불리게 되었다.

도보로 일간지를 동해면 전역에 배달하는 일이란 그리 쉽지 않았을 뿐 아니라 신문이 도착하는 시간도 일정하지 않아 학업에 많은 지장을 주었다. 또한 지국 사무실에서는 청소와 잔심부름까지 하라는 요구가 있어 나는 학교에 다니는 것을 포기하지 않으면 안 되었다. 나는 처음으로 내가 일한 노동의 대가로 월급을 받았고 이것을 고스란히 어머니에게 드렸다. 어머니는 무척 대견해 하시면서도 한편으로는 안쓰러움을 금치 못하시는 것 같았다. 그러나 신문이 늦게 도착해서 학교에 등교하는 친구들과 마주칠 때면 나는 모른 척하거나 의식적으로 피하기도 하였다.

한번은 신문을 배달하는데 갑자기 소나기가 와서 나는 신문이 비에 젖지 않도록 필사적으로 내 윗저고리를 벗어 그것으로 신문을 싸서 배달하는 바람에 심한 감기에 걸려서 고생한 적도 있었다. 그러나 한번도 결근하거나 근무에 태만한 적이 없었기에 나는 그들로부터 귀여움을 받을 수 있었다.

때로는 신문 배달을 하다가 사나운 개에게 물린 적도 있고, 배달이 늦었다고 욕을 먹거나 신문대금 징수관계로 말다툼을 한 것도 한두 번이 아니었다. 이런 일이 있을 때면 으레 상대방은 결국 '이 애가 교장 집 아들 아닌가'라는 말로 신분을 확인하고 안됐다는 듯이 동정 어린 눈빛을 보내오곤 하였다. 나는 속으로 나의 현재 신분은 '교장 아들'이 아니라 '신문배달원 김군'인데 하면서 엄연한 현실에 대한 설움을 참고 삼켜야만 했다.

상상도 못했던 일들을 다 겪었지만 나는 참고 꾸준히 다녔는데, 이 일이 나와는 인연이 없었는지 약 4개월 후엔 지부장이 가정일로 사무실 문을 닫는 바람에 그 일을 그만두게 되었다. 결국 우리집에 세 들어 살던 지부장의 부인이 어떤 남자와 눈이 맞아 바람이 났는데, 결국 둘은 남몰래 멀리 도망치고 말았다. 주위 사람들은 그제야 그 여자가 바람기가 있을 뿐 아니라 남자만 보면 꼬리를 치는 정숙하지 못한 여자였으며, 불구자인 지부장에게 시집온 것도 돈에 팔려 왔다고 수근거렸다.

그러나 나는 신문 배달원으로서 매우 유익한 경험을 쌓았고 생각지도 못한 '김군'이라는 새로운 호칭을 얻게 되어, 이젠 무엇이라도 닥치면 해낼 수 있다는 의지와 용기가 생겼다.

자동차 부속상 점원

그 일을 그만둔 지 얼마 되지 않아 시집간 누나가 포항에서 운수업과 자동차 부속품 가게를 하는 고종사촌 누님댁에 취직시켜 주었다. 나는 그집 문간방에 다른 점원 한 사람과 같이 기거하면서 새벽에 일어나 가게 문을 열고 청소하는 일부터 자동차 부속품을 익히고 정비, 보수하고 판매하는 일 등을 열심히 했다. 보통 밤 10시가 넘어서야 가게 문을 닫고 식은 밥 한 그릇으로 저녁을 때우면 피곤하고 지친 몸으로 곯아떨어지곤 했다.

그 집에서 일한 지 약 한 달이 지나자 매형은 내가 일한 대가로 쌀 한 가마니를 우리집에 보내주었는데, 어머니는 매우 기뻐하시는 눈치였다. 내가 일한 지 2개월이 지날 무렵 매형은 선배 점원을 내보내고 나한테 가게 일을 전적으로 맡기기 시작했으며, 가끔 경리 보는 아가씨의 일까지 시켰다. 약 3개월이 지나자 나는 모든 것에 익숙해졌으며 수금하는 일까지 맡아서 하게 되었다. 아니나 다를까 매형은 경리업무를 보는 아가씨도 내보내고 나한테 그 일까지 맡기셨다.

심지어 일찍 일을 마친 저녁에는 초등학교에 다니는 조카아이들의 과외 공부까지 맡아 하게 되었는데, 나로서는 1인 3역의 일이 너무 힘들어서 도저히 견딜 수가 없었다. 그러나 기름때 묻은 더러운 옷을 입기로 이미 작정한 이상 끝장을 보아야겠다는 굳은 각오로 열심히 일에만 매달렸다.

그 집에는 조카뻘 되는 아이들이 여섯 명이나 있었는데, 나보다 한 살 위인 제일 큰 조카는 그 당시 포항고등학교 1학년에 다니고 있었고, 둘째 조카는 나와 동갑내기로 포항여자중학교 3학년이었다. 이들 둘은 모두 아버지가 포항초등학교 교장으로 계실 때 나와 같이 그 학교에 다녔고, 우리집에도 가끔 놀러 오곤 해서 친한 사이였다. 그런데 큰 조카에게 내가 이름을 부르면 그는 나에게 '김군'이라고 불렀는데, 나는 이 점이 대단히 못마땅했다.

그래도 나는 속으로 나이가 아직도 어리니까 그렇겠지 하고 이해하며 넘어가려고 했다. 물론 이곳에서 많은 사람들이 나를 '김군'이라고 부르는 소리가 생소하지는 않았으나 매형과 누님도 그렇게 부를 땐 자존심이 상했을 뿐 아니라 가슴이 아팠다.

나는 비록 기름때가 묻은 옷을 입고 가게 일을 보고 있을망정 조금도 부끄러움 없이 그 일이 떳떳하다고 여기고 있었고, 가끔 조카들의 공부를 가르쳐줄 때는 어떤 보람 같은 것마저 느끼곤 했다. 그런데 하루는 매형이 나를 심각하게 불러 세우더니 "김군! 남들 앞에서는 매형이라고 부르지 마라."라고 꾸짖으셨다. 나는 비록 어리지만 공사는 구별할 줄 알았기에 남들 앞에서 무모하게 매형이라고 떠벌린 적도 없었다. 그러기에 나는 그 말을 듣는 순간 그로부터 어떤 배신감 같은 것을 느꼈다.

그토록 몸을 아끼지 않고 남이 아니기 때문에 더욱 희생적으로 일을 열심히 하였건만, 나를 알아주기는커녕 완전히 하인 취급을 하고 있다는 생각과 함께 가난하고 돈 없는 서러움을 다시 한번 뼈저리게 느끼게 되었다.

그날 저녁 나는 기름때가 묻은 옷을 벗어 던지고 4개월간의 자동차 부속상 점원 생활을 청산한 후 고종 누님에게 그냥 '집에 가겠다'고 하고는 보따리를 싸서 집으로 돌아오고 말았다.

국화빵 장사

나는 어머니에게 일이 너무 어렵고 힘들어서 그 일을 그만두게 되었다고 말씀드렸다. 왜냐하면 어차피 그만두었는데 서로의 감정을 상할 말들은 하지 않는 것이 좋다고 생각했기 때문이다. 다만 나의 마음에 상처를 준 그 감정은 훗날을 위해 내 가슴속에 깊이 묻어 두기로 하였다. 그런데 아니나 다를까 그 이튿날 아침이 되자 매형이 직접 또 쌀 한 가마니를 차에 싣고 우리집에 찾아왔다. 나는 눈치를 차리고 사전에 그 자리를 피해 버렸으나, 매형은 한참 동안 어머니를 설득시킨 후 떠났다.

어머니가 애원하시는데도 불구하고 나는 그 집에 다시 가지 않고, 장사를 시작해서 돈을 벌어보겠다고 말씀드렸다. 원래 우리집은 길가 쪽으로 점포를 낼 수 있도록 구조가 되어 있어 상점을 여는 데는 별도의 개조비가 필요하지 않았다. 나는 점포를 열기로 결심한 후 선반을 설치하고, 자전거로 포항 죽도시장에 가서 물건을 들여놓았다. 그리고 그 당시 아이들에게 군것질거리로 인기 있었던 국화빵 틀을 사서 빵을 직접 구워서 팔았다.

이러한 장사를 해서 성공하지 못한다는 것은 충분한 시장조사가 이루어지지 않았던지 수요에 대한 예측이 정확하지 않았다는 것을 의미한다. 나는 이러한 요소들을 전적으로 무시하고 점포를 열었기 때문에 예상이 빗나갔던 것이다. 기껏해야 과자 몇 푼어치나 팔고 국화빵도 다 못 팔아서 그것으로 끼니를 대신하는 일이 비일비재하였다.

나는 가끔 바닷가에 나가서 푸른 바다를 바라보면서 현실에 대한 고민을 하다가 흰 모랫바닥에 누워 링컨의 생애를 생각하면서 희망을 버리지 않고 나의 꿈을 키워보곤 했다. 그리고는 바닷가에서 물새를 잡아다가 키워보겠다고 새집을 만들어 그 속에 가두고 개울에서 고기를 잡아다가 먹이로 주기도 하였다. 물새는 갇힌 새장 안에서 민물고기를 주어도 먹지 않고 며칠을 견디다가 죽고 마는 것이었다. 나는 환경이 이처럼 모든 생물에게 중요하다는 사실과 자유가 얼마나 소중한가를 깨닫기 시작했다.

한번은 포항 죽도시장에 가서 물건을 잔뜩 사서 자전거 뒤에 싣고 오는데 형산강 다리에서 자동차를 피하려다가 추락할 뻔한 일이 있었다. 정말 그날은 불행 중 다행으로 다리 난간이 조금만 낮았어도 나는 높은 다리에서 강으로 떨어져 죽었을지 모른다. 장사할 물건들을 포항에서 자전거로 실어 나른다는 것은 결코 쉬운 일이 아니어서 몇 번씩 넘어져 다치기도 하고 위험한 고비도 넘기곤 했다. 그러나 운송비라도 절감해 보려는 심산으로 나는 계속 자전거를 이용하였다.

장사가 부진한 이유를 분석하기 시작한 끝에 나는 두 가지 이유를 발견할 수 있었다. 그 하나는 점포가 위치상 길목이 좋지 않은 곳에 있다는 점과, 둘째는 주된 고객을 위한 제품이 한정되어 있다는 데 큰 원인이 있는 것으로 판단했다. 이러한 점들을 개선하기란 그리 쉬운 일이 아니라는 것을 깨닫고 나는 점포를 정리하기로 결심했다.

그리고 다시 지역의 시장분석을 한 결과 그 당시 몰개울이라는 동네에서 가장 많은 돈이 유통되고 있다는 것을 알아냈다. 이곳에서 점포를 얻기란 매우 힘들 뿐만 아니라 엄청난 자금이 필요해서 나는 엄두도 낼 수 없었다. 그래서 우선 행상 형식으로 군밤 장사를 그곳에서 해보기로 하였다. 이곳은 미군들을 상대로 하는 상인들이 몰려 있었는데 돈의 유통이 꽤 활발한 편이었다. 군밤 장사로 조금 재미를 보긴 했으나 역시 행상이란 날씨나 여러 가지 외적 요인들에 의해 많은 영향을 받기 때문에 안정적이지 못하다는 것을 알아냈다.

그러던 중 나는 그 동네에 있는 사진관 주인과 친해지게 되었는데, 그는 나에게 사진 기술을 배워보라고 했다. 나는 한동안 망설인 끝에 사진 기술을 배워보기로 작정하고 그 집으로 들어갔다. 사진관에서는 우선 어두운 곳에 익숙해야 되고 각종 화학약품을 쓰기 때문에 화재 예방에 신경을 써야 하며 또 냄새들이 고약해서 비위가 좋아야만 한다는 것을 깨우치기 시작했다. 사진관에서 나는 청소도 하고 촬영하는 일과 현상하는 일도 도우면서 기술 익히는 데 재미를 붙이기 시작했다.

그러나 우리집 5식구의 생계를 책임지고 있는 나로서는 당장 시급한 것이 돈을 버는 일인데 사진관 주인은 당분간 침식 제공만 하겠다고 했다. 결국 조건이 맞지 않아 한 달 만에 그 일도 그만두게 되었다.

그 무렵 나는 나보다 서너 살 위의 친구들이 오천 미군 부대에 취업해서 돈벌이를 제법 잘하는 데 관심을 가지기 시작했다. 마침 같은 동네에 사는 친구가 나를 그가 다니는 미군 부대에 소개시켜 주어서 취직하게 되었다. 신체검사를 하는 도중에 미군 위생병은 내가 너무 어리다고 거절해서 서툰 영어로 사정하여 겨우 통과하게 되었다.

하우스 보이

    나는 미군들의 숙소에서 청소도 하고 물도 긷고 또 기름도 채우는 속칭 '하우스 보이(House boy)'로 잡일들을 맡아 했다. 나는 피곤한 줄도 모르고 새벽같이 일어나 출근해서 열심히 일했기 때문에 미군들로부터 절대적인 신임과 귀여움을 받았다.

    그리고 퇴근할 때는 세탁물을 한 보따리 들고 나와 세탁해서 갖다주고 세탁비를 받아 왔다. 세탁하는 일거리가 너무 많아 우리집은 마치 세탁공장과 같이 매일 옷이 산더미처럼 쌓였다. 그래서 나는 이웃 아주머니들까지 고용해서 그 일을 처리해야만 했다.

    이때 마침 셋째 형이 객지생활을 청산하고 집으로 돌아와 있었기 때문에, 세탁업무를 도와줘서 매우 효과적으로 일들을 처리할 수 있었다. 셋째 형은 머리가 좋았을 뿐만 아니라 매우 영리해서 재치가 넘쳤다. 그래서 나도 셋째 형을 많이 따랐고 또한 내 친구들도 형을 무척 좋아했다. 우리집은 활기를 되찾았고 형편도 좋아지기 시작했다.

    나는 일해서 번 돈으로 저축도 하고, 누나와 친분이 있는 집에 송아지를 사서 먹이라고 주기도 하였다. 내 생각에 아버지가 타계하신 후 이때가 가장 경제적으로 여유 있었던 것 같다.

그리고 무엇보다도 부대에 출입할 수 있는 신분증과 배지를 달고 다니는 것이 나에겐 마치 큰 특권인 양 기분이 좋았을 뿐 아니라 일종의 자긍심 같은 것도 가지게 되었다. 이제는 학교에 다니는 친구들을 보아도 그전처럼 부럽거나 열등의식 같은 걸 느끼지 않게 되었다.

특히, 그 일에 신이 났던 것은 돈벌이도 좋았지만 내가 좋아하는 영어 공부를 할 수 있다는 점이었다. 매일 새로운 단어들을 외우고 이것을 실제로 활용하여 의사소통을 효과적으로 할 수 있다는 사실은 나에게 큰 기쁨이 되었을 뿐 아니라 실질적인 영어 공부가 되었다. 나는 열심히 해서 유능한 통역관이 되겠다는 희망을 가지고 더욱 영어 회화 공부에 전력했다.

그때 마침 둘째 형은 몸이 불편해서 국군 병원에 입원 중이었는데, 돈이 필요하다고 해서 어머니가 몇 차례 송금해 준 적이 있었다. 그러던 중 하루는 예고도 없이 외박을 나와 급히 돈이 필요하다면서 내가 일해서 저축한 돈을 몽땅 가져갔다. 얼마 후 그것도 모자라 내가 세탁해서 번 돈으로 장만해 놓은 송아지도 팔고 말았다.

나는 돈을 한푼이라도 더 저축해서 가난을 극복하기 위한 근본적인 대책을 세우려는 희망을 안고 악착같이 일했는데 운명의 신은 결국 나의 꿈을 외면하고 말았다. 옛말에 '돈 버는 사람 따로 있고 돈 쓰는 사람 따로 있다'더니 그 말이 맞는 것같이 느껴졌다. 그리고 '사람이 돈을 쫓는다고 부자가 되는 게 아니고 돈이 저절로 붙어야 부자가 될 수 있다'는 이치도 깨닫게 되었다. 일 년도 못 가서 미군들이 이동하게 되어 그 좋던 시절도 종말을 고하고 말았다.

양복점 점원

다시 실업자가 된 나는 부산에 있는 국제시장에 가서 미제 버터와 치즈를 도매가격으로 사 와서 친분 있는 집에 팔아 이득을 챙기는 일종의 보따리 장사를 시작했는데, 판매는 주로 큰형이 맡아서 했다. 그러나 그것도 차비를 포함한 경비가 만만치 않고 판로를 개척하는 데도 어려움이 있어 얼마 지나지 않아 그만두게 되었다.

나는 생각을 바꾸어서 부산에 있는 제종 형의 집에 가서 취직을 부탁해 보기로 했다. 제종 형은 부산 세무서에 다니면서 광복동에 작은 빌딩을 가지고 있었는데 경제적으로 다소 여유 있는 편이었다. 그러나 친구와 술을 너무 좋아해서 얼마 되지 않아 직장을 그만두고 사업을 해보겠다며 갈팡질팡하고 있었다.

나는 세를 준 점포 2층의 양복점에 취업이 되긴 했는데, 말이 취직이지 양복점에서는 다리미에 사용할 숯불 피우는 일이나 청소 또는 잔심부름만 시킬 뿐 기술을 익힐 수 있는 기회는 전혀 주지 않았다. 그리고 2개월이 지나도 임금에 대해서는 전혀 언급이 없었다. 나는 다소의 불만을 가지고 인내해 보았으나 양복점 주인은 조금도 미안해하거나 달라진 기색을 보이지 않았다. 결국 제종 형은 내게 점포의 건물관리 책임을 떠맡길 셈으로 양복점에 무보수로 조건 없이 의뢰한 것임이 확인되었다.

나는 며칠씩 끼니도 거른 채 추운 2층 다다미 점포에서 긴 겨울 밤을 지새면서 많은 생각들을 하게 되었다. 도시의 깊고 어두운 밤은 마치 괴물들의 놀이터와 같이 흉하게 생긴 건물과 쓰레기 더미만이 뒹굴 뿐 정서적 요소라고는 하나도 찾아볼 수 없었다. 이것은 고향에 있는 푸른 산과 바다, 고운 모래사장과 그 위를 평화롭게 노니는 갈매기 그리고 교향곡과도 같은 파도소리 … 이런 것들과는 너무도 거리가 멀 뿐 아니라 대조적이었다. 나는 마음을 열어놓고 대화할 수 있는 정다운 벗도 없는 이 추한 도시의 삭막함 속에서 더 이상 견딜 수가 없었다.

아무런 변화 없이 3개월을 보낸 후 나는 제종 형에게 나의 포부를 말씀드리고 다른 일자리를 부탁했다. 나는 그 집에 머물면서 조카들의 과외를 해주고 집안일도 도우면서 지냈지만 마음이 초조했을 뿐만 아니라 편하지가 않았다.

그때 마침 해병대에 입대한 셋째 형이 휴가를 나왔는데 내가 부산에 있다니까 나한테 들렀다. 나는 형이 경기도 파주군 금촌에 있는 미 해병 고문관실에서 근무하고 있으며 지내기가 괜찮다는 사실을 확인하고 귀대하면 나도 그곳에 갈 테니 취직을 알아봐 달라고 간곡히 부탁했다.

제종 형은 무슨 용무가 그렇게 바쁜지 매일 아침 일찍 나가서 밤늦게

술이 취해 들어올 뿐만 아니라 도무지 나의 일에는 관심이 없는 것 같았다. 나는 더 이상 희망이 보이지 않음을 확인하고 부산에서 취직하는 일을 포기하고 집으로 돌아가기로 결심했다.

고문관실 사환

　나는 집에 돌아오기가 무섭게 바로 금촌에 있는 셋째 형에게 편지를 보내고 그곳으로 찾아갔다. 그 당시 미군들이 주둔해 있는 전방에는 속칭 '어깨와 깡패'들도 많았을 뿐 아니라 사회 질서도 매우 문란해서 그야말로 무법천지였다. 나는 긴장한 가운데 길을 묻고 또 물어 셋째 형이 있는 곳을 찾아냈다.

　형은 고문관실에서 배차 업무를 보고 있었는데, 마침 수송부 책임장교가 5년 전 형이 오천 부대에서 일할 때 근무하던 사람으로 친분이 매우 두터웠다. 책임장교는 미 해병대 워커(Walker) 대위로 그곳에서 인사 업무까지 맡아보고 있어서, 형의 부탁을 쉽게 응락하여 나를 취직시켜 주겠다고 약속했다. 그 부대에서는 내 나이 또래의 아이가 사환(Janitor)으로 일하고 있었는데, 공교롭게도 그때 이 아이를 미군 장교들이 학교에 보내주는 바람에 그 대신 내가 고용되게 되었다.

　나는 예상외로 빨리 그리고 쉽게 일자리를 구할 수 있었던 것에 대해 얼마나 기뻤는지 모른다. 힘써준 미군 장교와 형이 매우 고마웠고 진심으로 하나님께 감사드렸다. 내가 맡은 일은 미 해병대 위관급 장교

숙소를 청소하고 물 긷고 기름 채우고, 세탁물을 기계로 세탁하는 일 등이었다. 일은 조금 힘들었지만 다시 돈을 벌 수 있었고 영어 공부도 할 수 있어서 나는 정말 기뻤다.

더욱 신나는 것은 내가 첫 봉급을 받았을 때였는데 이제까지 만져보지도 못했던 고액이었다. 나는 이만한 돈이면 고향에 있는 네 식구가 3개월을 별 어려움 없이 생활할 수 있을 거란 생각을 하면서 기쁜 마음으로 즉시 송금했다. 또 동생들에게 돈 걱정은 하지 말고 열심히 공부하라는 격려의 말도 잊지 않았다.

그리고 이곳은 전방이라서 부대 영내에서 숙식하게 되어 있었는데, 숙박시설과 음식은 너무 훌륭해서 우리 집과는 도무지 비교가 안 되었다. 비록 맡은 일은 힘이 들었지만 가끔 나 혼자 호의호식하는 것 같아서 고향에 있는 가족에게 미안한 생각마저 들 때도 있었다.

나는 그 당시 나이에 비해 키도 작았고 무척 왜소했는데, 이곳에서 별다른 걱정 없이 열심히 일하고 잘 먹어서인지 눈에 띄게 성장 속도가 빨라졌다. 주위 사람들은 나보고 불과 몇 달 동안에 몰라보게 성장해서 그전의 앳되고 귀엽던 모습은 사라지고 이제는 징그럽기까지 하다고 놀렸었다.

누구에게나 완벽한 만족은 없듯이 이러한 나에게도 부러운 것이 하나 있었는데, 그것은 전에 있던 아이가 미군들의 장학금으로 학교에 다니는 것이었다. 그는 금촌에 있는 중학교에 다녔는데 부대에서 자동차로 등하교를 시켜 줄 만큼 이들의 관심과 사랑은 매우 컸다. 그는 나와 같은 숙소에서 기거하고 있었는데, 저녁이면 나는 피곤해서 일찍 잠자리에 드는 대신 그는 책상머리에 앉아 공부하곤 했다.

나는 그것이 너무도 부러워서 어떤 때는 피곤함도 잊고 그와 함께 밤 늦도록 책을 읽는 데 시간을 보내곤 했다. 그리고는 나도 이젠 나의 장래에 대한 계획과 이의 실현을 위한 노력을 늦출 수 없다는 강박관념에 사로잡혀 고민하곤 했다.

부대 이동

그동안 고향에 있는 집에서
는 내가 매달 송금한 돈으로 잘
지내고 있었고 둘째 형은 육군
중위로 예편되어 집에 있었으
며, 바로 밑에 동생은 진학해서
중학교에 다니고 있다는 소식
외에는 별다른 변화가 없었다.
어느덧 세월이 흘러 내가 이곳 금촌에 와서 직장생활을 한 지도 만
1년이 되어가고 있을 즈음 부대에서는 이동설이 나돌았고, 이것은 곧
현실로 닥쳐왔다.

결국 해병사단 고문관실은 포항으로 이동하게 되었고 여단 고문관실
은 김포로 가게 되었다. 나는 주위 사람들이 고향인 포항에 가야 되지
않겠냐고 권유했지만 김포로 가고 싶다고 했다. 그 이유는 내 자신이
고향을 떠나올 때 다짐했던 각오와 꿈을 하나도 이루지 못했을 뿐 아니
라 아무런 변화나 발전 없이 이대로 귀향한다는 것은 별 의미가 없다고

판단했기 때문이었다.

초겨울의 찬비가 정들었던 캠프와 동료 간의 이별을 더욱 아쉽고 슬프게 몰아가던 월요일 새벽, 나는 드디어 미군 지프차에 몸을 싣고 김포군 월곶면 마송리로 향했다. 셋째 형도 군의 명령에 따라 포항으로 가게 되어 작별해야 했고, 나와 같은 숙소에서 형제처럼 지내던 CW형과 ST도 다시 만날 날을 기약하면서 아쉬운 작별 인사를 나누었다.

어느 문학가의 '이별은 달콤한 슬픔'이라고 한 말은 아마도 아름다운 추억의 한 토막을 더 장식할 수 있다는 의미이거나, 아니면 다시 만날 것을 전제로 해서 재회의 더 큰 기쁨을 예상하고 한 말이 아닌가 하고 생각해 보았다.

부대가 들어설 자리에는 정지 작업도 제대로 되어 있지 않았기 때문에 빗속에 야전막사를 설치하는 일은 매우 힘들었다. 이삿짐은 여기저기 무질서하게 쌓여 있어 비에 젖은 채로 방치되어 있었고 막사에는 난롯불을 지폈으나 바닥에 흙탕물이 계속 흘러 들어와서 피난생활을 연상케 했다. 견디기 힘든 추위와 더불어 식사는 전투용 통조림으로 대신했다. 전방에서의 부대 이동이란 결코 쉽지 않다는 좋은 경험을 한 셈이었다.

날이 갈수록 부대의 윤곽도 잡히고 기능도 제대로 할 수 있게 되어 질서를 되찾기 시작했다. 나는 마치 서부영화에서처럼 미국인들의 놀라운 개척 정신을 피부로 느낄 수 있었고, 이러한 국민성을 그들이 타고난 듯했다. 이를 통해 나는 인간의 지혜와 노력이 모든 것을 가능하게 할 수 있는 무서운 힘을 가지고 있다는 것도 깨닫게 되었다.

나는 그전과 같이 성실히 근무에 임했는데, 그 결과 고문단장으로부터 두터운 신임을 받게 되었다. 단장은 나를 마치 자식처럼 귀여워했으며 이따금 서울에 업무차 출장을 갔다 올 때면 나에게 필요한 물건들을 꼭 사다 주곤 했다. 성탄절에는 그가 미국에 주문한 카우보이(Cow boy) 청바지와 저고리를 나에게 선물했는데 얼마나 고마웠는지 이루 말로 표현할 수가 없었다.

그 당시 나는 그 옷을 진심으로 갖고 싶어 했기 때문에 정말 기뻐했고, 더욱 열심히 일해서 보답하려고 노력했다. 나는 매달 봉급을 타면 그 돈을 고스란히 집으로 송금했다. 그리고 이제까지 송금한 돈을 잘 활용했다면 꽤 큰 돈이 모였을 거라는 기대 섞인 생각도 해보았다.

그때 마침 셋째 형이 제대를 앞두고 이곳 여단 본부로 전출되어 왔었다. 나는 형으로부터 고향 소식과 함께 집의 상황을 듣고 많은 실망을 했다. 전역한 둘째 형은 취직이 안 되어서 집에서 그냥 놀고 있고, 내가 송금한 돈으로 저축은커녕 겨우 생계를 유지해 나가는 데 급급하다는 것이었다.

나는 셋째 형이 올라와서 덜 외롭기도 하고 또 여러 가지 의논도 할 수 있어서 좋다고 생각했으나, 형은 직장을 알아본다며 자꾸 돈을 요구했다. 심지어 집에 송금할 돈까지 달라고 해서 나와 다툰 적도 있었다. 그 무렵 고문단장은 나에게 특별 휴가를 줄 테니 고향에 다녀오라고 해서, 나는 추석도 지낼 겸 집의 형편을 확인하기 위해 선뜻 제의에 감사함을 표하고 그렇게 하기로 했다.

추석 휴가

나는 특별 휴가비와 집안 식구에게 줄 선물들을 챙겨서 포항행 기차에 몸을 실었다. 그러나 나의 귀향은 일시적일 뿐 내가 목표를 달성하여 금의환향하는 것은 아니다. 따라서 이의 실현을 위한 노력은 지속될 것임을 분명히 해두고 싶었다. 어머니와 큰형 그리고 동생들은 무척 반가워했고 동네 친구들도 나를 반겼을 뿐 아니라 선망의 대상으로 보고 있었다.

나는 철없이 어린 마음에 객지에서의 체험담과 직장생활에 관해서 약간은 과장되게 이야기를 들려주었다. 고향 땅을 한번도 떠나보지 못했던 이들에게는 나의 이야기가 모두 흥미있을 뿐 아니라 심지어는 신기하게까지 들렸던 것이다. 그들은 나를 환영하는 뜻으로 옆집 SB네 집에서 막걸리 파티(?)까지 열어주었다. 분명히 나는 그들로부터 영웅 대접을 받고 있었다.

거의 제한된 공간에서 날마다 군인들과 몇 명의 동료들을 제외하고는 민간인이라고는 구경하기조차 힘든 전방의 삭막한 환경과는 너무도 다른 분위기를 고향은 나에게 안겨주고 있었다. 그래서 사람들은 고향

을 좋아하고 또 옛 벗을 그리워하
는 모양이 구나 하는 생각을 해보
았다.

그런데 정작 내 마음 깊은 곳에
서는 '나이 열여덟이 되도록 도대
체 내가 이룩한 것이 무엇이란 말
인가?' 하는 의문과 함께 무언가 허전한 생각을 떨쳐버릴 수가 없었다.

나는 이번 여행을 통해 바쁘게 달려온 지난날들을 되돌아보고 동시
에 현재의 나를 객관적으로 성찰해 볼 수 있는 의미 있는 시간을 가질
수 있었다. 내가 걸어가야 할 길을 모색하고 목표를 구체적으로 설정해
서 이를 단계적으로 실천해야만 되겠다는 생각이 들었다. 더 이상 식구
들의 생계에 대한 걱정에만 매달려 한푼이라도 더 벌어서 어머니에게
드리는 것이 나의 삶에 유일한 목적이 될 수는 없다고 생각했다.

이제는 둘째 형도 제대했고 셋째 형도 곧 제대할 것이기 때문에 가족
들의 생활비 걱정은 그들의 몫으로 돌려주어야 된다고 생각했다. 지난
5년간 큰형과 두 동생 그리고 어머니의 생계를 떠맡아 온 것만으로도
나에게는 참으로 큰 희생이 아닐 수 없었다. 따라서 지금부터라도 나는
자신의 발전을 위한 일에 최우선 순위를 두고 투자와 노력을 기울여야
겠다고 생각했다.

나는 그런 외중에도 남몰래 꿈에서 그리던 동해 바닷가의 백사장에
나가 장래에 대한 이런저런 생각을 하는 데 많은 시간을 할애했다.
나 자신은 다소 변했어도 바다와 백사장 그리고 파도소리와 갈매기의

울음소리는 그대로인 것 같았다. 역시 바다는 나의 답답한 가슴에 새로운 활력과 신선함을 불어넣어 주는 데 부족함이 없었다.

친지들을 방문하고 오천에 있는 사단 고문관실에 가서 옛 선배들과 동료들도 반갑게 만났다. CW형은 고향인 서울이 그립다고 했고 ST는 포항중학교에 전학해서 잘 다니고 있었으며, MS(JC형의 애칭)는 전과 같이 장교클럽에서 일하고 있었다.

고문관실에서는 특히 금촌에 있을 때 나를 끔찍이 사랑해 준 리차드 (Richard) 대위가 아직도 군의관으로 이곳에서 일하고 있었는데, 마치 옛 은인을 만난 듯이 반가웠다.

그는 포항이 나의 고향이라는 사실을 알고 "왜 고향에 오지 않고 객지에서 고생하느냐?"라고 물었으며, 내가 진학에 관심이 있다는 사실을 파악한 그는 "만약 이곳에서 일하면 야간학교에 다닐 수 있지 않겠느냐?"라고 희망적인 말과 함께 격려를 아끼지 않았다. 나는 그의 깊은 사려와 친절에 너무도 고마웠고, 내가 귀대하기 전에 꼭 다시 만나서 구체적으로 의논하기로 약속하고 집으로 돌아왔다.

사라호 태풍

어느덧 추석도 내일로 다가왔고 내가
귀대할 날도 불과 4일밖에 남지 않았다.
어머니는 객지에서 고생하다가 오랜만
에 휴가 온 자식을 위해서 특별히 추석
음식을 장만하셨다. 그중에서도 내가
제일 좋아하는 밥식혜를 정성 들여 담
그시는 것 같았다. 나는 오랜만에 우리
식구 모두가 모여서 추석 명절을 같이
보낼 수 있다는 사실 자체만으로도 기쁘고 즐거웠다.

그런데 추석날 뜻하지 않은 '사라호' 태풍이 몰아쳐서 온 동네가 물
바다가 되었다. 우리집은 개울가에 있어서 하천이 범람하는 바람에
물이 방까지 들어와 벽이 무너지고 모든 가재도구는 물에 젖어 엉망이
되었다.

마을 사람들은 하나같이 물을 피해 동해초등학교로 피난을 가야 했
다. 사라호가 안겨준 피해는 이루 말로 다 표현할 수 없을 정도로 엄청

났으며 심각했다. 특히 우리집은 울타리와 방의 북쪽벽 전체가 무너졌으며, 방바닥의 구들장도 모두 내려앉았다.

거의 모든 것을 앗아가다시피 한 태풍은 많은 이의 원성을 뒤로한 채 물러갔지만, 재난을 당한 사람들은 중추절도 잊은 채 피해 복구에 나서야만 했다. 우리집에서도 울타리는 고사하고 우선 무너진 벽과 방바닥을 수리해야 할 형편인데 돈이 없어 걱정하고 있는데, 리차드 대위가 소식을 듣고 방문했다.

그는 자신의 성의와 함께 동료들로부터 모금한 얼마간의 의연금을 나에게 전달하였다. 나는 그의 성의와 배려에 감동하여 눈물이 날 정도로 고마웠다. 그리고 감사하다는 표현과 함께 인사를 하는 어머니에게 그는 내가 최고라는 표시로 엄지손가락을 치켜올렸다.

생각지도 않았던 고문관실의 도움으로 용기를 얻어 우리집은 수리하기 시작했다. 이런 난리 가운데 시간은 흘러 내가 귀대해야 할 날도 이틀을 남겨놓고 있었다. 어머니는 모처럼 휴가 온 내가 고생만 하고 간다고 여간 섭섭해하시지 않았다. 나는 약속한 대로 나의 장래에 관한 의논도 하고 도와주어서 감사하다는 인사도 할 겸 해서 고문관실을 찾아가서 리차드 대위를 만났다.

그는 나의 관심사에 대해 그동안 여러 가지 방도를 강구해 놓고 있었다. 단도직입적으로 그는 나에게 '학교에 진학을 해서 계속 공부를 해야 하지 않겠느냐?'고 확인하고는 두 가지 실현 가능한 방안을 제시했다.

첫째는 이곳 고문관실에서 근무하는 CW형이 고향인 서울로 가고 싶다고 하니 서로 자리를 바꿀 수 있으며, 그럴 경우 내가 포항의 야간

학교에 다닐 수 있는 방안이었다. 그리고 다른 하나는 만약 내가 고향인 포항에 오기 싫다고 하면 본인이 서울 미 팔군에 자리를 알아보겠는데, 그렇게 될 경우 내가 서울에서 야간학교에 진학할 수 있는 방안인데 그것은 시간이 좀 걸릴 것이라고 했다. 나는 다시 한번 그의 적극적인 도움과 깊은 배려에 감사했다. 그리고는 내가 귀대해서 그곳 고문단장과 의논한 후 결정해서 연락하기로 하고 다시 작별했다.

　나는 수해로 파손된 우리집의 복구가 채 끝나기도 전에 귀대해야 했기 때문에 마음이 편치 않았다. 물론 집에는 둘째 형이 있었지만 경제력이 없었기 때문에 뒷일을 전적으로 맡기고 떠나올 수가 없었다. 오히려 어머니는 내가 귀대해서 가옥 수리비용을 융통해서 좀 보내주었으면 하는 눈치였다. 나는 어머니를 안심시키고 또 동생들에게는 돈 걱정 하지 말고 열심히 공부하라고 당부하고 작별했다.

귀대의 길

아쉬웠던 가족들과의 짧은 만남, 그리고 정든 친구들과 고향 산천을
뒤로한 채 나는 서울행 기차에 몸을 싣고 귀대 길에 올랐다. 어둠 속을
헤치며 달리는 열차 속에서 나는 마치 불투명한 나의 장래를 조금이라
도 정확하게 예측해 보려는 듯이 차창 밖을 뚫어지게 바라보았다. 그러
나 간혹 작은 불빛만 어렴풋이 보일 뿐 주위는 여전히 분간할 수 없었다.

그때 어디선가 신음소리가 나길래 정신을 차리고 주위를 살펴보았더
니 객실 입구 한쪽 구석에 중년의 여자가 쭈그리고 앉아서 배를 움켜쥐
고 고통스러운 표정으로 앓고 있었다. 나는 누군가가 도와주겠지 하고
보고 있었지만 아무도 관심을 보이지 않았다.

나는 일어나서 그 여인을 내 자리에 앉히고 어디가 아프냐고 물었다.
여인은 아랫배를 움켜쥐고 계속해서 고통을 호소했다. 앞자리에 앉아
있던 할머니가 그제야 눈을 비비고 일어나더니 "산기가 있구나."라고
하셨다. 나는 그때야 여인의 불룩 나온 배를 보고 산모임을 눈치챘다.
나는 다급해서 열차의 승무원을 불렀는데, 그는 여인에게 행선지가
어디냐고 묻고는 "이제 한 시간 더 가면 되니까 참으라."고 했다.

나는 3년 전 우리집의 뒷
간에서 있었던 일이 생각났
다. 그날은 도구 장날이었는
데 사람 우는 소리가 나길래
들여다보았더니 어떤 여인
이 우리집 뒷간의 구석에 앉

아 기둥을 붙잡고 고통스럽게 뒹굴고 있었다. 나는 급히 집안으로 달려
가서 어머니에게 말씀드렸다.

어머니는 그 여인을 방으로 업고 가서 누이고는 불을 지펴 물을 끓이
면서 들락날락하시더니 몇 시간 후에 옥동자를 받아 내셨다. 방안에서
여인의 비명소리와 함께 '으앙' 하는 울음소리가 났다. 조금 후 어머니
는 이마에 땀을 닦으시면서 나오더니 "아들을 해산했다."라고 큰 소리
로 외치시면서 기뻐하셨다.

어머니는 새 생명이 태어날 수 있도록 도와준 데 대한 보람과 긍지를
느끼시고 더욱 크게 만족하신 듯하였다. 어려운 생활 속에서도 어머니는
정성을 다해 그 여인에게 따뜻한 미역국을 끓여 먹이셨고, 훌륭히 간호
해 준 덕분에 며칠 후 산모는 건강한 몸으로 자기 집에 갈 수 있었다.

얼마 후 그 집에서는 감사의 뜻으로 쌀을 한 가마니 보내왔고 시부모
되는 분들이 직접 찾아와서 고맙다는 인사를 정중히 하였다. 어머니는
우리집에서 귀한 옥동자가 태어났기 때문에 재수가 좋을 거라고 하셨
고 얼마 동안은 좋은 일이 있을 때마다 그 덕분으로 돌렸다.

나는 그때의 일을 떠올리면서 누군가가 좀 도와주면 복을 받을 터인

데 하고 은근히 기대해 보았지만 달리는 열차 속이라서 그런지 아무도 뾰족한 대책이 없는 듯 그저 보고만 있었다. 잠시 후 열차 승무원이 다시 오더니 "아주머니, 참기가 어려우면 다음 역에서 내리시지요."라고 하고는 그 옆에서 상황을 지켜보고 있었다.

여인의 진통은 계속되었고 조금 후에 열차가 역에서 정거하자 승무원은 여인을 부축하여 열차에서 내려주었다. 나는 여인이 무사하기를 마음속으로 빌면서 다시 내 자리를 찾아 앉았다. 주위는 아무 일도 없었던 것처럼 다시 고요를 되찾았고 다만 소주 냄새와 더불어 술 취한 자들의 코 고는 소리만 간혹 들렸다. 나는 다시 깊은 상념에 빠져들었다.

기차가 수원역을 통과할 무렵 나는 장시간 곰곰이 생각하고 고민한 끝에 내 신상에 관한 중대한 결단을 내렸다. 창밖은 어느덧 동이 트고 있었으며 새날이 밝아 오고 있었다. 나는 드디어 리차드(Richard) 대위의 권유에 따라 포항 고문관실로 내려가서 야간학교에 진학하기로 결심했으며, 귀대 즉시 여단 고문단장에게 나의 결심을 말씀드리고 도움을 요청하기로 했다.

제3부

주경야독

전근과 큰형의 죽음

그 당시 여단 고문단장인 로렌스 (Lawrence) 중령은 내가 그의 아들과 펜팔(Pen pal)을 주고받았기 때문에 나에게 더욱 친절했으며, 마치 친자식처럼 귀여워해 주었다.

나의 각오를 말하자 그는 쾌히 승락해 주었을 뿐 아니라 용기와 격려의 말씀도 해주었다. 그리고 언제든지 도움이 필요하거나 이곳에 오고 싶으면 자기에게 연락하라고 말했다. 나는 그의 허락과 격려에 너무 감사해서 눈물이 날 지경이었다.

귀대한 지 두 달 만에 전근에 필요한 모든 절차가 끝이 났다. 포항에 있는 사단 고문관실에서 CW형을 이곳으로 먼저 보낼 테니 업무에 관한 인수인계를 마치고 나더러 내려오라는 연락이 왔다. 3일 후에 CW형이 올라왔고 필요한 절차가 순조롭게 이루어졌으며 나도 바로 짐을 챙겨서 동료들과 작별의 인사를 나누고 짧은 기간이었지만 정들었던 마송리를 떠나 고향인 포항으로 다시 내려왔다.

예상했던 대로 우리집은 수해로부터 완전히 복구되어 있었으나, 내가 휴가로 다녀간 지 불과 두 달밖에 안 된 사이에 큰형이 운명하고 말았다. 큰형의 사망 원인은 회충약을 과다하게 복용했기 때문이라고 했다. 어디서 구했는지 회충약을 먹어야겠다고 하고는 그 후로 복통을 일으켜 몇 시간 고생하다가 금방 운명했다는 것이다.

그러나 어머니와 동생들의 말에 의하면 너무도 평화롭게 운명했기 때문에 분명히 하늘나라에 갔을 거라고 했다. 바로 밑에 동생의 손을 꼭 잡고 "내가 요단강을 건널 때까지 놓지 마라."고 하고는 잠시 후에 "이제 놓아도 된다."고 하면서 평화로운 미소를 지으면서 운명했다고 한다. 큰형의 유언에 따라 동생은 성경과 찬송 책을 같이 묻어주었다고 했다.

나는 어릴 때부터 큰형이 가끔 손톱과 발톱을 깎아달라고 해서 기쁜 마음으로 시중을 들었다. 비록 몸은 불구였지만 머리가 명석해서 매사에 실수가 없었을 뿐 아니라 성경과 찬송을 암기하는 데는 아무도 따라갈 자가 없었다. 큰형은 속세에 때묻지 않고 누구보다 깨끗한 생활을 하였을 뿐 아니라 본인이 하고 싶은 신앙생활을 철저히 하였기 때문에 결코 불행한 삶을 살았다고는 생각하지 않는다.

그러나 본인도 인간인지라 누나가 결혼할 때 "순서에 의하면 거꾸로 된 게 아니냐?"고 어머니에게 한번 말한 적이 있는 것 외에는 어떠한 욕심도 없이 살았다. 따라서 속세의 인간적인 눈으로 보면 불행한 삶을 살았다고 생각할지 모르지만 하나님이 보시기에는 매우 의미 있고 성실한 삶을 살았다고 하실 것이 분명하다.

그 이후로 우리 식구들의 하나님에 대한 신앙심은 배가되었고 특히, 어머니의 신앙심은 더욱 깊어졌으며 부활과 천당에 대한 믿음은 매우 강해졌다. 아마도 큰형의 신앙심에 깊은 감명을 받았으며, 간접적인 승천의 체험이 믿음을 더욱 신실되게 하였던 것으로 생각한다.

고등학교 진학

포항에 있는 사단 고문관실은 규모가 약간 컸지만 내가 맡은 업무는 대동소이했다. 그러나 누구보다도 나를 반기는 사람은 군의관인 리차드 대위였다. 대부분의 종업원들은 금촌에서 같이 근무했거나 도구 1동에 사는 선배 또는 지인들이라서 낯설지가 않았다.

특히 나와 함께 근무하게 된 선배는 대송면 송라에 사는 YC형이었는데 대송초등학교 출신이라서 서로가 잘 아는 사이였다. 나는 과연 고향이 편해서 좋다는 생각이 들었다. YC형은 마침 포항수산 초급대학 야간부에 다니고 있었는데 나의 진학에 관해서 많은 도움과 조언을 해주었다.

나는 곧바로 포항동지상업고등학교 야간부에 원서를 내고 절차를 밟아 1학년에 입학했다. 내 동기들보다는 4년이나 뒤진 셈이었지만 나는 결코 늦었다는 생각을 하지 않았다. 나의 입학에 대해 누나를 제외한 우리집 식구들은 별로 탐탁지 않게 생각하고 있었는데 그 이유는 가정형편이 넉넉지 않았기 때문이었다.

그러나 누구보다 나의 입학을 진심으로 축하해 주는 사람은 역시 리차드 대위였으며, 그는 귀국하기 전에 내가 뜻을 이룬 것에 대해 무척 기뻐했고 또 만족해했다. 그는 3월 초에 드디어 내가 교복을 입고 학교에 다니기 시작한 것을 보고 만족해하면서 귀국길에 올랐다.

그 무렵 동해초등학교 동기인 YH도 같이 입학하게 되었는데 그는 동해면 농업협동조합에 다니고 있었다. 우리는 새벽같이 일어나 낮에는 직장생활을 하고 밤에는 비가 오나 눈이 오나 40리(16km)를 함께 통학하면서 열심히 학교에 다녔다.

고학의 길이 쉽지 않다는 것은 이미 각오한 바 있었지만 식사를 제때 못하는 것은 다반사였고 교통수단이 여의치 않아 40리 길을 걸어올 때도 허다했다. 통학으로 인한 에피소드는 매우 다양한데, 때로는 주행하는 트럭 뒤에 올라 타다가 조수와 싸움을 한 적도 있었고 가축을 운반하는 트럭에 탔다가 혼이 난 적도 한두 번이 아니었다. 또 날씨가 괜찮다 싶어 자전거를 타고 갔다가 비를 만나 물에 빠진 생쥐마냥 집으로 돌아온 때도 많았다.

그러나 주경야독의 처지가 아무리 고생스러웠어도 나는 한번도 이에 대한 불평이나 불만을 갖지 않았다. 왜냐하면 이러한 고학의 길은 내가 좋아서 택한 일이고 따라서 여기엔 꿈과 희망이 있다는 것을 확신했기 때문이었다. 특히 나는 그 당시 미 고문관들의 장학금으로 포항고등학교에 다니는 ST가 전혀 부럽지 않았고 오히려 내 자신이 더 떳떳하고 자랑스러웠다.

시간이 지남에 따라 낮에 일하고 밤에 학교에 가서 공부하는 데는 무엇보다 체력이 뒷받침되어야 한다는 것을 절실히 느꼈다. 나는 아침 8시까지 출근하여 5시 퇴근과 함께 바로 학교로 가야 했고, 밤 11시 30분이 넘어서야 집에 올 수 있었기 때문에 식사를 제때 한다는 것이 불가능했다.

특히 과제물이나 예습 및 복습을 위해 시간을 내기란 정말 어려웠으며, 하루 24시간을 쪼개어 써도 모자랄 판이었다. 다행히 바커리(Barkely) 고문단장과 MS 및 YC형을 포함한 미군들과 주위의 많은 분들이 도와주었기 때문에 나는 어려운 환경 속에서도 학업을 계속할 수 있었다.

군사혁명과 형의 취업

나는 이때까지도 우리집 다섯 식구의 생계를 책임지고 있었다. 둘째 형은 아직도 취업이 안 되었고 셋째 형은 군에서 제대하여 서울 근교에서 직장을 구했다고는 하지만 전혀 도움을 주지 않고 있었다. 어머니는 집에서 놀고먹는 둘째 형에게 무슨 일이라도 해보라고 재촉하셨지만 취업하기가 그리 쉽지는 않았다.

나는 이 무렵 교회에 열심히 다니게 되었고, 특히 JW란 친구와 가까이 지내면서 신앙생활을 쌓아 나갔다. JW는 나와 초등학교 동창이었는데 일찍이 부모님을 여의고 형과 단둘이서 교회 앞 작은 집에 살고 있었다.

그의 형제는 신앙심이 돈독하여 모든 사람들의 모범이 되었다. 나도 그와 같이 주일학교 반사 노릇도 하고 교회에 작은 봉사도 하면서 주일을 의미 있게 보내곤 했다.

1학기 말도 얼마 남지 않은 어느날 군사혁명이 발발했으며 동시에 계엄령이 선포되었고 학교는 며칠간 임시 휴교에 들어갔다. 사회가 갑자기 긴장하기 시작했고 국가재건최고회의에서는 공직자들의 숙정

작업에 들어갔다. 곧이어 젊은 예비역 장교들을 지방행정기관의 장으로 특채하였는데, 둘째 형은 그 당시 스물여덟의 젊은 나이로 연일면장에 임명되었다.

5.16군사혁명(정변) 덕분에 형은 다행히 직장을 구하게 되었으며, 그것도 명예로운 '총각 면장'이라는 별명까지 얻게 되었다. 그동안 아무 말이 없던 주위 사람들도 형의 직위에 관심을 가지고 혼인을 위한 중매를 하겠다고 여기저기서 나타나기 시작했다. 세상에서는 과연 명예와 돈의 위력이 대단히 크다는 것이 입증된 셈이다.

형은 우리가 살던 도구 집을 정리하고 어머니와 동생들을 데리고 연일면장 관사로 이사를 했다. 도구 집을 정리할 때 나와 깊이 있게 의논 한마디 없이 처리한 형이 다소 원망스럽기까지 했다. 왜냐하면 그 집은 우리 가족이 가장 오랫동안 살아왔고 또 온갖 애환이 스며 있었기 때문에 나에게는 더욱 애착이 갔던 것이다.

하숙생활

나는 다시 가족과 헤어져서 생활해
야 했는데, 이것은 어떤 운명과도 같이
느껴졌다. 나는 하는 수 없이 JW형님
댁에서 하숙을 하면서 낮에는 고문관
실에 가서 근무하고 밤에는 학교에 계
속 다녔다. 그런데도 월말만 되면 집에
서는 생활비를 요구해 왔기 때문에 나
는 거절할 수 없었다. 나는 속으로 형

들의 무책임하고 안일한 자세에 다소의 원망과 불만을 가졌었다. 그러
나 한편으로는 우리집 식구들의 생활비를 내가 책임지고 있다는 데
대한 자부심이 있었던 것도 사실이다.

그해 겨울은 몹시 추웠는데 JW와 같이 쓰는 방은 난방이 잘되지 않아
더욱 불편했다. 성탄절을 앞두고 교회에서는 여러 가지 행사를 위한 준비를
하고 있었으며, 특히 주일학교 학생들의 연극과 합창을 위한 준비로 우리는
매우 바쁜 시간을 보냈다. 나는 고문단장에게 성탄절을 기해 우리 교회에서

위문공연을 할 수 있도록 해달라는 건의를 했다. 그는 기꺼이 나의 건의를 받아들였고 관계관들에게 이에 대한 준비와 지원을 지시하였다.

성탄절 예배와 특별 순서를 교회에서 가진 후 우리는 고문관실에서 준비한 차량으로 부대에 들어갔다. 부대에서는 고문단 장교 식당에 공연 무대를 준비하고 있었고, 많은 미군 장병들의 환영을 받으며 우리는 행사를 진행했다. 나는 서툰 영어로 사회와 해설을 맡아 했는데 이들의 반응은 매우 좋았다. 공연이 끝난 후 고문단장은 위문공연에 감사하다는 인사말을 했고, 또 그들이 준비한 선물들을 참가한 주일 학생들에게 골고루 나누어주었으며, 따뜻한 우유와 과자로 추위도 잊게 해주었다.

그날 밤 행사는 매우 성공적으로 치러졌다며 모든 사람들이 칭찬을 아끼지 않았다. 그러나 나로서는 불쌍한 시골 어린이들에게 성탄의 꿈과 희망을 심어줄 수 있었다는 데 더 큰 기쁨이 있었다. 그해의 성탄절은 진실로 타국에서 고생하는 미군 장병들에게 위로와 하나님의 사랑을 전할 수 있었고, 아울러 불쌍하고 어려운 처지에 있는 어린이들에게 기쁨과 즐거움을 안겨준 의미 있는 시간이었다. 나는 이 일을 치를 수 있도록 도와주신 하나님께 깊이 감사드리지 않을 수 없었다.

마지막 순서로 이어진 성가 '고요한 밤 거룩한 밤'은 관중석의 미군 장병들과 성가대가 하나 되어 합창으로 어둠을 밝히는 촛불행진과 함께 예수님의 인류에 대한 사랑을 다시 한번 확인하는 성스러운 마음의 찬양으로 메아리쳐 분명히 하나님께 상달되어 큰 영광이 되었으리라!

악화된 건강

고등학교 2학년이 되자 나는 대학 진학에 뜻을 품고 이에 도전해보기로 결심했다. 그래서 대학 입시에 관한 정보 수집과 공부에 열중하느라 좀 무리한 생활을 하기 시작했다. 문제는 시간이었는데 하루의 수면시간을 4시간으로 줄였다. 나는 학교수업을 마친 후 수험준비에 다소의 시간을 할애하는 수밖에 별다른 방도가 없었다.

그러나 그 당시 대규모의 미군상륙훈련작전이 있어서 직장의 일거리가 너무 많았고 매우 힘이 들었다. 따라서 임시로 사람을 고용해야 할 필요가 있어서 나는 동네 친구인 YG를 추천하여 직장을 가지도록 도와주었다. 그렇게 해서 전에 YG에게 빚진 것을 갚은 셈이 되었는데, 세상에서는 주는 것이 있으면 반드시 받는 것도 있다는 이치를 비로소 깨달았다. YG는 감격하며 매우 고맙게 생각했고 약 3개월 동안 신나게 직장생활을 했다.

그해 6월 직장에서 매년 실시하는 신체검사에서 나는 군의관의 정밀진단이 필요하다는 통보를 받았다. 진찰 결과 과로와 영양결핍으로 인한 결핵 초기임이 판명되었다. 나는 매우 당황하였을 뿐 아니라 하늘도 무심하다는 생각과 함께 모든 꿈이 일시에 무너지는 것 같았다.

군의관의 권유와 직장에서의 규정에 따라 어쩔 수 없이 병가를 내고 집에서 요양을 해야만 했다.

나는 의학에 관한 지식은 없었지만 그 당시 많은 사람들이 결핵을 무서운 전염병으로 여겼기 때문에 은근히 걱정을 하였다. 이제 희망과 꿈도 피워보지 못한 채 좌절하고 마는 것은 아닌지? 또는 만약 건강이 회복되지 않으면 어떻게 될까? 혹은 왜 하필 나에게 운명의 여신은 이런 시련을 안겨주었을까? 하는 원망 섞인 생각도 해보았다.

그러나 이것은 분명히 하나님께서 나에게 대학 진학을 위한 공부에만 전념할 수 있도록 역사하신 것이라고 믿었을 때 오히려 잘된 일이라 여겨졌다. 하나님께서 주신 이 기회에 열심히 대학 진학을 위한 준비를 해야겠다고 각오를 다졌다. 그리고 하나님의 깊고 넓으신 사랑과 은혜에 감사와 영광을 돌려드리기 위해서라도 기도하는 자세로 학업에 충실해야겠다는 생각을 했다.

그때 마침 둘째 형은 연일면장에서 영일군청 사회계장으로 직책을 옮기게 되었기 때문에 집은 다시 포항 시내로 이사하게 되었다. 새로 이사 간 집은 대신동에 있는 방 두 칸짜리 전세로 형과 두 동생 그리고 어머니 네 식구가 살기에도 공간이 충분하지 않았다. 도구에서 살던 집과 이 집을 비교했을 때 도구 집은 대궐이라는 표현이 적절하다는 생각이 들었다. 나는 점점 기울어져 가는 가세에 대한 염려와 더불어 실망을 금할 수가 없었다.

누나집에서의 생활

나는 도구에 있는 JW형 집에 서 나와 거처를 포항시내로 옮 겨야 했다. 마침 포항에서 피아 노 과외를 하고 있는 누나댁에 방 한 칸을 빌려 쓸 수 있게 되어 그곳으로 들어가기로 결정했  다. 숱한 애환이 서린 도구를 물리적으로 떠나야 한다는 생각을 하자 아쉬움과 더불어 심지어는 야릇한 감정까지 들었다.

정든 고향 친구들, SB, YW, YY, YG, JW 등등 … 그중에서도 특히 YH는 매우 섭섭해했다. 나는 다시 내가 이곳에 발을 들여놓을 때는 분명히 다른 어떤 성숙한 인간의 모습으로 나타나야 할 것이라는 각오 를 다지면서 푸른 뒷산과 탁 트인 동해를 바라보며 아쉬운 작별을 고해 야만 했다.

그 당시 우리집 식구 가운데 나의 성장과정을 가장 관심있게 지켜봐 주고 또 장래를 염려해 주시던 분은 누나 한 분뿐이었던 것 같았다.

그래서 나는 누나와 깊이 있게 나의 진학 계획과 진로에 대해 의논하고 또 조언도 받았다. 동지여자상업고등학교에 교사로 재직하고 있던 매형도 대체로 나에게는 관대했고 많은 관심을 가져주셨다.

나는 건강이 회복되더라도 다시 고문관실에 복직하지 않기로 혼자 결심하고 퇴직금과 내가 저축한 돈을 모두 챙겨서 일부만 어머니에게 드리고 나머지는 누나에게 맡겼다. 나는 누나에게 약속을 지켜줄 것을 당부하고, 맡긴 돈은 내가 만약 대학 진학의 기회를 갖게 되면 입학금과 등록금으로 사용할 계획이라고 말했다. 누나는 찬성했고 또 나의 꿈과 포부에 대해 반신반의하면서도 희망적이고 도전적인 나의 자세를 격려해 주었다.

둘째 형은 이재에 천성적으로 눈이 어두워서인지 그동안 도구 집만 날렸을 뿐 다시 셋방살이로 식구들을 궁지로 빠뜨렸다. 솔직히 나는 더 이상 경제에 관한 한 형을 신뢰할 수 없었을 뿐 아니라 나의 장래에 대해서도 논의의 대상이 되어줄 수 없다고 생각했다. 나는 열심히 약을 복용하면서 새벽에는 학원에도 나가고 낮에는 적당히 가벼운 운동도 하면서 학업에 전념하였다. 몸은 차차 회복되어 갔고 학교 공부도 체계적으로 할 수 있어서 더욱 보람을 느끼기 시작했다.

그 당시 학생들 사이에 유행하던 것이 바로 서클조직이었는데 나도 예외는 아니었다. 그래서 우리 학급 7명의 친한 친구들이 마음을 모아 에버그린(Evergreen: 상록수)이라는 서클을 만들어 각별히 가까이 지내면서 때로는 놀러도 다녔다.

한번은 상정동에 있는 YM이라는 친구집에 가서 밤을 새우면서 놀던 때도 있었는데, 그때 벌써 한 친구는 애인을 데리고 왔기에 우리가 놀리던 기억이 난다. 가끔 내가 주선해서 우리는 미군용 트럭을 타고 유원지나 인근 사찰로 놀러 다니면서 사진도 찍고 젊음을 발산하면서 아름다운 추억거리도 엮어 나갔다. 따라서 우리는 한때 주위 친구들의 부러움도 샀다.

형의 결혼

그 당시 형은 연일초등학교에 재직하고 있는 여선생과 교제하고 있었고 어머니는 형이 결혼할 나이가 되었는데도 형편이 여의치 않아 큰일이라고 걱정만 하고 있었다. 누나는 그 여선생에 대해 간접적으로 들어서 알고 있었고 만약 혼사가 이루어지면 형편이 좀 나아질 거라 낙관하고 있었다. 나는 만약 형이 결혼해서 우리집 형편이 나아진다면 무리해서라도 결혼을 추진하는 것이 좋다고 판단하고 누나에게 나의 의사를 밝혔다.

누나와 의논한 후 나는 저축해 둔 돈의 일부를 혼인 비용에 쓰기로 결정하고 그 일을 추진해 줄 것을 부탁했다. 누나는 나의 결정에 찬동하면서도 혹시 나의 대학 진학에 대한 계획에 차질이 생길까 봐 몹시 염려하였다. 그러면서도 누나는 한편으로 혹시 형이 결혼하고 난 후에 집안 형편이 좋아지게 되면 내가 대학 다니는 데 도움을 줄 수 있지 않을까 하는 일말의 희망을 가지고 혼사를 추진하는 눈치였다.

나는 그래도 대학 입학금과 1학기 등록금 상당의 액수는 남겨두고 있었기 때문에 그 후의 문제는 그때 가서 걱정하기로 하고, 오히려 처음으로 형수를 맞이한다는 희망과 기대감에 부풀어 있었다. 형수 되실 분의 집에서도 사람들이 오가고 했는데, 고향은 대구시 범어동이었고 영일 정씨 집안의 신실한 기독교 신자였다. 드디어 혼인 일자가 정해지고 결혼식은 대구에 있는 범어교회에서 하기로 결정되었다. 그래서 형은 교회에 나가 예배를 보기 시작했으며 기독교인으로서의 자질도 갖추려고 노력했다.

누나는 모든 일을 맡아 하느라고 매우 분주한 가운데 틈만 나면 '수년 동안 온 식구 먹여 살리면서 공부한다고 몸부림치다가 몸 상해서 병 얻고, 또 이제는 형의 장가까지 보내주는 동생이 세상에 어디 있느냐?'며 나를 애처롭게 여기면서 나의 희생정신을 매우 높이 평가했다. 따라서 이번 혼사의 모든 공이 나에게 있음을 주위 친지들에게 강조하는 것 같았다. 나는 그런 찬사의 말을 들을 때마다 다소 쑥스러울 때도 있었지만 그래도 한편으로는 나를 인정해 주는 사람이 있어 다행이라는 생각을 했다.

결혼식은 예정대로 범어교회에서 거행되었고, 형수님은 포항 남부초등학교로 전근되어 형님과 같이 포항에 신혼살림을 별도로 차렸다. 누나는 형 부부와 어머니가 함께 살지 않은 데 대해 다소의 불만이 있었던 것 같았다. 그리고 기대가 컸던 만큼 실망도 컸던 것이 사실이었다. 올케와 시누이의 사이는 항상 기대와 실망의 차이에 반비례한다는 것은 예부터 내려오는 사실로, 여기서도 어김없이 확인되고 있었다.

그 당시 나에게 YD라는 친구가 있었는데 그의 집에 가끔 놀러 가보면 형수와의 사이가 얼마나 다정하고 격의 없이 지내는지 그것이 무척 부러울 때가 있었다. YD의 형수도 고향이 대구였는데, 애교는 말할 것도 없고 집안 살림을 도맡아 하면서도 항상 분위기를 밝고 명랑하게 이끌어 주위 사람들을 즐겁게 했다. 우리 친구들도 덩달아 형수라고 부르면서 그를 따르고 매우 좋아했다. 나도 사실은 새로운 형수에게 그런 기대를 가져보았지만 결국 꿈으로 그치고 말았다.

합격 통지서

우리나라 대학입시제도는 너무 자주 바뀌기 때문에 수험생들과 학부모들이 종잡을 수 없는 것이 사실이다. 내가 고등학교 3학년 때는 막 들어선 군사정부에서 처음으로 대학입학자격고사라는 제도를 도입해서 실시했다. 이는 대학입학자격고사에 일차로 합격한 수험생들에 한해서만 대학 본고사를 볼 수 있는 자격을 부여하는 제도로 매우 까다로웠다.

나는 고등학교 3년 동안 담임을 맡았던 JH 선생님과 진학 상담을 한 결과 선생님의 조언대로 계명대학 영문학과에 지원하기로 결심했다. 선생님은 나의 영어 성적이 좋다는 점과 또 대학에서 영어를 전공하면 취업의 기회가 많을 것이라는 이유를 들어 여기를 추천하셨다. 그러나 나는 무엇보다 그 학교가 기독교 정신에 입각해서 설립되었다는 점과 또 그 당시 계명대학에는 많은 외국 선교사들이 교수직을 맡고 있다는 사실에 관심과 흥미를 가지고 찬동했다.

나는 평소에 수학과 과학 과목이 좀 미진했기 때문에 2학기 말에는 대구에 있는 셋째 형한테 가서 학원에 다니면서 입시 준비를 본격적으

로 했다. 그 당시 셋째 형은 대구지역 미 8군에 다니고 있었는데 나한테
는 특별한 관심을 가지고 지원을 아끼지 않았다. 대구학원에서 약 2개
월간의 입시 준비를 한 후 나는 대학입학자격고사를 치렀는데 예상보
다 시험문제가 쉽지 않았다. 나는 최선을 다했고 결과는 하나님께 맡기
는 수밖에 없다고 생각했다.

나는 포항집에 돌아와서 초조한 가운데 결과를 기다리는 수밖에 없
었다. 일일이 여삼추라더니 정말 시간이 지루하게 느껴지는 가운데,
나는 의도적으로 친구들과 어울려 재미있게 보내려고 노력했다. 대다
수의 친구들은 내가 대학입학자격고사에 응시한 사실조차 모르고 있었
다. 왜냐하면 내 자신도 시험에 합격하리라는 보장을 할 수가 없었을
뿐 아니라 진학을 희망하는 급우도 드물었기 때문에 의도적으로 비밀
로 했다.

며칠 후 합격자들의 수험번호가 신문 지상에 발표되었는데 나는 수
험번호를 확인하자 곧바로 합격증을 교부받아 계명대학에 입학지원서
를 접수시키고, 다시 본고사 준비를 하기 시작했다.

또 다른 관문인 본고사에서 필기시험을 본 후 면접시험을 치렀는데
영문학과는 타 학과에 비해 지원자 수가 많았을 뿐 아니라 경쟁률이
가장 높았기 때문에 나는 매우 불안했다. 면접 때 나는 학과장이신
TH 교수님과 처음으로 만나 인연을 맺게 되었다. 며칠 후 드디어 합격
자들의 발표와 함께 합격통지서를 받아 들고 나는 육체적으로 당한
시련을 도전의 계기로 만들어주신 하나님께 진심으로 감사드렸다.

나는 어머니와 형의 소극적인 반응에도 불구하고 누나와 상의해서

대학에 등록절차를 밟기로 결정했다. 그 당시 우리집은 계속해서 형편이 어려웠기 때문에 오히려 나에게 입학을 포기하고 그 돈을 생활비에 보태주었으면 하는 눈치였다. 그러나 그것은 밑 빠진 독에 물 붓기에 불과할 뿐 전혀 도움이 안 된다는 것을 나는 누구보다 더 잘 알고 있었다. 나는 다시 사사로운 인정에 약해져서는 안 된다는 생각과 함께 결심을 굽히지 않고 나의 의지대로 대학등록을 강행했다.

지울 수 없는
꿈을 향한 여정

제4부

그리던 대학생활

대학 입학과 첫 학기

나는 대구에 올라와서 염치
불고하고 봉덕동에 있는 셋째
형집에 여장을 풀었다. 입학식
과 대학생활에 관한 오리엔테
이션이 끝나고 1학기 강의가

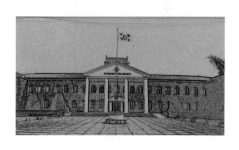

시작되었다. 그 당시 셋째 형은 단칸방에서 생활하고 있었는데 형수가
매우 불편해하는 것은 물론이고 나도 편치가 않았다. 눈칫밥을 얻어먹
는 것도 여간 불편한 게 아닌데 거기에다 잠까지 한방에서 같이 자면서
지낸다는 것은 서로가 견디기 어려운 실정이었다.

그러나 나로서는 더 이상 저축해 놓은 돈도 없었고 다만 형의 처분만
바랄 뿐 다른 방도가 없었다. 우연히 형과 같은 직장에 다니는 JW라는
친구가 인근에서 혼자 자취하고 있다는 사실을 알게 됐다. '하늘이 무너
져도 솟아날 구멍이 있다'더니 나와 동갑내기인 그로부터 동의를 얻은
후 우리는 함께 생활하기 시작했다. 그래서 우선 잠자리 문제는 해결한
셈이 되었기에 매우 다행스러웠다.

그렇지만 '세상에는 공짜가 없다'는 법의 이치에 따라 나는 JW의 자취방에서 더부살이를 하는 대신 그에게 글을 가르쳐주기로 하였다. 그는 어릴 때 전쟁으로 부모를 여의고 큰집에서 머슴살이를 하면서 지내다가 5년 전부터 이곳 미군 부대에 취직하여 독립생활을 하고 있었다.

불행한 환경에서 자란 그는 초등학교도 다닐 기회가 없었기 때문에 한글 해독에도 익숙지 않았다. 이러한 그가 어떻게 미군들과 의사소통을 하면서 일을 해낼 수 있을까 생각할 때면 나는 그가 신기할 뿐만 아니라 정말 장하게까지 느껴졌다. 나는 즐거운 마음으로 그에게 글을 가르쳐주었고 내가 아는 상식에 대해서도 이야기해 주었다. 그는 생각보다 영리해서 모든 말귀를 잘 알아들었고 빠른 기간에 한글도 거의 해독할 수 있게 되었다. 우리는 가까운 사이로 발전하였고 친한 친구가 되었으며 서로를 이해하게 되었다.

그러나 나는 그를 대할 때마다 세상은 정말 불공평하다는 생각과 함께 미안한 마음이 들었다. 그는 어릴 때부터 워낙 못 얻어먹고 고생을 하면서 자랐기 때문에 키도 작을 뿐만 아니라 신체도 약했다. 그러나 정신력으로 무장한 채 직장에 충실하고 열심히 살아가려 노력하고 있었다.

나는 그를 보면서 나의 처지가 얼마나 행복한가를 깨닫고 더욱 열심히 학업에 전념하였다. 그러면서도 틈만 나면 적당한 아르바이트 자리가 없는지 살펴보았다. 대구에 별다른 연고도 없는 데다 대학 신입생으로서 일자리를 구한다는 것이 그리 쉽지 않았다.

　나는 첫 학기 동안의 짧은 대학생활을 통해 많은 것을 보고 배우고 느꼈을 뿐 아니라 깨달은 것도 많았다. 교수님의 강의를 통해 얻은 것도 많았지만 그보다 동료 및 선배들과의 대화나 서적을 통해서 오히려 더 많은 것들을 얻은 것 같았다. 그래서 누군가가 '평생을 대학 캠퍼스에서 보내는 것 이상 삶을 보람되게 할 수 있는 일은 없다'고 말했는지도 모르겠다.

내가 1학기 동안 사귄 동급생 가운데 제일 친하게 지낸 친구는 SK였다. 그는 고향이 의성이고 대구고등학교를 졸업했는데 봉덕동에 있는 고모댁에서 학교에 다녔다. 우리는 집이 같은 방향일 뿐 아니라 마음이 맞아서 항상 같이 다니면서 학교생활을 했다. 그도 나와 함께 형네 집에 가서 놀기도 하였지만 나도 그의 고모댁에 자주 가서 공부도 같이 하고 밥을 얻어먹기도 하였다. 고모님은 인자할 뿐만 아니라 인심이 좋아서 언제 보아도 조카와 똑같이 친절하게 대해 주셨다.

어느덧 1학기 말이 되어 학기말 고사를 치르게 되었고 곧이어 여름방학이 시작되었다. 나는 바로 포항집으로 내려와서 지난 한 학기 동안의 대학생활에 대해 자신을 성찰해 보았다. 처음 내가 계획한 대로 이룬 것이 하나도 없음을 깨닫고 자신의 무능함과 냉정한 현실에 좌절하지 않을 수 없었다.

나는 대구에 가서 먼저 아르바이트 자리를 구하여 숙식도 해결하고 등록금도 마련해서 자신의 힘으로 대학공부를 하겠다고 계획했는데 뜻대로 되지 않았다. 만약 이것이 여의치 않으면 공부라도 열심히 해서 장학생이 되어 2학기 등록금 면제 혜택이라도 받아보겠다는 계획도 시험 마지막날 화학과목을 치른 후 그 꿈을 이룰 수 없다는 사실을 확인했다.

여름방학과 아르바이트

나는 누나에게 이러한 상
황을 설명하고 더 이상 2학
기 등록금을 조달할 방법이
없으니 어떻게 하면 좋겠느
냐고 조언을 구했다. 누나도
가슴만 아파했을 뿐 별다른 방안을 제시하지 못했다.

동료 대학생들은 처음 맞는 하기방학을 보람 있게 보내기 위해 재미
있고 즐거운 계획들을 세우기에 분주한데, 나는 이와 반대로 학교를
다니느냐 마느냐 하는 위기에 처해 있어 좋은 대조를 보였다. 더욱
가슴 아팠던 것은 우리집이 포항인 줄 아는 SK가 방학 동안 포항 해수욕
장에 놀러 오겠다는 것을 이런저런 핑계로 못 오게 막았을 때였다.

나는 또 하나의 시련을 겪고 있다는 사실을 확인하고 이것을 극복하
기 위해서는 과감한 도전만이 필요하다는 긍정적인 사고의 전환과 적
극적인 실천을 시도했다. 그리고 어려운 환경 속에서도 독학으로 꿈을
이룬 링컨 대통령의 의지력과 용기를 다시 상기시켰다. 그때 갑자기

내 머릿속에 김포에 있는 여단 고문관실이 떠올랐다. 그곳에 가면 무슨 방도가 생길 것이라는 기대와 함께 용기를 가지고 나는 숨돌릴 틈도 없이 곧바로 가방을 챙겨 김포로 출발했다.

여단 고문관실의 JH통역관과 KY주방책임자 그리고 옛 선배 및 동료들은 나를 반갑게 맞아주었다. 나는 현재의 처지를 설명하고 임시로 고용해 줄 것을 간청했다. 이들은 이구동성으로 "참 잘왔다. 이런 일에 우리가 도와주지 않으면 누가 도와주겠느냐!"고 하면서 나를 격려해 주었다. 마침 그 당시 훈련작전이 있어서 다수의 미군들이 이동해 왔기 때문에 임시고용이 가능할 것이라고 JH형이 낙관하였다. 그는 이튿날 당장 나를 신임 고문단장에게 인사시키면서 나의 딱한 사정을 보고하였다.

신임 고문단장은 앤더슨(Anderson) 중령이었는데, 그는 JH형이 제출한 나의 과거 근무평정표를 보면서 동시에 KY형이 제안한 장교식당 임시 종사원직에 대한 타당성을 검토한 후 즉석에서 채용할 것을 승락해 주었다. 그날 나는 이들의 인정과 의리에 깊은 감명을 받았다. 이들의 기대에 부응하기 위해서도 열심히 그리고 참되게 나의 꿈을 실현시키는 일에 최선을 다해야겠다고 다짐했다.

한여름의 더운 날씨에 식당과 주방에서 궂은일을 도맡아 한다는 것은 그리 쉽지가 않았다. 특히 식당 근무는 일정한 출퇴근 시간이 없었기 때문에 나는 새벽부터 밤늦은 시간까지 일해야 했으며, 이런 나에게 주위 형들은 위로와 격려로 더 큰 용기를 주었다. 나는 이들의 배려에 깊이 감사하면서 그 보답의 뜻으로 더욱 성실히 근무에 임했다. 여름방학 동안 일하면서 등록금도 마련하고 동시에 영어 공부도 할 수 있어 일거양득이라는 생각을 하면서 나는 이런 기회를 주신 하나님께 감사드렸다.

약 2개월 동안 일한 대가로 고문단에서는 2학기 등록에 필요한 학비 전액을 지원해 주었다. 이것은 일반 노임규정에 근거한 것이 아니라 특별히 장학금 형태로 마련해 준 것임을 근무 종료일 고문단장이 나에게 전달하면서 격려의 말과 함께 설명해서 알게 되었다. 나는 그들의 호의와 정성에 깊이 감사했고 앞으로 더욱 열심히 공부할 것을 다짐했다.

작별 인사를 할 때 고문단장은 미군 식당 책임자가 작성한 나의 근무 평정 보고서를 보고 매우 감명받았다고 기뻐하면서 다음 방학 때도 임시직을 제공해 줄 테니 그때 다시 만나자고 말했다. 나는 '바로 이런 것이 젊은이에게 용기와 희망을 심어주어 삶을 의미 있게 영위할 수 있게 하는 기성세대와 사회의 책임'이라고 생각하면서 다시 포항집으로 돌아왔다.

'올페'라는 이름의 서클

다시 대학 2학기 등록을 할 수 있게 되었다는 사실에 누구보다 기뻐하고 장하게 여긴 사람은 역시 누나였다. 나는 등록금을 마련하기까지의 과정을 이야기했고, 아직도 세상에는 인정과 의리가 있다는 점을 강조하였다. 그러나 또다시 셋째 형 집에서 눈칫밥 얻어먹을 생각을 하니 마음이 무거웠다. 나는 '자취생활을 하면 어떻겠냐?'고 누나에게 상의했으나, 누나는 더 견뎌보라며 만류했다.

어느덧 2학기도 중반에 접어들 무렵, SK가 대구고등학교 동기들을 주축으로 한 문학서클을 만드는 데 참여하자고 강요했다. 나는 거절할 수 없어서 그 일에 동참하기로 하고 대구시내 7개 대학(경북대, 대구대, 청구대, 계명대, 한사대, 교육대, 효성여대)을 다니며 서클의 창설 목적과 의의 및 활동 범위 등에 관해 설명하고 회원들을 모집하는 데 적지 않은 시간을 보냈다.

학생 약 30명의 동의를 얻어 창립총회를 하게 되었는데, 지도교수로는 그 당시 대구여고 교장이셨던 청마 CW선생님, 시인 DJ교수님, 그리고 아동문학가 JC교수님 등 세 분을 모셨다. 우리는 서클 명칭에 대해 고민한 끝에 DJ교수님의 제안에
따라 올페(Orphee: 희랍신화에 나
오는 시(문학)의 신)로 결정했다.

우리는 지도 교수님들을 모시
고 창립총회를 가진 후 회장을
선출했는데 예상외로 내가 선임되었다. 나는 그렇지 않아도 서클 창립
을 위해 SK와 함께 할애한 시간에 대해 다소의 후회스러움과 더불어
형 보기에도 민망한 처지인데 회장 일을 맡으라니 입장이 매우 난처했
다. 그러나 회피할 수 없는 상황이어서 1년만 맡기로 하고 수락했다.

우선 창립총회 기념행사로 '문학의 밤'을 개최하기로 하고 후원자
물색에 나섰다. 우리는 삼삼오오 짝을 지어 웬만한 곳은 모두 다녀보았
으나, 그 당시 사회상황으로는 선뜻 후원해 주겠다는 사람이나 기관을
찾기가 쉽지 않았다. 우리는 학생이란 신분을 무기 삼아 구멍가게부터
공공기관까지 모두 찾아다녔는데, 경북도청에서는 공보실장에게 1시
간 이상 별 도움도 안 되는 훈계만 듣고 나온 적도 있었다.

간신히 대구 YMCA 강당을 빌려 우리는 '창립기념 문학 발표회'를
가지게 되었고, 나는 그 자리에서 영국의 자연파 계관 시인인 윌리엄
워즈워스(William Wordsworth)의 시를 낭송하였다. 곧이어 우리는 서클
지인 '초생달'(성장할 수 있는 잠재력을 가진 막 태어난 문학서클을 상징하는 뜻에서
제호를 붙였음)을 창간함으로써 짧은 기간 동안 많은 실적을 쌓아갔다.

천고마비의 계절을 맞아 우리는 젊음을 자연과 함께 활력을 찾고자
옥포 용연사에 야유회도 갔으며 체력을 증진한다는 목적하에 체육대회

도 했다. 그리고 정기모임을 통해 발표와 토론도 하고 방학 때 할 봉사활동 사업에 관해서도 구체적인 의논 등을 나누었다. 이런저런 모임과 행사를 치르는 가운데 우리는 회원 간의 재미있는 에피소드도 많이 엮어 나갔다.

　오늘날의 대학생들은 상상도 할 수 없는 진정한 우정과 사랑, 그리고 정열과 낭만을 우리는 서클활동을 통해 체험할 수 있었다. 이 서클을 통해 나는 처음으로 이성 간의 교제를 체험하게 되었고, 어설프게나마 이성 간의 사랑이 무엇인지도 경험할 수 있었다. 또한 이 서클 덕분에 인생의 동반자인 아내도 만날 수 있게 되었다는 사실을 볼 때 '올페'와는 매우 특별한 인연이 있는 것 같다.

등록금과 입양

나는 2학년 1학기 등록금도 겨울방학 동안 김포에 있는 여단고문단에서 아르바이트를 하여 마련할 수 있었다. 그러나 등록금 외에 필요한 잡비는 셋째 형에게 의존했는데, 그것도 형수가 호의적이지 못해 눈치를 보아야만 했다. 형수의 간접적인 제안에 의해 나는 JW의 거처에서 자취생활을 할 수밖에 없었다. 말이 자취생활이지 반은 굶다시피 하면서 어렵게 지냈는데, 때로는 양식이 떨어져서 시골에 있는 친구가 집에서 쌀을 갖다주어 고비를 넘긴 적도 있었다.

그해 여름방학을 맞아 나는 또 김포에 있는 여단고문단에 가서 신세지기가 쑥스러웠고 또한 셋째 형에게 계속 의존한다는 것도 미안하고 해서 학교를 일단 휴학하는 것이 좋겠다는 생각을 했다. 그래서 당분간 혼자 조용히 생각도 정리할 겸 충남 예산에 있는 큰집(사실은 당숙집인데 우리 집안에서는 큰집이라고 불렀다)에 다녀오기로 하고 기차에 몸을 실었다.

초행길이라 물어물어 드디어 큰집에 당도했는데 생각대로 대구에서 그곳까지 가는 데만도 하루가 족히 걸렸다. 그리고 예산 읍내에서도 약 30리 길을 걸어서 산을 넘어야 대술면 장복리에 도달할 수 있었다.

큰집은 뒤쪽으로 산을 등지고 앞으로는 시내가 흐르는 곳에 자리하고 있었고, 마을 전체는 산으로 에워싸여 있어 말 그대로 두메산골이었다.

집에 들어서니 큰아버지가 더운 여름 날씨에도 아랑곳하지 않고 엽연초를 고르시다가 나를 알아보시고 반갑게 맞아주셨다. 밭에서 채소를 손질하시던 큰어머니도 달려와 먼 곳에서 귀한 손님이 왔다고 반겨주셨다. 나는 그곳에서 이틀간 농사일을 도우면서 순수하고 소박한 시골 사람들의 삶을 체험하면서 새로운 것을 깨닫기 시작했다. 흙은 심은 대로 거두고 노력한 만큼 수확한다는 평범한 진리를 인간에게 가르쳐줌으로써 항상 정직과 진실의 중요성을 깨우치게 해주는 것 같았다.

나는 이러한 진실과 정직이 통하는 흙 속에 파묻혀 소박한 시골생활의 꿈을 키우면서 살고 싶다는 충동을 느끼기 시작했다. 그렇게 되면 가면으로 위장된 사람들의 틈바구니에서 살아남기 위해 나도 가식적인 생활을 할 필요도 없을 것이란 생각을 해보았다. 지난 2년간의 대학생활은 얻은 것도 많았지만 도시에서의 어려운 생활을 통해 실망스러운 일도 많이 겪었다. 현실 도피적인 생각 내지는 심신이 지쳐 모든 것을 포기하고 싶은 심정뿐이었다.

큰집에는 시집간 누나와 여동생 3명이 있었는데, 여동생들은 모두 초등학교에 다니고 있었다. 따라서 큰아버지께서는 종손인데도 아들을 두지 못했기에 오래전부터 포항에 와서 친척들과 양자를 입양하는 문제에 대해 의논하신 적이 있었다.

나는 그런 큰아버지가 측은하게 느껴졌으며, 육십이 가까운 연세에도 힘든 농사일을 혼자 열심히 하시는 것을 보니 동정심 같은 것이 우러나왔다. 큰아버지는 비록 많이 배우시지는 못했지만 학문을 사랑하고 옳고 그름을 분명히 하실 뿐 아니라 예절을 중시하고 가문에 대한 자부심은 대단하셨다. 그래서 포항에 있던 증조부와 증조모님의 산소도 고향인 예산으로 이장하셨을 뿐 아니라 병사공 할아버지의 산소를 재정비하는 일에도 앞장서셔서 일가들의 합의와 지원을 얻어 훌륭히 성사시키셨다.

나는 단도직입적으로 이곳에서 농사일을 배우면서 도와드릴 수 있도록 해달라고 큰아버지에게 말씀드렸다. 그러나 큰아버지는 그 이유를 물으셨고 "농사는 아무나 짓는 줄 아느냐? 등록금은 내가 마련해 볼 테니 여기서 편하게 쉬었다 가거라."라고 충고와 격려의 말씀을 해주셨다. 큰집의 살림살이를 보아 형편이 넉넉지도 않은 것 같은데 큰아버지께서는 단호하게 등록금을 책임지시겠다고 하셨다.

나약해진 자신을 부끄럽게 생각하면서 나는 다시 용기를 얻어 방학 동안의 계획을 바꾸었다. 그 길로 나는 김포로 가서 별 부담을 주지 않은 범위에서 임시직을 요청했다. 다행스럽게도 일자리를 얻어 한 학기 동안의 생활비를 벌 수 있었으며 나는 가볍고 기쁜 마음을 안고 대구로 왔다.

약속하신 대로 큰아버지는 등록금을 기일 안에 송금해 주셨고, 나는 JW의 거처에서 자취생활을 계속하면서 학교에 다녔다. 큰아버지는 서신을 통해 '앞으로도 등록금 걱정은 하지 말고 학업에만 열중하라'는 격려의 말씀을 해주셨다. 나는 그토록 어려운 환경에서도 조카의 어려움을 이해하고 도와주시는 큰아버지가 너무도 고마웠을 뿐 아니라 그 정성에 깊이 감동했다.

이 일을 계기로 나는 자연스럽게 예산에 있는 큰집에 자주 왕래하게 되었으며 큰아버지와 큰어머니를 극진히 모시게 되었다. 그리고 대학 졸업을 앞둔 어느날 드디어 큰아버지는 포항에 계시는 어머니의 동의를 얻어 입양수속을 하게 되었다.

학생회장 선거

대학 3학년 2학기가 되자 우리 학교 캠퍼스에도 학생 회장 선거바람이 불기 시작했다. 이에 앞서 영문학과 학회장 선거가 있었는데 나와 친한 JH가 출마 의사를 밝혀

도와주기로 하였다. 그는 압도적 표 차이로 당선되었으며, 그와 친구들은 그 열풍을 몰아 나를 학생회장 후보로 추천하였다. 나는 극구 사양했지만 그들의 강한 의지를 꺾을 수 없어서 결국 반승락을 하고 말았다.

그 당시 학칙에 명시된 학생회장 출마 자격은 매우 까다로웠다. 우선 성적이 평균 B학점 이상이어야 하고 세례교인이어야 했는데, 성적에 관한 조건은 충족시킬 수 있었다. 나는 교회를 오래 다녔지만 학습만 받았을 뿐 스스로 부족하다는 생각에서 세례받는 것을 이제까지 미루어 왔던 터였다. 그런데 이것을 계기로 같은 학과 친구인 전도사 HD의 인도로 세례를 받게 되었고, 결국 모든 자격조건을 갖추었다.

그다음으로 나는 친구들과 선거를 치르는 데 필요한 최소한의 비용을 분석하고 이것을 확보하는 데 신경을 쓰지 않을 수 없었다. 여러 궁리 끝에 결국에는 SK와 함께 예산에 있는 큰집에 가서 큰아버지에게 지원을 요청했다. 밤늦은 시간의 갑작스런 방문에 식구들은 모두 놀랐으나, 큰아버지는 나의 설명을 들으시고 "친구들이 추천하고 또 본인이 해보겠다고 결심했으면 약속을 지켜야 하지 않겠느냐?"고 하시면서 최선을 다해 지원해 주시겠다고 했다.

집안 형편을 누구보다 더 잘 아는 나로서는 큰아버지의 승낙과 격려가 눈물이 날 정도로 고마웠다. 비록 시골에서 농사일을 하고 계시지만 당신의 깊은 뜻과 어른다운 큰 배포에 나는 감탄하지 않을 수 없었다.

큰어머니는 모처럼 친구와 함께 먼 길을 찾아온 나를 위해 밤중에 두부와 찰떡을 만드셨다. 우리는 새벽에 일어나 그 음식을 먹으면서 큰어머니의 정성에 탄복했다. 대구를 떠나올 때와 달리 우리는 천군만마를 얻은 기분으로 용기백배해서 기쁜 마음으로 돌아왔다. 이렇게 해서 모든 준비는 일단 끝이 났고 이제 남은 것은 도전만이 있을 뿐이라는 생각이 들었다.

그런데 우리 영문학과에서 JK라는 또 다른 친구가 출마의 뜻을 밝혔을 뿐 아니라 지리역사학과의 BC라는 친구도 후보자로 등록하여 3파전이 벌어지게 되었다. 나를 도와주는 속칭 선거참모들은 모두가 우락부락한 친구들로 외형상 거칠어서 여학생들에게는 별로 인기가 없었다. 거기에다 운동(태권도, 유도, 보디빌딩 등)하는 친구들도 나를 도와주고 있어 나에 대한 이미지는 그야말로 '터프가이' 그 자체였다.

선거전 상황을 분석한 결과, 결국 나와 JK의 싸움이 될 테인데 남학생에게는 내가 우세한 것 같고 여학생에게는 JK가 우세한 것 같았다. 그는 당시 학교기숙사에 기거하면서 학내 서클활동을 활발히 하고 있었기 때문에 많은 여학생들과 호의적인 관계를 유지하고 있었다. 따라서 여학생 표만 내가 조금 더 확보한다면 승리할 수 있다는 확신이 섰다. 그 당시 우리 대학은 여자대학으로 오인받을 만큼 여학생 수가 많았을 뿐 아니라 여학생들의 인기도 매우 높았다. 나는 최악의 경우 여학생 표를 30퍼센트만이라도 득표할 수 있으면 당선될 수 있다고 믿었다.

두 차례의 공식적인 정견 발표회와 비공식적인 선거연설을 참모들과 함께하는 가운데 나는 상대방에 비해 너무 개혁성이 강하다는 평을 받았다. 그 당시는 5.16군사정권 초기여서 학생들의 운동이나 관심은 대부분 학내에 국한된 것이었다. 나는 주로 최신 교육시설을 위한 투자와 장학 혜택 확장 그리고 전반적인 학생 복지 향상에 관한 것들을 선거 이슈로 내걸면서 지지를 호소했다.

선거 열기가 한창 달아오르는 가운데 비록 연합 서클이지만 우리 올페회에서도 간접적인 지원을 해주고 있었다. 특히, 타 대학 여회원들도 학교를 자주 방문해서 격려를 아끼지 않았다. 그런데 이러한 관심과 격려가 우리 대학 여학생들한테는 오히려 불리하게 작용하고 있었음을 나중에야 알게 되었다. 순진한 여학생들일수록 본인과는 직접적인 관계가 없어도 일종의 질투심 내지는 시기심을 가지고 있는 듯했다.

마침 선거일을 며칠 앞두고 학교에서는 학생회 주최로 '5월의 축제'

행사를 개최하게 되었으며, 투표 전날밤 페스티벌에서는 쌍쌍파티가 있었다. 이 행사에는 파트너를 데리고 가야 하는데, JK는 그 당시 우리 대학에 교제하는 여학생이 있다는 것을 다수의 여학생이 알고 있었기 때문에 다른 여학생들의 관심 밖이었던 것 같았다. 그러나 나한테는 애인이 없다는 것을 알고 많은 여학생들이 그날 밤 행사에 파트너가 되어줄 것을 요청해 왔다. 나는 표를 부탁하는 처지였으며 이들은 그것을 미끼로 파트너 상대가 되어줄 것을 강하게 요구해 왔기 때문에 나는 그만 영향력 있는 3명의 여학생들에게 가볍게 반승락을 하고 말았다.

선거 참모들은 쌍쌍파티 행사가 표를 모을 수 있는 좋은 기회이며, 또 마지막 찬스가 될 것이라고 열을 올리면서 나를 행사장으로 안내했다. 그런데 행사장에 들어가는 순간 세 명의 여학생들이 한꺼번에 몰려와서 티켓을 가지고 같이 입장할 것을 요구했다.

예상치 못했던 일을 당하자 입장이 나는 매우 난처해졌다. 나는 정말 가볍게 반농담으로 '생각해 보자'고 대답했는데 그들이 이토록 심각하게 받아들여서 일을 난처하게 만들 줄은 꿈에도 생각지 못했다.

나는 '일이 바빠서 파트너가 되어줄 수 없으니 이해해 달라'고 양해를 구했으나, 세 사람이 하나같이 '그러면 왜 지조 없이 세 사람한테 약속을 했느냐?'고 따지기 시작했다. 선거운동 하기 좋은 기회라고 생각해서 같이 갔던 참모들도 웃지 못할 이 광경을 보고 매우 당황해했으며 이들을 달래기에 급급했다.

나는 무조건 실수를 시인하고 용서를 구했다. 세 사람 모두 화가 머리끝까지 나서 파티고 뭐고 할 것 없이 토라져 사라졌다. 나는 그때

비로소 남자의 한마디가 여자한테는 심각하게 받아들여질 수도 있으며, 아울러 깊은 상처도 줄 수 있다는 평범한 사실을 깨달았다. 이 일로 인해 여학생들의 표는 더욱 기대할 수 없다는 것이 너무 자명한 사실로 드러났다.

투표일에는 아침부터 교문에서 투표장 입구까지 선거운동원들과 함께 후보자들이 등교하는 학생들에게 귀중한 한 표를 호소했다. 투표가 끝나고 개표가 시작될 무렵 나는 참모들의 권유에 따라 교외에서 소식을 기다리기로 했다. 결과는 예상했던 대로 여학생 표에서 많이 뒤져 그만 낙선하고 말았다. 순간의 실수로 그것도 20표 미만의 차로 지고 말았다. 시쳇말로 '선거와 연애에서는 2등이 없다'고 했던가?

나는 그동안 귀한 시간과 노력을 아끼지 않고 희생적으로 도와준 친구들에게 너무 미안했다. 그들은 내가 재정적으로 어려운 것을 알고 때로는 식사(주로 중국집 짜장면)값을 대납하거나 외상이 불가능할 때는 심지어 시계까지 풀어 놓는 우정을 보여주었다. 나는 덕분에 좋은 친구들을 알게 되었고 진정한 우정이 어떤 것인지도 체험하게 되었다.

힘없이 낙선의 결과를 받아 든 우리는 간단한 식사를 했고, 나는 그들에게 "그동안 수고했고, 은혜는 잊지 않을뿐더러 우정은 변치 않을 것"이라고 위로의 말을 건넨 후 SK에게 나머지 일을 부탁하고 담담한 심정으로 혼자 수성못을 찾아 거닐면서 이것이 몰고 올 여러 부정적인 파급효과를 상상해 보았다.

그중에서도 '예산에 계시는 큰아버지가 얼마나 실망하실까?' 하는 생각을 하니 가장 마음이 아팠다. 그동안 어려운 형편 가운데서도 선거를 위한 재정적 지원을―미약하지만―기꺼이 해주셨기에 더욱 미안한 마음이 들었다. 그러나 나는 '그동안 투자한 것 이상으로 좋은 경험을 했을 뿐 아니라 배우고 얻은 것도 많았다'고 자위했다.

중요한 것은 이번의 실패를 다시 도약할 수 있는 발판으로 삼아 앞으로의 삶에 반면교사로 삼아야 할 것이라고 생각했다. 나는 이튿날 아침 일찍 친구들과 같이 교문 앞에서 등교하는 학생들에게 앞앞이 지지와 격려를 보내준 데 대해 감사하다는 인사를 했다. 그리고 앞으로 남은 기간에는 학업에만 전념하겠노라고 다짐했다.

학생 데모

대학 캠퍼스를 들뜨게 했던 선거 열기도 점차 가라앉고 학교는 다시 면학 분위기를 되찾고 있었다. 나는 공부에 전념하기 위해 셋째 형의 도움을 얻어 학교 기숙사에 들어가기로 했다. 부산에서 동아고등학교 축구선수를 지낸 후배들이 나의 룸메이트(roommate)였는데, 그 당시 이들은 우리 학교의 축구선수로 선발되어 매일 연습을 했다.

그들은 나를 무척 따랐고 평소에 축구를 좋아하는 나도 그들과 함께 운동하면서 스포츠맨의 기질을 익힐 수 있는 좋은 기회가 되었다. 나는 전공도 소홀히 하지 않았지만, 특히 그 당시 젊은 나이로 철학에 심취되어 있던 HY교수와 자주 대화하는 시간을 갖기를 원했다. 그리고 만담, 유머 및 재치로 인기가 높았던 철학과 JH학형에게 관심을 가지고 있었다.

나는 이제까지 막연하게 졸업하고 군복무를 마치면 교육계나 외교분야에 취직하기를 희망하였으나, 그것이 인생의 목적이 될 수는 없다고 판단하고 구체적으로 어떻게 인생을 살아가야 할 것인가를 고민하기 시작했다.

지난 여름방학 동안에는 포항 해병사단 고문단실에서 같이 근무하던 JC형의 애정 체험을 근거로 가칭 '해당화 사랑'이란 소설을 써보기도 했다. 그러나 소설을 쓴다는 것이 얼마나 어려운 것인지를 실감하고 원고를 책장 구석에 넣어버렸다. 또 외교분야에 진출하려면 뛰어난 어학실력이 있어야 유리할 것이란 생각에 한동안 어학공부에도 몰두해 보았다. 그러다가 힘이 들거나 큰 진전이 없으면 스스로 학교 선생 노릇이나 하면 되겠지란 위로와 함께 흐지부지 끝을 내곤 했다.

　　그렇지만 이러한 모든 것들은 단순히 빵을 해결하기 위한 수단에 불과할 뿐 인생을 살아가는 데 대한 진정한 목적이 될 수는 없다고 생각하니 또 다른 고민을 하게 되었다. 나는 이에 대한 해답을 얻기 위해 철학에 관한 여러 서적도 뒤적여보고 강연에도 참석해 보았다. 그러나 명쾌한 해답을 얻기는 불가능했고 결국 많은 선인들이 이 문제를 철학이나 종교적으로 풀어보려 노력했음을 이해할 수 있을 것 같았다.

　　이 무렵 군사정부에서는 한일 국교정상화를 위한 외교적 노력을 시도하고 있었다. 타 대학과 마찬가지로 우리 대학도 학생들이 소요하기 시작했고 기존 학생회장인 KH학형이 나에게 동조해 줄 것을 의논해 왔다. 그는 나의 동의가 많은 학생들을 참여시키는 데 도움이 될 것이라고 했다. 또한 이 문제를 가지고 JH학형과도 이야기를 나누었다.

　　나는 국익에 도움이 된다면 이웃 나라인 일본과의 국교 정상화도 하루빨리 적절히 이루어지는 것이 마땅하다고 생각했다. 그러나 잔인하고 악랄하게 조국을 찬탈한 과거에 대해 일본의 진정한 반성과 사과, 그리고 응분의 조치가 선행되어야만 한다고 믿었다.

우리는 의견의 일치를 보았고 드디어 시위 데모에 나섰다. 많은 학우들이 동참한 가운데 학교 정문을 출발해서 명덕로터리 쪽을 약 백 미터가량 행진할 때 어디서 나타났는지 경찰들이 트럭으로 와서 무조건 강제로 차에 태우는 것이었다. 이 와중에 다친 학우들도 더러 있었으며, 우리는 대구경찰서로 연행되었다. 주모자급들을 가려내는데 학우들의 의리는 놀랄 정도였다. "이런 일을 누가 하라고 해서 하고, 하지 말라고 해서 안 하는 줄 아느냐?"고 따지는 학우도 있었다.

　결국 학생들은 대부분 훈방 조치되었지만 나는 몇몇 속칭 지도자급의 학생들과 같이 하룻밤을 그곳에서 지내게 되었다. 우리가 그곳에 있는 동안 여학생회에서는 먹을 것을 가지고 위문도 와주었고, 학교 당국에서도 선처를 바라는 의사를 공식적으로 전달해 왔다. 우리는 결국 몇 장의 경위서를 작성한 다음 정보과장의 지루한 훈계를 듣고서야 풀려날 수 있었다.

　나는 우리의 생각과 행동에 대한 정당성을 굽힐 수가 없었고 다수의 국민들도 같은 생각을 하고 있을 것으로 믿었다. 그러나 우리의 강력한 의사 표현은 다만 '학생 데모'로 끝났고 정부와 권력이라는 큰 힘 앞에서는 속수무책이라는 걸 실감했다.

교생 실습

졸업반이 되어 나는 친구들의 권유에 못 이겨 제주도 졸업여행에 참여하기로 하였다. 역시 여행은 자신을 객관적인 관점에서 존재 의의를 확인하고 성찰해 볼 수 있는 기회를 제공해 준다는 점에서 매우 유익하다고 느꼈다.

제주도의 이국적인 풍치를 감상하는 것도 즐거웠지만 밤잠을 설치면서 벗들과의 장래 진로문제를 놓고 벌인 토론도 나에게는 더없이 유익한 시간이었다. 특히, 짓궂기로 소문난 SY의 장난에 우리는 며칠간을 웃음 속에 보내느라 모든 고민을 잊어버릴 수 있었다.

뱃멀미를 하는 여학생들에게는 남녀가 껴안고 있으면 낫는다고 하면서 SY는 마주치는 여학생마다 짓궂은 장난을 하는가 하면, 구토하는 학생에게는 등허리를 어루만져주는 친절도 보였다. 그는 육군 중위로 예편하여 복학했기 때문에 나이가 나와 비슷해서 특별히 친하게 지내는 사이였다. 그는 군에서의 경험담과 응급조치법 등을 학생들에게 들려주어 인기도 끌었다.

제주도에 도착해서 아침식사를 막 하려는데, 어떤 여학생이 화장실에 갔다가 볼일도 못 보고 질겁을 하면서 뛰쳐나오는 걸 보고 모두가 놀라서 경위를 물었다. 그 여학생은 그저 얼굴만 새파랗게 질린 채 몸을 숨기는 데 급급했다.

　내용인즉, 변소에서 옷을 내리고 막 볼일을 보려는 순간 밑에서 돼지가 꿀꿀거리면서 배설물을 기다리더라는 것이었다. 마침 아침식사에 돼짓국이 나왔는데 그 말을 들은 학생들은 음식에 손도 대지 않고 나왔다. 나는 인간의 풍습과 문화의 차이가 주는 충격이 얼마나 큰지를 실감할 수 있었다.

　사람을 빠른 시일 안에 정확하게 알려면 '같이 여행을 해보라'라는 말을 실감할 수 있듯이 우리는 여행을 다녀온 후부터 개인의 특성을 더욱 잘 파악할 수 있었다. 따라서 학과 동료들과도 서로 이해하며 더욱 가깝게 지낼 수 있었다. 졸업여행은 여러 의미에서 보람이 있었으며, 검게 그을린 외모와 함께 내실을 다지는 데도 한몫을 한 값진 체험이었다.

　학교에서는 교직과목을 이수한 학생들을 한 달간 현장에 보내어 직접 가르치는 실습을 하도록 계획되어 있었는데, 나는 6명의 학생들과 함께 신명여자고등학교에 배정받게 되었다. 다소 흥분된 기분으로 첫 출근을 한 나는 책임을 맡은 반장으로서 교장선생님과 교감선생님 그리고 교무실에 가서 신고를 하였다. 나는 2학년 매반에 배정을 받았는데 BW선배님이 담임선생님으로 계셨다.

아침에 복장을 단정히 하고 출근할 때면 뒤따라오는 여학생들이 의상이 어울린다느니 넥타이 색상이 어떻다느니, 심지어는 걸음걸이까지 평가를 해대면서 조잘대는 것을 들을 수 있었다. 나는 여자들 앞에서 부끄럼이 많은 편이라 얼굴을 붉히면서 뒤도 돌아보지 않고 빠른 걸음으로 교무실로 출근하곤 했다.

그들로서는 우리를 놀리는 것이 무척 재미있었던 것 같고, '어떻게 하면 골려주거나 골탕을 먹여서 당황하게 만들까?' 하는 것이 주된 관심사였던 같았다.

BW선생님은 "실습을 하려면 확실하게 해야 한다."고 하시면서 선배답게 교사로서 알아야 할 사항과 해야 할 일들을 자상하게 가르쳐주셨고 또 지도해 주셨다. 나는 반장답게 성실히 실습에 임했기 때문에 모든 영어과목 선생님들이 무척 귀엽게 보아주셨다. 특히, MS선생님은 "혹시 졸업하고 교사직에 관심이 있으면 본인에게 오라."고까지 말씀하셨다. 나는 그 선생님의 격려와 배려에 깊이 감사했으며 지금도 그 고마움은 잊을 수가 없다.

하루는 학급 조회시간에 전달사항을 말하는 도중에 '군경 유자녀'를 '군경 유부녀'라고 잘못 말하고 말았다. 그런 실수를 보고 그냥 넘어갈 여학생들이 아니라는 것은 자명한 사실이었다. 그날 이후 나는 명예로운 '오발탄'이란 별명을 얻게 되었고 이것은 결국 내가 실습을 마치는 날까지 이어졌다. 나는 강의시간에도 시선을 한 군데 집중할 수가 없었기 때문에 어디를 보고 강의해야 할지 무척 신경이 쓰였다. 역시 '여자

학교에서 교편생활을 하는 것은 참 힘이 드는 구나.' 하는 생각을 하면서 기존 선생님들이 존경스러웠다.

내가 맡은 학반의 반장은 MH였는데 HS목사님의 막내딸로서 공부도 잘했지만 심성이 좋아서 학생들을 잘 이끌었다. 나는 그때 속으로 앞으로 사회발전에 어떤 모양으로던 기여할 수 있는 인물이 될 것이라고 예견했는데, 후일에 알고 보니 역시 서울에 있는 모 대학에서 교편을 잡고 있었으며 후진양성과 학문연구에 공헌하고 있는 것으로 확인되었다.

마지막 실습일에는 기념촬영을 했는데, 그동안 정이 들어서인지 서로가 내 옆에 서겠다고 야단들이었다. 어떤 학생은 눈물을 글썽이기도 했는데, 나도 이제 이들과 헤어져야 한다는 생각을 하니 아쉬움과 슬픈 마음이 진하게 교차하는 것을 느꼈다. 이래서 여자학교가 남자학교와는 또 다른 면이 있다는 것을 알게 되었다.

불과 한 달간의 짧은 교생 실습이었지만 나는 전혀 색다른 경험을 하였으며, 가끔은 당황스러울 때도 있었지만 그것은 모두가 나에게 유익한 체험들이었다는 생각을 하면서 큰 보람을 느꼈다.

지울 수 없는
꿈을 향한 여정

제5부

군생활과 진학

훈련소 입영

대학 졸업반이라는 시기는 인생의 장래에 대한 진로를 결정하기 위해 많은 고민을 해야 할 뿐 아니라 학창시절을 효과적으로 마감하기 위해 매우 바쁜 시기인 것 같다. 시작해 놓은 많은 일들을 정리하고 동시에 사회 어느 곳에 첫발을 들여놓을 것인가 하는 문제를 결정하고 추진한다는 것은 그리 쉬운 일이 아니라는 것을 깨달았다. 그래서 누구나 '역시 지난 학창시절이 좋았구나'라는 생각을 하게 되는 것 같다.

나는 우선 병역의무를 해결해야 했기 때문에 고민하고 있던 차에 입영 통지서가 날아왔다. 입영일은 2학기 기말시험을 마칠 때쯤인 12월 초로 되어 있었다. 나는 학업을 마치는 시점에 맞추어 곧바로 군에 입대하게 됨으로써 시간적 낭비를 줄일 수 있게 된 점을 무척 다행스럽게 생각하고 좋은 기회로 여겼다.

논산훈련소에 입영하여 신체검사를 받던 도중 포항초등학교 동기생인 SS와 올페회 후배인 경북대 출신의 CM을 만나게 되었다. 이들도 나와 똑같이 영장을 받고 입영하게 되었는데, SS는 동아대학교 건축학과를 졸업하고 왔기 때문에 나하고 같은 처지였다.

그러나 CM은 대학 3학년 재학 중에 왔기 때문에 SS와 나에 비해 나이가 다소 적었다. 따라서 정상적으로 군에 입대한 동기들보다 우리는 약 3년이나 늦은 셈이었지만 5.16군사혁명 이후라서 모든 기피자들이 잡혀오는 바람에 우리보다 훨씬 나이 많은 사람들도 있었다.

SS와 CM은 다른 사람들처럼 나와 거의 매일 붙어 다니면서 신체검사를 받고 생사고락을 함께할 것을 다짐했다. 그때 마침 도구 출신 MB를 그곳에서 만났는데, 그는 기간사병으로 상병 계급장을 달고 있었다.

훈련소에서는 하루하루가 무서운데 그를 만나니 마치 구세주를 만난 듯 반가웠다. 군번을 받기 전까지 우리는 여기저기 불려 다니면서 사역을 해야 했는데 MB 덕분에 기합은 조금 덜 받았던 것 같다. 속칭 '큰빽'인 그에게 나는 여러 가지를 물었고 그는 과장해서 많은 겁을 주곤 했다.

드디어 우리는 군번을 받았고 논산훈련소 제30연대 2대대 1중대에 배치를 받게 되었다. 요리조리 몰려다닌 덕분에 우리 셋은 다행히 같은 내무반에 들어갈 수 있었다.

공식 모임에서 나는 항상 '대졸자 앞으로' 하면 나가야 했고 그 가운데서도 키가 컸기 때문에 대표로 뽑히기 일쑤였다. 제1중대 1소대에서도 나는 어김없이 향도로 뽑혔고 SS와 CM도 대졸이라는 학벌 때문에 분대장으로 뽑혀서 나와 같이 소대를 꾸려 나가야 했다.

제일 괴로웠던 것은 식사 배식을 할 때 서로가 밥 한 숟갈이라도 더 먹겠다고 악을 쓰는 광경을 목격하고 겪는 순간이었다. 나는 그 당시 식성이 별로 좋지 않아 내 밥 일부를 시골에서 농사일을 하다 온 동료에게 주기도 하였다. 가끔 내무반장이 별식을 가져와서 나와 같이 먹자고 하면 SS와 CM의 눈치가 보여서 목에 넘어가지 않을 때가 많았다. 남모르게 그들에게 주다가 다른 훈련병들의 질투와 원망을 산 적도 있었다.

그래서 30년이 훨씬 지난 지금도 SS는 가끔 그때 일을 회상시키면서 내가 괄시했다고 시비조로 농을 걸어오곤 한다.

훈련을 받으면서 있었던 에피소드도 많은데, 그 가운데 우리가 공식적으로 가끔 작은 액수의 돈을 거둬야 할 때 가장 협조적인 분대장은 CM이었고, 가장 비협조적인 분대장은 SS였다. 그래서 나와 가끔 다투기도 했는데, 주로 내가 건빵이나 담배를 주면서 달래고 설득시켜 일을 해결하곤 했다.

그 당시 우리 중대에는 부중대장급 소위가 한 사람 있었는데, 하루는 새벽 1시경 그가 '팬티 바람으로 한쪽에는 군화, 한쪽에는 훈련화를 신고 맨 철모에 완전무장해서 집합'하라고 했다. 잠결에 모두 일어나서 영하의 추운 날씨에 덜덜 떨면서 연병장에 집합했다.

그는 점호를 마친 후 다시 '세면장에 가서 맨 철모에 물을 가득 담아 머리에 인 채 선착순으로 집합'하라고 명령했다. 10명의 선착순을 단위로 동작이 느린 훈련병에게는 몇 차례로 그 일을 반복시킨 다음 우리는 영문도 모른 채 얼음물이 담긴 철모를 머리에 이고 1시간가량 기합을 받았다.

'달밤에 체조'라더니 이것이야말로 무엇을 하자는 것인지 영문을 통 알 수 없었다. 마침 하늘에선 흰 눈이 내리고 있었는데, 나는 눈을 맞으면서 '성탄절과 연말을 맞은 철조망 밖에 있는 많은 사람은 이 눈이 얼마나 아름답고 고귀하게 보일까?'라고 상상해 보았다.

그러나 현실적으로 지금 이 순간 기합을 받고 있는 우리에겐 이것이 몸에 떨어져서 녹을 때 주는 괴로움 때문에 더없이 무섭고 귀찮은 물체로만 보였다. 모든 사물이나 상황이 그렇듯이 공간과 시간 그리고 환경에 따라 가치가 달라질 수 있다는 것을 새삼 느끼게 되었다.

한번은 나이 많은 시골 출신 훈련병이 허기진 배를 참지 못해 기간 사병들의 식당에서 나오는 밥 찌꺼기를 쓰레기통에서 건져 먹다가 보초에게 들켰다. 그는 심한 기합을 받아야 했고 종국에는 등허리에 '나는 돼지입니다'라는 대자보를 붙여 온 연대를 돌게 만들었다.

또 하루는 옆 중대의 훈련병 한 사람이 취침 중에 보급 나온 건빵을 모포를 뒤집어쓴 채 먹다가 체해서 거의 죽다가 살아난 적도 있는 것을 보았다. 나는 '인간에게 빵이란 이렇듯 중요하고 무서운 요소가 될 수도 있다'는 것을 깨달았다.

SS는 빈틈없이 훈련생활에 임하는 반면 CM은 마음이 착하고 여려서인지 꽤 힘들어하는 것 같았다. 나는 향도였기 때문에 항상 행군이나 구보를 할 때 제일 앞에 서서 중대기를 들고 뛰어야 했다. 맨 앞에서 구령이나 군가를 부르면서 몇 킬로씩 쉬지 않고 뛴다는 것도 고된 훈련

가운데 하나였다.

　마음이 약한 훈련병은 심지어 사격훈련 도중에 우는 것을 목격하기도 했다. 각개 전투 훈련에서도 얼마나 기합을 받았던지 어떻게 무슨 훈련을 받았는지도 모를 정도로 하나같이 제정신이 아니었다.

　'세월이 약이라더니 결국 우리는 소정의 신병훈련을 마치고 병과와 부대 배치를 기다리고 있었다. SS와 CM은 어디든지 같이 가야 되지 않겠냐고 하면서 요행을 바라고 있었다.

　그러나 우리의 기대와 달리 SS는 공병으로, 나와 CM은 보병으로 분류되었으며, 작별 인사조차 제대로 못 하고 기간 사병들의 지시에 따라 목적지도 모르는 채 밤 기차를 타게 되었다.

카투사(KATUSA) 교육

3월 초순의 차가운 밤공기를 가르면서 우리 일행을 실은 완행열차는 북쪽을 향해 밤새도록 달린 나머지 지쳐서 맥 빠진 기적소리와 함께 드디어 종착역에 도착했다. 어느덧 일행들의 얼굴을 뿌연 입김과 함께 알아볼 수 있을 정도로 주위는 동이 트기 시작했고 우리가 하차하는데 김밥 장사 아주머니들이 호객하는 소리를 들으니 이곳이 경기도임을 짐작게 했다.

기차에서 내리자 나는 다수의 동료들과 함께 미군용 트럭에 옮겨 타게 되었는데 다행히 CM도 같은 차에 타고 있었다. 우리가 도착한 곳은 인천 부평에 있는 미 제38보충대대였다. 도착과 동시에 우리는 가지고 간 관물들을 모조리 반납하고 샤워를 한 후 새 미군복으로 옷을 갈아입었다. 몇 달 동안 목욕을 못한 훈련병들이 샤워를 하니 인물이 훨씬 좋아 보였다.

식당에 가서 양식을 먹는데 너나 할 것 없이 욕심을 부려 얼마나 먹어 대는지 식당 종업원들이 혀를 내둘렀다. 특히, 안 먹던 우유를 많이 마신 신병들은 밤새도록 화장실에 들락거리느라 한숨도 못 잤다.

그런데 웃지 못할 일은 화장실에서 벌어진 사건이다.

양변기에 익숙지 못한 신병들이 대변을 볼 때 좁은 용변기에 올라서서 볼 수밖에 없었는데, 미군들이 보기에 분명히 사람이 들어가긴 했는데 아래에 발이 보이지 않으니까 혹시 탈영하지 않았나 해서 문을 열어 확인하고는 또 한번 놀랐다는 것이다.

미군들과 같이 생활하는 동안 문화의 차이 때문에 일어난 웃지 못할 에피소드는 이루 말할 수 없이 많았다. 미군이 '가라고 손짓' 하면 오고, 또 '오라고 손짓' 하면 가버리질 않나 '아니(No)'냐고 확인하면 그렇다는 대답을 '맞다(Yes)'라고 하지 않나 도무지 헷갈리는 일들로 오해를 사는 것이 한두 가지가 아니었다.

나는 이곳에서도 예외없이 구대장으로 뽑혔다. 여기서는 훈련병 외에 기존 병들도 차출되어 훈련을 받았기 때문에 일단은 모두가 계급장을 달지 않도록 되어 있었다. 구대장들은 야간 점호와 훈련병들의 규율을 확립하는 일 등을 맡았기 때문에 권한이 막강했다. 나는 다른 구대장들이 나와 친분이 있는 훈련병들을 괴롭히면 옆에서 잘 봐달라고 부탁도 하고 그들의 편의도 많이 봐주었다.

나는 전공이 영문학인데다 상대적으로 실용영어에 능통했기 때문에 그곳 교관 및 기간병들과 훈련병 사이에 금방 알려지게 되었다. 그래서 '무엇이든지 배워두면은 써먹을 때가 있다'고 했던가! 약 6주간의 교육을 마치고 최종시험을 보게 되었는데, 여기서 3등 안에 들면 본인이 원하는 곳으로 배치시켜 준다는 규정이 있었다. 나는 성실히 시험을 본 덕분으로 1등을 하게 되었고, 수료식장에서 명예스럽게도 미군 대대장으로부터 상장과 부상으로 사전을 수여받았다.

모든 동료의 부러움과 시선이 집중된 가운데 나는 본부에 불려 가서 내가 배치받고 싶은 부대는 미8군 대구 후방기지 사령부라고 기록해서 제출했다. 그런데 문제가 생겼다. 미군 대대장이 나를 그곳 교관요원으로 쓰겠다고 했기 때문이다. 다른 동료들은 모두가 부대 배치를 받아 떠났는데 나 혼자만 그곳에 남게 되었다. 그곳 연락장교와 인사계도 나를 설득시키려고 갖은 노력을 다했다.

나는 약 일주일가량 머물다가 이래서는 안 되겠다는 생각과 함께 대대장에게 개인 면담을 요청했다. 나는 두 가지 이유를 들어 대구로 보내줄 것을 정중히 요청했다. 첫째는 규정상 내가 원하는 곳으로 보내주는 것이 합당하다는 말을 했고, 둘째는 나의 고향이 대구일 뿐 아니라 그곳에 가서 계속 공부를 하고 싶기 때문이라고 설명한 후 나를 좀 도와주면 은혜를 잊지 않겠다고 말했다.

며칠 후 나는 드디어 대구에 있는 미8군 후방기지사령부로 전출명령을 받게 되었다. 대구에 오니 마치 고향에 온 것 같았고 부대 바로 앞에 셋째 형이 살고 있다는 생각을 하니 집에 온 것같이 마음이 편안했다.

그러나 도착하는 날 밤 고참들에게 신고식을 하는데 소문대로 화끈한 기합을 받았으며, 나는 그들이 개인적 감정에 사로잡혀 매질을 하는데 대해 분노를 느끼지 않을 수 없었다. 군대란 도무지 이해하지 못할 구석이 너무 많은 것 같았다.

카투사 중대본부에서는 개인의 적성이나 능력과 관계없이 무조건 보초업무를 맡겼는데, 그것도 밤 12시부터 새벽 4시까지 교대근무를 하도록 되어 있어서 신체의 리듬이 깨지는 것 같았다. 그리고 형의 집이 바로 코 앞인데도 외출 허락을 받을 수 없어 찾아갈 수도 없었다.

한동안 보초근무를 하면서 나는 부평에 있는 보충대대에서 그냥 교관 노릇이나 할걸 괜히 이곳으로 왔다는 후회스런 생각도 가져봤다. 그러나 나는 개별적으로 인사계와 면담을 한 후 적당한 보직을 알아봐주겠다는 약속을 받아냈으며, 희망을 가지고 기다리기로 했다.

새로운 보직

  새벽 5시까지 보초근무를 마치고 아침식사도 거른 채 내무반에서 잠을 청하고 있을 즈음 본부요원이 와서 인사계 Y상사가 나를 급히 찾는다고 했다. 나는 '무슨 잘못도 없는데 왜 찾을까?' 하는 생각을 하면서 잠에 취한 채 인사계 Y상사에게 신고를 했다.

  그는 나의 몰골을 보더니 "야! 너, 그 얼굴이나 씻고 면도나 좀 하고 와!"라고 버럭 소리를 질렀다. 나는 무슨 영문인지 몰라 어리둥절해 있으니까 "무슨 말인지 못 알아들어? 우리 사령부에서 제일 높은 분을 만나러 가야 되니까 빨리 준비하고 와!"라고 그는 다시 명령했다.

  나는 복장을 단정히 하고 다시 중대본부로 갔는데, Y상사는 나를 연락장교인 L대위 사무실로 데리고 가서 그에게 인사를 시켰다. 그곳에는 도서관에서 근무하는 K상병이 이미 와 있었다. L대위는 나와 K상병에게 "지금 너희들 둘은 사령관실에 가서 비서실장과 면담을 해야 되니까, 그렇게 알고 묻는 말에 정중하고 정직하게 대답해야 돼, 알았지?" 하고 훈시를 했다.

  나는 영문도 모르고 K상병과 같이 L대위를 따라 사령관실로 들어갔는데, 한국사람은 한 사람도 보
이지 않고 미군 장교들과 미국
인 여비서들뿐이었다. L대위는
들어가 우리들의 인사기록카드
를 비서실장실에게 전달한 후
우리에게 "비서실에서 대기하
라."고 명령하고는 돌아가 버렸다. 예쁘장하게 생긴 미국인 여비서가
"커피를 마시겠느냐?"고 물은 후 친절히 커피를 갖다주었다.

나는 분위기에 압도되어 시장에 내놓은 촌닭처럼 어리둥절해서 커피
가 입으로 들어가는지 코로 들어가는지 분간도 못한 채 훌쩍하고 단숨
에 마셔버렸다. 이를 본 여비서는 기분 나쁘지 않은 미소를 지으면서
"커피를 더 마시겠냐?"고 물어왔는데 나는 사양했다. 나에 비해 K상병
은 고참답게 매우 세련된 행동을 하였다.

나는 아직도 무엇 때문에 이곳에 불려 왔는지 알 수 없었고 여러
가능성을 타진하면서 '혹시 그동안 내가 보초근무를 잘해서 포상대상이
되었을까? 아니면 나를 부평 보충대로 다시 보내려는 걸까?' 하는 불안
한 마음을 금할 수가 없었다.

그렇다고 안면도 별로 없고 다만 우리 부대에서 영어를 포함한 실력
이 제일 좋다고 소문만 들어서 알고 있는 K상병에게 물어볼 수도 없었
다. 그러나 K상병은 불려온 목적을 알고 있는 듯 매우 태연했다.

잠시 후 K상병이 먼저 불려 들어갔는데 약 15분이 지나서야 나왔다.
그는 매우 기분 좋은 표정을 지으면서 나왔고 의기양양했다. 나는 비서

실장 앞에 불려가 의자에 앉으라는 권유를 받고 가시방석 같은 자리에 앉았다.

그는 "나의 인사기록카드를 관심 있게 보았다"고 하면서, 대학에서의 전공과 그간의 경력 그리고 부평 보충대에서의 근무 등에 관해 물었다. 나는 아는 대로 정중하게 대답했으며, 앞으로의 희망에 대해서는 계속 공부를 하고 싶다고 말했다. 그는 나의 대답 가운데 중요한 요점을 기록하는 것 같았다.

'즐거운 대화를 가진 데 대해 기쁘게 생각하고 다시 만날 수 있기를 바란다'는 인사를 할 때 면담 목적을 물어보려 했으나 너무 당돌하게 보일까 봐 나도 그냥 작별의 인사를 하고 나왔다. 나는 L대위에게 면담 결과를 보고한 후 인사계 Y상사에게 가서 면담 목적을 물었다.

Y상사는 "며칠 전부터 사령관실에서 전 사령부에 근무하는 사병 가운데 사상이 건전하고 용모단정하며 영어 실력이 뛰어난 사람을 선발하라는 명령을 받고 우리 부대에서는 너희 둘을 추천했다."고 대답했다. 이어서 "타 부대에서도 몇 사람을 추천했는데 서류면접에서 탈락되고 결국 K상병과 네가 최종 후보로 면접을 보게 된 것이다." 라고 부연해서 설명해 주었다. 그리고 정확한 선발 목적은 결과와 동시에 알게 될 것 같다고 했다.

나는 마음 졸이며 결과를 기다리면서도 한편으로는 만약 둘 중에 한 사람만 선발한다면 틀림없이 K상병이 될 거라고 믿었다. 따라서 무슨 영문인지는 모르지만 그토록 중요한 임무를 맡아야 된다면 나보다는 군 경험이 많은 K상병이 선발되는 것이 바람직하다는 생각을 했다. 그리고는 없었던 일로 차라리 잊어버리는 게 편하다는 생각으로 더 이상 관심을 갖지 않기로 작정했다.

그런데 면담을 한 지 3일째 되는 날 본부에서 인사계가 나를 찾는다고 법석을 떨었다. 본부에 들어서니 Y상사가 싱글벙글 웃는 얼굴로 전과는 판이한 자세로 마치 손님을 대하듯 나에게 "먼저 축하한다."는 인사를 하고 L대위 집무실로 안내했다.

L대위는 나에게 자리를 권하고 "김 이병! 자네는 내일부터 사령관실에서 근무해야 되니까 그렇게 알고 준비하도록 해."라고 말했다. 그리고는 Y상사에게 "보직 명령을 내도록 하시오."라고 하면서 "김 이병은 내일 아침 7시 30분까지 여기 와서 나와 함께 사령관실로 가도록 하자."고 말했다.

나는 도대체 무엇이 어떻게 돌아가는 영문인지도 모르면서 '야! 이제 보초 신세를 면하게 되었구나.' 하는 생각에 우선은 기분이 좋았다. 인사계의 자상한 배려 속에 나는 이발도 하고 군복도 새것으로 깨끗하게 다림질해서 입었으며 군화도 윤이 나도록 닦아서 마치 의장대와 같은 외모를 갖추었다.

L대위를 따라 나는 지난번에 들렀던 사령관실로 가서 비서실장 워크업(Walkup) 대위에게 신고를 했다. L대위는 나를 그에게 인계하면서 "구체적인 복무지침은 비서실장이 지시할 테니 따르고 성실히 근무해서 우리 국군의 위상을 높이도록! 알겠지?" 하고는 돌아갔다. 비서실장은 "같이 근무하게 되어 매우 기쁘며 앞으로 잘해보자."고 하고는 여비서들에게 인사시킨 후 내 자리를 안내해 주었다. 나는 비로소 내가

그전까지 이곳에서 근무하던 연락장교 K대위 대신에 임시로 근무하게 되었다는 사실을 알게 되었다.

K대위를 육본에서 월남으로 전출 보내는 바람에 이 자리가 공석이 되었고 한국군과 지역사회 등과의 연락업무나 대민업무가 사령부에서는 중요한데 이 일을 임시로 내가 맡게 된 셈이란 것을 그제서야 알게 되었다.

나의 책상은 제니(Jenny)라는 여비서의 맞은편에 있었고, 책상 위에는 전화기만도 4대나 있었다. 비서실장의 안내로 나는 베이커(Baker) 사령관과 그리핀(Griffin) 부사령관에게 신고를 한 후 곧바로 근무에 임했다.

사령관 비서

나의 업무는 주로 외부로부 터 오는 연락사항을 기록하고 비서실장에게 보고하고 또 주 요 행사 등에 관한 사령관의 참석 여부 등에 대해 비서실장 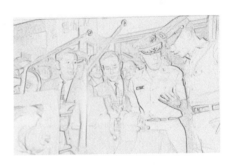 과 의논해서 결정하는 것이었다. 그 당시만 하더라도 대민원조사업 이 활발했기 때문에 이와 관계되는 업무도 보게 되었다.

대구지역사회 지도자급 인사들과의 관계를 원만히 유지하기 위 하여 사령관을 모시고 공식행사에도 자주 참석하게 되었는데, 사병 이라는 약점 때문에 가끔 곤란을 겪을 때도 있었다. 그래서 나는 외부 민간인 행사 때는 사복을 입고 사령관을 수행하기도 했다.

사령관실에서 사병이 장교직무를 수행한다는 이유로 나는 표창도 여러 차례 받았고 특진도 하여 다른 동료들에 비해 많은 특혜를 누렸다. 특히, 인사계는 나한테 정모까지 구해주면서 매우 대견해했고 항상 "잘 부탁한다"는 말을 잊지 않았다. 한번은 사령부 인사계가 저녁식사를 같이 하자고 하기에 따라갔더니 추풍령을 노래한 SG가 그 자리에 와 있었다.

사연인즉 가수 SG가 군에 있을 때 사령부 인사계와 같이 근무했고 둘이 매우 절친한 사이여서 대구 공연차 왔다가 만나게 되었다고 했다. 그날은 저녁식사와 반주 등 경비 일체를 식당 주인이 책임지겠다고 해서 우리는 마음껏 먹고 마시면서 기분 좋게 놀았는데, 알고 보니 그는 SG의 극성 팬이었다.

외국어를 잘 구사한다는 것은 어려울 뿐만 아니라 즉석 통역은 더욱 힘든 일이라는 것을 업무를 통해 절실히 깨달았다. 연말이 되어 경상북도 방위협의회에서는 위문품을 가지고 사령부를 방문한다는 전갈이 왔다.

방문단에는 경북지사를 비롯해서 대구시장, 관구사령관, 사단장 등 대구지역 지도자급 인사 대부분이 포함되어 있었다. 육군 상등병인 나더러 그 자리에서 통역을 맡으라는 부사령관의 명령을 거역할 수 없어서 나는 진땀을 흘리면서 그 행사를 치렀다.

나는 지체 높은 분들 앞에서 즉석 통역을 했는데 아무리 용기를 내려고 해도 말이 목구멍에서 잘 나오지 않은 것 같아서 얼마나 혼이 났는지 모른다. 더구나 그 당시 지사와 관구사령관은 영어를 매우 유창하게 하는 분들로 잘 알려져 있었는데 내가 감히 공식 석상이라는 이유 때문에 통역을 하다니 시쳇말로 '공자 앞에서 문자 쓴다'는 격이 되고 말았다.

내가 사령관실에서 근무한 지 약 1년이 가까워질 무렵 육군 본부에서는 그제야 H대위를 K대위 후임으로 전보 발령했다. 나는 '이제야 제자리를 찾아가게 되는구나.'라고 생각하면서도 속으로는 어디로 어떤 보직을 맡을지 은근히 걱정되었다. 인성이 좋은 H대위는 사령관과 부사령관에게 신고를 한 후 내 책상에서 일을 보게 되었고, 나는 임시로 옆자리에 앉아 그를 도와주는 입장이 되었다.

약 한 달을 그렇게 지냈는데도 비서실장은 아무 말이 없었고 사령관과 부사령관 그리고 그들의 부인들은 오히려 나만 찾고 있었다. 어떤 때는 H대위에게 미안할 정도로 나한테만 일을 시켰는데, 그렇다고 거역할 수도 없고 입장이 매우 난처했다.

H대위는 자신이 별로 할 일도 없고 시간을 무료하게 보내는 것이 안타까웠던지 비서실장에게 자기의 업무 분장을 확실히 해달라고 건의했다. 그 일을 사령관 및 부사령관과 의논한 후 비서실장은 H대위에게 예하 부대인 대구지구사령부로 가서 근무하라고 했다. 비로소 내가 신임받고 있다는 사실을 확인한 셈이 되었으며 나는 더욱 열심히 근무에 충실히 임했다.

나는 육군 사병으로 사령관 내외가 공식적으로 참석하는 외부 행사에 수행해야 했는데, 경상북도 부녀회관 준공식에는 사령관 부인을 수행하게 되었다. 그날 행사에는 대통령 영부인 Y여사가 참석하였는데, 내가 감히 사령관 부인과의 대화를 통역할 수 있는 영광을 가지게 되었다. Y여사는 상상한 대로 무척 어질고 섬세하였으며, 국모로서의 품위도 있어 퍽 존경스러워 보였다.

그리고 정부가 경제개발계획에 의해 포항 종합제철공장을 건립하기로 하고 박정희 대통령을 모신 가운데 기공식을 할 때도 나는 사령관과 함께 사령관 전용 헬기를 타고 그 행사에 참석하게 되었다.

그때 포항시청 및 영일군청 직원들이 식장에서 나를 알아보고 매우 놀랐다. 특히 영일군청에서 계장으로 근무하던 형은 내가 사령관을 수행하면서 로열 박스에서 대구의 각급 기관장님들과 담소하는 것을 보고 놀라다 못해 당황해하는 눈치였다.

이와 같이 직무의 특성상 나는 그 당시 대구 지역 기관장 및 유지들과도 긴밀한 유대와 대인관계를 맺게 되었는데, 이것이 나중에 사회생활을 하는 데 매우 유익한 밑거름이 되었다.

반야월과의 인연

이 무렵 어느날 계명대학에 다니는 CM의 여동생으로부터 전화가 왔는데 어머니께서 좀 만나고 싶어 하신다고 했다. 그렇지 않아도 궁금하던 차에 연락을 받고 나는 즉시 반야월(송정동)에 있는 CM의 집을 방문하게 되었다. 처음으로 어머니와 식구들을 만나게 되었고 CM이 현재 미제 2사단에 근무하고 있다는 사실도 확인했다.

어머니는 CM이 이곳으로 올 수 있으면 좋겠다고 말씀하셨고, 나 또한 동생처럼 생각하고 있는 그가 나와 함께 근무할 수 있으면 좋겠다는 생각을 하게 되었다. 나는 최선을 다해서 알아는 보겠으나 쉽지는 않을 것이라고 솔직하게 말씀드렸다.

우연한 기회에 우리 사령부 주임상사와 2군 사령부의 주임상사가 만난 자리에서 나는 내 고민을 털어놓게 되었다. CM은 조부모님과 어머니 그리고 가족들을 봉양할 의무가 있는 외동아들로서 이곳으로 오게 되면 틈나는 대로 집안일도 도울 수 있어 가정에 크게 도움이 될 것이라고 말했다.

그들은 내 말에 즉시 동의하였고 그 일을 도와주겠다고 약속했다.

과연 얼마 되지 않아 CM은 우리 부대로 오게 되었는데, 첫 신고일에 얼마나 기합을 심하게 받았던지 보초 근무조차 나가기 힘들어 보였다. 나는 그가 너무 안쓰러워서 내가 대신 야간 보초 근무를 해주었다. 그런데 이 일이 인사계에 알려졌고 인사계는 기합 준 고참들을 불러 심하게 야단을 쳤다.

고참들은 그렇지 않아도 내가 아니꼬운데 잘되었다 싶어 나를 불러 구타하기 시작했다. 그러나 대부분의 고참들은 빠지고 L병장 혼자만 유독 심하게 굴었다. 나는 이성을 가지고 정중히 사과하고 좁은 대구 사회에서 서로 아는 처지에 그만하자고 그를 달래어 이 일을 무마시켰다. 그 일 이후 오히려 나는 그와 더욱 친해졌고 제대 후에도 가끔 반갑게 만났었다.

CM은 곧 레크리에이션 센터(Recreation center)에 보직을 받아 J일병과 같이 일하게 되었고 주말마다 우리는 CM네 집에 가서 서투른 농사일도 거들면서 놀기도 했다. 할아버지와 할머니 그리고 어머니는 우리를 무척 위해 주셨고 특히, 나한테는 더욱 친절하게 대해주셨다.

CM의 여동생 JB는 내가 교생 실습을 한 신명여고를 졸업하고 계명대학 가정학과에 다니고 있었는데 나를 무척 따랐다. 시험 때가 되면 나한테 영어과목에 대해 물어왔고, 나는 아는 대로 기꺼이 가르쳐주었다. 나는 그를 친동생 이상으로 귀여워했으며, 또 실제로 생각이나 행동이 너무 착해서 무척 사랑스러웠다.

나는 부서의 특성에 따라 외부의 많은 유지들과 인간관계를 맺게 되었는데, 그 가운데는 공공기관에 근무하는 분들도 있었지만 육영사업을 하는 분도 있었다. 특히, 도지사 비서실 및 시장 비서실 등과는 유대관계가 좋았을 뿐 아니라 협조가 매우 잘 이루어졌다. 그러나 대학 은사이신 TH교수님이 불우청소년들의 교육을 위해 운영하시는 공민학교를 만족스럽게 도와주지 못한 데 대해서는 지금도 안타깝게 생각하고 있다.

비서실에서는 주말에도 근무할 때가 가끔 있었지만 대체로 아침 8시 전에 출근해서 오후 5시에는 퇴근할 수 있었다. 그 이후의 시간을 유용하게 보냄으로써 나는 다른 동기들에 비해 4년이나 뒤진 시간을 보충할 수 있을 것이란 생각에 공부를 계속하기로 했다. 그때 마침 대구대학과 청구대학이 통합을 해서 영남대학으로 출발하게 되었는데 경영대학원에서는 제1기 경영자 연구과정(최고경영자 과정)생을 모집하고 있었다.

평소 경영학에 관심을 가졌던 나로서는 좋은 기회라고 생각하여 그 과정을 이수하기로 하고 등록을 했다. 이수 연한은 1년 과정이었는데 대구사회에서 중소기업을 경영하면서 활동하는 많은 선배를 만날 수 있었고 또 대화를 통해 많은 것들을 배울 수 있어서 강의 시간 못지않게 유익했다.

나이가 제일 어리다는 이유로 나는 학급의 간사일을 맡아 앨범 제작을 위시해서 많은 잔무를 맡아보았다. 그들은 내가 열성을 가지고 일하는 데 격려도 해주었을 뿐 아니라 매우 협조적이었다.

결혼

나는 군대에서 맡은 업무에도 충실하면서 야간 경영자 연구과정에 열심히 다닐 수 있도록 환경을 허락해 준 하나님께 감사하면서 보람을 느꼈다. 카투사 중대본부의 요청에 의해 신병들과 영어에 익숙지 못한 사병들을 위해 나는 일주일에 몇 시간씩 틈을 내어 교육도 시켰다.

사령부 내에서는 좋은 의미에서 '사병이라도 능력만 있으면 장교업무를 충분히 수행할 수 있다'는 것을 내가 본보기로 보여준 셈이 되었고, 많은 사병이 나를 자랑스럽게 여기고 따랐다. 전역 후 많은 후배가 나를 전설적인 인물로 생각한다는 말을 들은 적이 있다.

복잡하고 바쁜 생활 가운데 나는 주말에 CM네 과수원에 가서 시간을 보내는 것이 유일한 휴식이었고 또 다른 한 주간을 위한 재충전의 기회가 되었다. 그리고 식구들이 얼마나 편하게 대해주는지 마치 우리집과 같은 기분으로 지냈다. '사람은 자주 보면 정이 든다'더니 나는 식구들과 정이 들었고, 특히 여동생과는 차츰 이성으로 대하기에 이르렀다.

그 당시 대학의 같은 학과에서 공부했던 KS는 졸업과 동시에 교무과에서 근무했는데, 이 친구가 중간에서 여동생과 친구인 SS양에 대한 관심을 나에게 가끔씩 불러일으키곤 했다. 동시에 학과 후배인 KC도 내가 이성과 교제하는 사이로 보고 있었다. 남들이 그렇게 보면 실제로 또 그렇게 나타나게 되는 것이 이성 간의 관계인지도 모른다.

초가을로 접어든 9월의 첫 주말을 맞아 나는 CM네 집에 놀러 갔는데, 집에는 여동생 혼자만 있었고 어머니는 과수원에 일하러 가셔서 안 계셨다. 나는 그녀와 함께 과수원에 어머니를 뵈러 가면서 대화하던 중, "동네 사람들이 할머니한테, 내가 CM네 집에 자주 오는 이유가 여동생 때문이라고 말한다."고 귀띔해 주었다.

나는 웃음으로 받아넘기면서 "너는 어떻게 생각하느냐?"고 물었다. "소문이 그렇게 난 이상 현실적으로 받아들여야 하지 않겠냐?"라고 대담하게 말하면서 "할머니와 우리 식구들도 결코 부정적으로 보지는 않는다."고 대답했다.

나는 그 순간 '그동안 내가 너무 격의 없이 지냈고 또 순수하게 정도 많이 주었구나!' 하는 생각과 함께 어떤 책임감 같은 것을 느꼈다. 그리고 동생이 나이 차이도 많은 나를 분명히 이성으로 대하고 있다는 사실도 확인할 수 있었다.

나는 이 일을 계기로 다른 시각에서 동생을 대하게 되었고, 가끔 시내에서 만나면 데이트도 하게 되었다. 그리고 그 무렵 충청도 큰아버지께서는 내가 비록 군에 있는 몸이지만 "나이가 28세나 되었으니 결혼을 해야 하지 않겠냐."고 재촉하시는 것이었다.

어느덧 경영자 연구과정 2학기를 마칠 무렵 양가에서는 우리의 관계를 인정하고 결혼을 허락하였다. 혼인하기로 결정된 후 나는 초겨울 저녁 동생과 동네 뒤편에 있는 철로를 따라 걸으면서 이런저런 이야기를 했다.

우리가 다리 위를 막 올라서는 순간 갑자기 뒤편에서 기적 소리와 함께 기차가 빠른 속력으로 달려오고 있었다. 순간적인 판단으로 둘은 손을 잡고 죽을 힘을 다해 앞으로 뛰었다. 우리가 막 다리 위를 벗어나는 순간 기차는 지나갔고, 위험을 모면했다는 생각과 함께 안도의 숨을 내쉬게 되었다.

나는 속으로 '앞으로의 결혼생활도 바로 이런 것이 될 것이다.'라고 생각하면서 두 사람이 철로와 같이 조화로운 평행선을 유지하면서 최선을 다해 시련을 극복하고 도전적인 삶을 위한 각오와 자세만 되어 있으면 행복해질 수 있을 것이라고 확신했다. 그날 밤에 위험했던 경험은 어떤 의미에서 우리에게 매우 유익한 교훈이 되었던 것 같다.

드디어 결혼 일자가 12월 8일로 잡혔고 결혼식은 대구예식장에서 하기로 예약이 되었다. 나는 최소한의 형식만 갖추기를 원하면서 많은 격식을 사양했다. 그 당시 CM만은 나의 결혼에 놀라움과 실망을 금치 못하는 것 같았는데, 나는 그런 그를 이해할 수 있었다.

예외 없이 혼사에 대한 준비는 누나가 맡아서 해주었으며, 주례는 당시 영남대학교 총장이신 S박사님께 내가 직접 부탁드렸다.

나는 결혼을 위한 패물도 사령관 부인이 자주 다녀서 알게 된 성금사의 H사장님에게 꼭 필요한 물건만 준비하는 데 도움을 받았다. 그 외에도 나는 많은 분들로부터 도움을 받았는데, 하나님에게는 물론이거니와 이들에게 빚진 자로서의 짐이 한층 더 무거워져 옴을 의식하면서 '평생을 두고 갚아도 이 빚들을 못다 갚을 것'이란 생각을 해보았다.

나는 큰집의 형편을 잘 알기 때문에 결혼 비용에 대해 전혀 부담을 주지 않기로 하고 또 걱정도 끼치지 않기로 했다. 다만 내가 평소에 인간관계를 맺어온 분들의 도움으로 매우 검소하게 혼사를 치렀다. 결혼식이 끝나고 신혼여행을 가야 하는데 나는 사령관의 배려로 S상병이 운전하는 미군 세단을 빌려 타고 경주로 갔다. 우리는 추운 초겨울 불국사를 한 바퀴 돈 후 바로 처갓집에 와서 첫날밤을 보냈다.

무엇보다 나는 꿈 많은 소녀티를 벗지 못하고 결혼하게 된 신부에게 무척 미안했다. 결혼 패물도 제대로 해주지 못하고 신혼여행조차도 낭만과 추억이 될 수 있는 곳으로 데려가지 못한 데 대해 너무 미안했다. 그러나 조금도 원망하는 기색을 보이지 않은 신부가 나는 너무 대견했고 사랑스러웠을 뿐만 아니라 또 자랑스러웠다.

나는 '앞으로 살아가면서 못다 한 꿈들을 이루어 행복하게 해주어야 하겠다.'라고 속으로 굳게 다짐하면서 첫날밤을 보냈다. 우리는 곧바로 부대 앞 봉덕동에 사글세 방을 얻어 신혼살림을 차렸다. 신부는 계속해서 나보고 '오빠'라고 불렀고 모르는 사람들은 "무엇 때문에 그렇게 일찍 결혼하게 되었느냐?"고 물어왔다.

나는 군인의 신분으로 아르바이트를 하여 그럭저럭 살림을 꾸려 나가는 데 보태었지만 곤란하기는 마찬가지였다. 그래서 가끔 장모님이나 처갓집 보기에 '귀한 딸 데려다가 고생시킨다'는 말을 들을까 봐 미안한 생각이 들었다. 그러나 장모님은 생각이 깊고 마음이 넓으신 분이라 한번도 그런 기색을 보이시지 않았다. 나는 그런 장모님을 존경하고 지금도 그때 베푸신 아량에 대해 고마움을 잊지 않고 있다.

대학원 진학과 첫아들
그리고 전역

대학교 은사이신 TH교수님께서는 바쁘신 가운데도 결혼식에 참석해 주셨고 선물로 첫 번째 저서인 『영어 음운론』이란 책을 나에게 주시면서 대학원 진학을 권유하셨다. 나는 아내와 의논한 끝에 계명대 대학원에서 처음으로 개설된 영문학과 석사과정에 입학하기로 하고 시험 준비를 하였다. 고마운 것은 많  은 어려움 속에서도 나의 향학열을 이해해 주는 내조의 격려였다.

나는 용기를 얻어 응시를 했는데 전공과 영어 그리고 제2외국어 등 세 과목의 시험을 치렀다. 합격통지서를 받고 등록금 때문에 고민하고 있는데 아내가 그 고민을 해결해 주었다. 우리는 비록 좁은 단칸방에서 생활하였지만 마음은 부자 못지않게 풍요롭고 넉넉하였다. 책상이 차지하는 공간 때문에 잠자리조차 불편했지만 불평 한마디 하지 않고 인내하며 뒷바라지해 준 덕분에 나는 학업에 열중할 수 있었다.

영문학과 석사과정에는 성광고등학교 N선생과 C수녀 그리고 나를 합해서 모두 3명이 이수하였는데, 그 당시 대학원장이신 BM교수님께서는 나한테 장학 혜택을 주지 못해 늘 미안해하셨다. 과정을 이수하는 가운데 가장 재미있었던 과목은 영미소설로 윌슨(Wilson) 교수의 강의였다. 우리는 그의 자택을 방문해서 자유롭고 편안한 분위기 속에 수업을 했는데, 의사소통은 내가 제일 잘했기 때문에 두 사람은 수업 후에도 항상 나에게 내용을 확인하곤 했다.

또 P교수님의 교육철학도 명강의였으며, 경대에 계시는 L교수님의 강의도 관심 있게 들었다. 나는 비로소 학부 때와는 달리 학문을 보는 시각이 달라지고 있음을 느끼기 시작했고, 이것이야말로 학문이 좋아서 그리고 학문을 하지 않고는 살 수 없다는 경지에 이른 사람이라야 할 자격이 있음을 깨닫게 되었다.

내가 대학원 석사과정 2학기 등록을 막 하려는 때에 아내가 첫아이를 순산했다. 첫애는 아들이었는데 큰집에서 이름을 돌 석(石)자에 날 출(出)자로 지어 보냈다. 뜻인즉, 돌에서 금(金)이 나온다는 뜻으로 일가 중에 과거 서당의 훈장을 지내신 도(道)자 선(善)자 할아버지께서 작명해 주셨다는 것이다. 어른들은 아기를 무척 귀여워했는데, 그중에서도 손자를 보게 된 큰아버지가 가장 기뻐하셨다.

나도 아버지가 되었다는 기쁨과 함께, 한 여자의 단순한 남편만이 아닌 또 다른 책임감과 의무감을 무겁게 느꼈다. 이것이 인생을 한 차원 더 높여 어른으로 성숙되게 하는 계기가 되는 것이 아닌가 하고 생각해 보았다.

아기는 귀여웠지만 밤낮이 바뀌는 바람에 밤에는 항상 같이 놀아주어야만 했다. 이것이 '부모가 되는 첩경이구나' 하는 생각과 함께 역시 '자식을 가져보아야 부모의 심정을 안다'더니 틀림없는 말이라는 것을 실감했다. 아기의 울음소리가 남들의 수면에 방해가 될까 봐 둘은 교대로 잠을 자지 않고 아이를 보아야만 했다.

그리고 아기가 처음부터 모유를 전혀 먹지 않은 바람에 우유로 대신했는데, 아내가 미련해서인지 아니면 내가 무지해서인지 유방에 젖이 차서 곪게 되었다. 결국 병원에 갔더니 의사가 수술을 하면서 나보고 '아빠로서의 기본자격도 갖추지 못한 사람'이라고 면박을 주었다.

점잖으신 장모님도 "왜 이렇게 되도록 무심하게 놓아두었느냐?"고 원망을 하셨다. 보는 사람마다 나보고 미련하다고 했으며 "자칫 잘못했으면 큰일날 뻔했다"고 해서 나는 미안하기도 하고 한편으로는 부끄럽기도 했다.

어려운 환경 속에서도 나는 아내와 많은 분들의 도움으로 3학기 수강을 마칠 수 있었고 졸업에 필요한 학점을 모두 이수한 후 논문 학기인 4학기를 맞이하게 되었다. 논문 제목과 지도교수 선정도 안 된 채 1개월이 지났을 때, 나는 전역 명령을 받게 되었다. 드디어 34개월의 현역 복무를 마치고 예비역으로 전역하게 된 기쁨을 맛보는 순간이 닥쳐왔고, 나는 무사히 병역의무를 마칠 수 있도록 도와주신 여러분들과 하나님께 감사했다.

지울 수 없는
꿈을 향한 여정

제6부

사회 진출

취업의 꿈

본적이 예산으로 되어 있었
기에 나는 조치원 예비사단에
가서 1969년 9월 20일자로 전
역 신고를 마친 후 예비군복을
입고 귀가했다. 농촌의 가을이
더욱 풍요롭게 펼쳐진 차창 밖

을 내다보면서 나는 깊은 상념에 빠졌다. 변화무쌍한 자연을 감상하면
서 낭만적 사색을 하던 과거와는 달리 현실적으로 '앞으로 어떻게 살아
갈 것인가?'를 내내 생각하면서 대구까지 오게 되었다. 당장 급한 것은
석사논문 준비하는 것보다 직장을 구해서 생활을 안정시키는 것이라고
단정했다.

사회적으로 뚜렷한 배경도 없을 뿐 아니라 재력도 없는 처지이고
보니 자신의 실력으로 뛰는 수밖에 없다고 생각했다. 따라서 '이럴 줄
알았더라면 학창시절에 더욱 열심히 공부라도 해 놓을걸.' 하는 후회도
들었다. 그러나 현재의 나로서도 자원으로 요구되는 자리가 분명히

있을 것이란 확신을 가지면서 용기를 내어 새로운 도전에 임했다.

사실은 이러한 일을 예상했기 때문에 나는 이미 3개월 전부터 여러 방법을 동원해서 일자리를 알아보고 있었다. 부사령관인 호온(Hom) 대령은 직접 Y경북지사에게 나를 추천해 주셨고, 덕분에 이미 나는 K내무국장에게 면접을 보았으며 이력서도 접수되어 있는 상태였다. 또한 대구시장 비서실에 근무하는 J선생도 본인이 개인 사정 때문에 곧 자리를 옮길 것 같다고 하면서 후임으로 나를 추천해 놓은 실정이었다.

그리고 사령관 비서실장도 만약 미 군속으로 근무하고 싶으면 언제든지 와서 의사를 밝히면 도와주겠다고 약속하고 사령관의 추천서를 주었다. 또 교직에 관심이 있으면 언제든지 이야기하라는 분들도 계셔서 취직이 그렇게 어렵지만은 않을 것이라고 낙관하고 있었다. 그보다는 오히려 어떤 직장을 내가 선택할 것인가가 더 큰 문제일 것 같았다.

전역 후엔 반드시 고향에 가서 행정기관에 신고를 해야 하기 때문에 나는 예산 큰집으로 갔다. 그곳에서 볼일을 막 끝내려는데 경북도청 총무과에서 빨리 오라는 연락이 왔다. 나는 그 길로 바로 대구로 왔으며, 마음에 준비를 하고 도청으로 향했다. 그런데 가는 길에 어쩐지 시장 비서실에 들려서 J선생을 잠시라도 만나고 싶어졌다. 시간도 충분할 것 같고 해서 나는 시청에 들려 J선생을 만나 나의 처지를 설명하고 도청에 가는 이유도 말했다.

그는 나에게 "마침 잘 왔다."고 하면서 "그렇지 않아도 조만간 연락하려던 참이었다."라고 했다. J선생은 경북대에서 영문학 석사과정을 마치고 시장 비서실에서 영어통역을 맡아보고 있었는데, 그는 다음 학기부터 교육대학에 전임으로 가도록 결정되었다는 것이다. 따라서 후임으로 나를 추천해 놓았으며, 총무국장이 면담을 요구하기에 기회를 보고 있었는데 "지금 가보자."고 하면서 나를 국장실로 안내했다.

포항이 고향인 P총무국장은 나를 보더니 "J비서로부터 이야기는 많이 들었다."고 하면서 몇 가지 질문을 하고는 내가 도청에 내려고 준비해 간 서류를 보자고 했다. 그는 서류들을 검토한 후 "도청일은 잊어버리고, 다음 주 월요일에 와서 시장님께 인사드리고 바로 근무하도록 하시오."라고 그 자리에서 채용 결정을 내렸다. P국장은 성격이 활달하고 외향적이었으며, 매사에 분명한 분이었다. 그러나 나는 이제까지 고민해 오던 취직이 너무 쉽게 결정되자 믿어지지 않았을 뿐 아니라 너무 빨리 끝난 것 같아 싱거운 생각까지 들었다.

나와 함께 국장실을 나온 J선생은 "축하한다."는 인사와 더불어 "마침 T대구시장이 내무부로 가고 K전남 부지사가 신임시장으로 곧 부임하게 되었기 때문에 모든 비서진이 바뀔 때라서 다행이다."라고 나에게 말했다. 따라서 "이번 주말에 새 시장이 부임하면 월요일부터 당장 새로운 비서진들이 모셔야 되기 때문에 기회도 매우 좋다."고 말했다. 나는 그제야 총무국장의 말뜻을 알게 되었고 J선생에게 '감사하다'는 인사를 한 후 도청일은 포기하고 바로 집으로 돌아와서 사실을 알렸다.

오늘 아침까지 걱정하던 사람이 취직이 되었다니까 모두들 반가워했는데, 그중에서도 아내가 가장 기뻐했다. 나는 사령관실에서 약 3년간 근무한 경험이 있었지만 그래도 한국 사회에서 유능한 비서가 될 수 있는 비결을 터득하기 위해 관련 서적을 구해서 읽고 또 마음의 준비도 하면서 약속된 신임 시장과의 면담일을 기다렸다.

대구시장 비서

K신임시장은 고향이 경주였는데 일제시대 때 경주초등학교를 졸업하고 바로 말단 공무원으로 출발하여 오늘에 이른 입지전적인 인물이었다. 그는 독학으로 변호사 예비시험에 합격하였으며  지방재정에 관한 책을 썼는가 하면 청백리로 소문이 난 분이었다. 나는 총무국장의 안내로 시장실에 들어가 인사를 드렸는데, 그는 다만 나에게 "공부는 무엇을 어디에서 했느냐?"고 묻고는 대답을 들은 뒤 "사령관실에서는 어떤 업무를 보았느냐?" 그리고 가족사항에 대해 물은 뒤 "잘 해보라."는 말로 끝을 맺었다.

나는 신문지상을 통해 그의 경력과 행정력 그리고 성품 등에 대해서 읽은 바 있었지만 실제로 대하고 보니 매우 소탈하고 양심적인 분으로 친근감이 가는 인상을 받았다. 그리고 무엇보다 내가 가장 귀하고 훌륭하다고 생각하는 '정직과 성실성'이 그의 삶의 지표라고 판단되었을 때, 그분을 곁에서 모시면 많은 것을 배울 수 있을 것이란 기대와 함께 매우 기뻤다.

신임 비서실장에는 C문화계장이 보임되었고 전남 부지사실에 근무하던 H가 관사와 비서실 사무를, 그리고 나는 수행과 통역을 맡게 되었다. 총무국장은 "시장관사 옆에 있는 수행비서의 사택을 수리 중인데 공사가 끝나면 그곳으로 곧 이사를 오라."고 하였다.

나는 새벽 일찍 일어나서 시장관사로 출근하여 시장님을 수행하면서 연락사항이나 지시사항을 전달하고 시행 및 확인하는 일을 하였으며, 외국인이 방문하면 통역을 맡아 하고 또한 타임스지나 뉴스위크지 같은 외국 시사 주간지의 중요 기사를 번역해서 보고하는 일들을 주 임무로 하고 있었다. 또 내근 시에는 방문객들의 민원사항과 면담 등도 맡아야 했기 때문에 눈코 뜰 사이 없이 바빴다.

특히, 공식적인 저녁 만찬이 있을 때는 그 행사가 끝날 때까지 기다리다가 시장님을 관사로 모셔야 하기 때문에 밤이 늦어서야 퇴근이 가능했다. 사령관실에서의 근무와는 비교가 안 될 정도로 바빴을 뿐 아니라 정확한 출퇴근 시간도 없었고, 잠자는 시간을 제외하고는 자신의 개인적인 시간은 전혀 가질 수 없는 실정이었다. 한마디로 나는 시장의 분신처럼 생활해야 했기 때문에 가정에는 자연히 무심해질 수밖에 없었기에 가족에게는 매우 미안하게 생각하고 있었다.

약 3개월 후 우리는 수행비서 사택으로 이사하게 되었는데 조금은 편리한 것 같았지만 사실은 불편한 점이 더 많았다. 사택이라고는 하지만 기대와 달리 창고를 개조해서 만든 집으로 낡았을 뿐 아니라 단칸방에 부엌이 달린 매우 부실한 집이었다.

그러나 실망하는 내색도 없이 아내는 인내하면서 불편한 생활을 잘 꾸려 나갔다. 또한 시간에 구애 없이 관사에서는 밤낮으로 사람을 불러 들였기 때문에 도무지 한시라도 자리를 비울 수가 없었다. 내가 보기에 시장님은 오로지 일을 하기 위해 태어나신 듯했으며, 일 년 365일 동안 그의 사전에 휴일이라는 단어는 찾아볼 수 없었다. 나는 가끔 우리나라 공무원이 모두 이분 같으면 몇 년 내로 나라가 매우 부강해질 수 있을 거란 생각을 해보았다.

나는 시장님을 수행하면서 많은 것을 느꼈으며 배운 것도 많았다. 그의 서민적인 행동과 합리적인 사고 그리고 공인으로서의 바른 자세 등은 정말 본받을 만하였다. 그는 돈에 대한 개념이 전혀 없었고, 외지에 출장 갔다 올 때면 반드시 정산해서 남은 출장비를 반납하곤 했다.

내가 전역한 지 5개월가량 되었을 때 미 8군 후방기지사령부에서 훈장수여식에 참석하라는 통보가 왔다. 그것은 내가 3년간 사병으로 장교직무를 훌륭히 수행하였을 뿐 아니라 한미 친선 및 우호 증진에 기여한 공이 컸기 때문에 미 육군성에서 공로훈장을 수여하게 되었던 것이다. 나는 사령관실에 가서 홈즈(Holms) 소장으로부터 훈장을 수여받고 격려와 축하인사를 받았다.

추석을 앞둔 어느날 SW식당을 하는 주인 할머니가 비서실을 찾아왔는데, 목적은 명절이라서 평소에 수고하는 시장에게 와이셔츠 한 벌을 선물하고 싶어 손수 가져왔다고 했다. 시장님이 회의 중이셔서 기다리다가 그것을 우리에게 그냥 맡기시기에 사양했는데도 던져버리다시피

하고는 가버렸다.

나중에 C실장이 그 일을 시장님께 보고하자 우리는 모두 불려가서 혼쭐이 났다. 그리고 당장 그것을 갖다주라고 하시기에 내가 할머니께 갖다드렸더니 할머니는 '성의도 모르는 몰지각한 사람'이라고 시장을 욕하는데 듣기가 민망해서 나는 '죄송하다'는 말만 되풀이하면서 그것을 던져버리다시피 하고 와서는 결과 보고를 하였다.

약 2년이 지날 무렵 시장님은 부친상을 당했는데 경주 생가에서 초상을 치르게 되었다. 부조를 일일이 검토한 후 그 당시 십만 원 이상 부조한 사람에게는 초과액을 돌려주도록 지시했으며, 결국 부의금 전액을 장학금으로 기부하셨다. 그 외에도 비서실에 근무하면서 나는 그가 몸소 청렴을 실천하는 모습을 수없이 체험하였다.

시내를 순시하다가 점심시간이 되면 대구은행 뒷골목에 있는 따로 국밥집에 들려 가끔 식사했는데, 주인이 덤으로 소피를 더 주면 반드시 계산하라고 해서 주인을 무안하게 만든 적도 한두 번이 아니었다. 나는 군대생활 때부터 식사를 다소 빨리하는 습성이 있었지만 수행비서 일을 하면서 더 빨리 식사하는 버릇이 습관화되어 버렸고, 이것이 소화기능에 매우 좋지 않은 영향을 미친 것을 나중에야 알게 되었다.

어느 일요일 오후 저녁식사를 막 끝내려는 순간 관사에 있는 할머니로부터 '큰일났으니 급히 와 보라'는 전갈이 와서 가보았더니 시장님이 쓰러지셨다는 것이다. 나는 혹시 고혈압인가 싶어 걱정을 하면서 급히 경대 의대 부속병원으로 모시고 가서 진료를 받았는데 원인은 과로였다. 병원 측의 강력한 권유와 담당의사의 지시에 의해 시장님은 며칠간 입원하여 안정을 해야 했고 또 그에 따른 치료도 받았다. 취미나 특기가 일뿐인 시장님의 몸이 불편하신 데 대해 비서실 직원들은 하나같이 마음이 아팠다.

　나도 마치 내가 잘못 모셔서 몸이 편찮아지신 것 같은 책임감을 느끼면서 한편으로는 자신이 처한 현재와 미래에 대한 그림을 연결시켜 볼 수 있는 기회도 가졌다. 따라서 나는 분명히 '이것은 아니다'라는 답을 얻게 되었다.

신명여중 교사

시장실에 근무하면서 나는 자신의 존재의의조차 망각한 채 2년이란 세월을 쫓기다시피 흘려버렸다. 시장님을 잘 보필하여 시정 발전에 기여하는 것도 중요한 일이지만 자신의 발전에는 별로 도움이 안 될 뿐만 아니라 많은 희생을 요하는 직무에 대해 깊이 있게 생각할 기회를 모처럼 가지게 되었다. 그리고 중요한 것은 빵 문제의 해결이 아니라 석사학위논문을 더 이상 미룰 수 없다는 생각을 했다.

그때 마침 안기부에 근무하는 CH씨는 내가 계속 공부하고 싶고 또 논문을 써야 한다는 사정을 알고 기꺼이 대구 신명여중 영어교사로 추천해 주겠다고 했다. 그는 평소 나에 대해 깊은 관심을 가져주었을 뿐 아니라 도와주려 했고, 나도 그를 많이 따랐었다. 나는 그렇게 해줄 것을 부탁드리고 학교에 영어교사로 채용되자 시장님께 말씀을 드렸다.

시장님은 불허하셨지만 나는 내 생각을 굽히지 않았다. 특히, 나는 그 당시 '도시계획연구원'이란 촉탁직에 있었기 때문에 다소 구속력이 없었다. 아마도 정식 직원으로 발령이 났더라면 그런 생각은 할 수 없었을 뿐 아니라 감히 사표도 그렇게 쉽게 내지는 못했을 것이다.

K시장의 특징 중 하나가 자기 사람을 키우지 않는다는 것이며, 이것이 또한 자신의 승진에 매우 유리한 장점으로 작용하고 있다는 것을 본인은 물론 많은 사람이 다 알고 있는 사실이었다.

나는 신학기가 시작되는 3월 1일자로 신명여자중학교 영어교사로 부임하여 1학년을 담당하게 되었다. 내용을 모르는 많은 사람들이 의아해했으며 이해를 잘 못 하는 것 같았다. 나는 당장 거처부터 학교 근처로 옮겼으며 시청일은 잊어버리고 학생들을 가르치는 일에 전념하기 시작했다.

시청 비서실에서는 매일 전화가 왔으며, 특히 C실장은 "어떻게 그럴 수 있느냐."고 인정과 의리에 호소하기도 했다. 그러나 나는 "내 인생에 대한 책임은 나에게 있으며, 장래가 불투명할 뿐 아니라 보장도 안 되는 곳에서 정력과 시간을 어떻게 더 이상 낭비할 수 있겠느냐?"고 반문하고 오히려 설득하려고 노력했다. 그러나 이들은 회유작전을 포기하지 않았고 갖은 수단으로 나를 설득하려 했다.

나는 어린 여학생들을 가르치는데 정성을 다했고 또 대구 시내 학력고사에서 좋은 결과가 나왔을 때는 보람도 많이 느꼈다. 여학교 교사 생활이란 어떻게 보면 따분하게 보일지 모르지만 생각하기에 따라 아기자기한 재미도 있는 직업이었다.

나는 학생들로 하여금 우선 영어과목에 대한 흥미와 관심을 유발시키기 위해 시청에 있을 때 유대관계를 가졌던 대구 동촌 K-2기지의 매킨토시(McIntosh) 사령관을 초청하여 영어 회화시간도 마련해서 현실성 있는 학습이 될 수 있도록 노력했다.

학생들은 나를 무척 따랐고 좋아했는데, 나는 과외시간까지 합해서 약 40시간을 일주일에 강의했다. "초임이라 요령도 부릴 줄 모른다."고 동료 교사들로부터 칭찬 내지는 놀림을 받기도 했다.

특히, 같은 영어과목을 담당하던 K선생은 퇴근 후 대폿집에 들려 막걸리로 "목에 낀 분필가루를 씻어 내려야 한다."라고 하면서 나에게 가끔 충고도 해주었다. 그러나 나는 가르치는 일에 가식이 있어서는 안 되고 또한 애착과 정성이 없으면 교육의 효과가 없을 것이라 믿고 나의 방식대로 강행하였다.

5월을 맞아 우리는 학생들을 데리고 고산골로 소풍도 갔으며, 체육대회 등 각종 기념행사를 치르면서 나는 학생들과 짧은 시간에 많은 정이 들었다. 특히, 스승의 날을 맞아 '스승의 노래'를 학생들이 불렀을 때 나는 스스로 '내가 과연 스승으로서 자격이 있을까?' 하는 반성과 함께 '앞으로 이들을 교육하는 일에 더욱 사랑과 정성을 쏟아 최선을 다해야겠다.'라고 마음속으로 다짐했다.

오늘날까지 기억에 남는 것 가운데 하나는, 한 학생집에 가정방문을 갔을 때 생긴 일이다. 학생의 할머니가 담임선생인 나를 대접하기 위해 사이다 뚜껑을 따다가 그만 손을 다치게 되었는데, 그때 나는 얼마나 당황했는지 모른다. 나는 급히 약국에 가서 약과 반창고를 사다가 치료해 드렸는데 할머니가 또 말할 수 없이 미안해하셨다. 그리고 교사들의 친목회에서는 가끔 회식도 가져 동료애를 고취하기도 했으며, 1학기 수업을 마친 후 여름방학 때는 학교에서 위로차 현충사와 온양온천 등지에 여행을 보내주기도 했다.

나는 대학원에 가서 논문 계획서를 작성하여 제출했으며, 경북대 L교수님을 지도교수로 배정받았다. 그동안 대구시청 비서실에서는 수도과에 근무하던 DB를 내 후임으로 발령했는데, 그런데도 계속 나에게 연락이 왔다. 하루는 비서실장한테서 연락이 왔는데 "시장님이 나를 좀 보자고 하니 빨리 들어오라."라는 것이었다.

나는 시장님을 만났는데 그는 "그래, 훈장생활이 어떤가?" 하고 물었다. 나는 "사실은 공부를 계속하기 위해서 현직을 택하게 되었고, 당장은 논문 준비를 해야 하기 때문에 그럴 수밖에 없었다."라고 이유를 구체적으로 말씀드렸다. 그러자 시장님은 "내가 논문 준비를 할 수 있도록 시간을 충분히 주고, 또 나중에 기회가 되면 유학할 수 있도록 도와줄 테니 도로 와서 근무하라."고 하셨다. 나는 "이제 그곳에 간 지 1학기밖에 안 되었는데 어떻게 그만두고 도로 올 수 있겠느냐?"고 반문하면서 불가능하다고 말씀드렸다. 시장님은 "그런 걱정은 할 필요 없도록 학교 당국에 이야기할 테니 내일부터 당장 출근하라."고 지시하셨다.

고민스러운 얼굴로 시장실을 나오는데 C실장이 "학교에는 다 이야기 되었으니까 내일부터 출근해야지!" 하고는 나를 설득했다. 이렇듯 나는 이미 각본된 계획과 의리에 못 이겨, 신명여중 교사직에 단 1학기 근무를 끝으로 다시 시장 비서실로 출근을 하기 시작했다.

2학기가 되어 등교한 우리 학급 아이들은 선생님이 우리를 버리고 가셨다고 야단들이었다. 시청 비서실로 찾아와서 다시 올 수 없느냐고 학생들은 조르기도 했으며, 또 그동안 정들었던 동료 교사들도 현실을 이해하려 노력하면서도 헤어지기 아쉽다며 자주 만나기를 원했다. 나는 그때의 판단과 결정이 옳았는지에 대해 아직도 해답을 얻을 수가 없다.

시장 경질

비서실에서의 위치가 좀 달라지긴 했지만 나는 상사 및 동료들과의 대인관계를 잘 유지한 덕분에 오래전부터 과제로 여겨왔던 둘째 형의 대구시 전입을 해결할 수 있었다. 나는 어머니로부터 졸리다 못한 나머지 이 문제를 시장님께 여쭈었다가 꾸중만 들었다. 어머니는 그 당시 셋째 형 댁에 계시다가 형이 직장을 그만두는 바람에 동생들을 데리고 대구에서 어렵게 생활하고 계셨다.

어머니는 만약 둘째 형이 대구로 전입만 되면 형편이 나아질 것이라며 나를 압박했다. 나는 견디다 못해 어려운 말씀을 시장님께 다시 드렸고, 결국 총무국장과 동료들의 도움으로 형이 대구시로 전입을 오게 되었다.

이 무렵 '사람 팔자 시간 문제'라더니 어느날 전에 내가 어려워서 중학교를 다니다 말고 자동차 부속상에서 점원 노릇할 때 괄시하던 고종 매형이 비서실로 찾아왔다. 실로 15년 이상 지난 오랜만의 만남이었다. 그는 나에게 매우 다정하게 접근하였으며, 대구시 체비지에 관해 물어 왔다. 사실 나는 그 업무에 대해 몰랐을 뿐 아니라 그와는 상종하기 싫어서 차만 한 잔 나누고 일언지하에 거절하고 말았다.

'음지가 양지 되고 양지가 음지 된다'는 옛말이 떠올랐으며, 역시 '사람은 오래 살고 볼 일'이라고 생각하였다. 듣기로는 포항에서 운수업에 실패한 그가 부산으로 피신하다시피 내려갔으며, 재기의 야심을 품은 채 부동산에 관심을 가지고 부산에서 이곳까지 왔는데 내가 너무 홀대한 것 같아 한편 미안하고 씁쓸한 마음도 금할 길 없었다.

내가 새로 발령받은 직명은 도시계획 상임위원이었고 그전에 비해 대우도 많이 개선되어 생활에 다소 보탬이 되었다. 나는 또다시 시청 사택으로 이사를 와야 했으며 그전과 같이 시장의 분신 역할을 하게 되었는데, 이 무렵 우리는 둘째 아이로 딸인 수민이를 얻게 되었다.

그러나 나는 시장님과 약속한 대로 바쁜 가운데도 L교수님으로부터 지도를 받으면서 논문 준비를 하였다. 논문 제목은 '마아크 트웨인(Mark Twain)의 작품에 나타난 유머(Humor)에 관한 연구'였으며 논문을 쓴다는 것이 얼마나 어려운가를 나는 그때 깨닫게 되었다.

K시장님이 부임한 지 3년이 지날 무렵 장수시장으로 소문이 나고 있었는데, 본인은 조금 불안했던 모양이었다. 그러나 그가 시장으로 재임할 때 나의 모교인 K대학에는 음으로 양으로 많은 혜택을 주게 되었다.

사회교육의 일환으로 주부대학과 신부대학 같은 프로그램을 그 대학이 주관하게 되어 시에서 행정적 지원을 하였고, 그 성과도 매우 커서 타 도시에 좋은 본보기가 되기도 하였다. 그리고 대학 행사가 있을 때마다 상대적으로 많이 참석해서 관심을 나타내기도 하였다.

그 무렵 대학에서는 반정부 데모가 일쑤였는데, 그래도 K대학에선 처음으로 대학생들이 거교적으로 '지산천 새마을 사업'을 벌여 전국적 뉴스거리가 되었다. 이 일로 인해 K시장은 행정적 역량을 과시하게 되었고 상부로부터 많은 인정을 받기도 했다. 이러한 여러 노력 덕분에 시장님은 내무부 지방국장으로 영전하게 되었고 후임에는 당시 경북 경찰국의 L국장님이 내정되었다.

나는 K시장님을 따라 내무부로 갈 생각은 당초부터 없었고, 다만 논문 작성에만 신경을 쓰고 있었다. 신임 L시장님은 독실한 기독교 신자일 뿐 아니라 청렴하신 분으로도 소문이 나 있었다. 나는 시장님을 가까이 모시면서 교회에도 같이 나가게 되었고 또한 인격적으로도 많은 것을 배웠다.

L시장님도 고학하다시피 공부하여 행정고시에 합격한 분이기 때문에 학문을 매우 사랑하셨다. 그래서 내가 논문 마무리를 잘할 수 있도록 많은 배려를 해주셨다. 그때 수행은 경북도에서 온 I비서가 맡았기 때문에 나는 한결 임무가 줄어들었다. 나는 시장님과 주위에 많은 분들의 격려와 도움으로 논문을 완성할 수 있었는데, 실로 4년 만에야 드디어 석사학위를 받게 되었다.

그해부터 나는 K전문대에서 강의를 맡았으며 강사경력을 쌓아 나가기 시작했다. 시장님은 항상 '공무원도 공부를 해야 된다'고 강조하시면서 본인이 몸소 모범을 보이셨다.

따라서 야간에 대학 진학을 희망하는 공무원들에게는 등록금을 지원해 주는 제도를 그때 만들어 많은 공무원들에게 혜택을 주시기도 하였다. 특히, 사모님은 인자하고 후덕하기로 소문이 나서 주위의 많은 분들과 직원들이 존경하며 따랐다.

이 무렵 동생이 군에서 위생병으로 있다가 전역하게 되었는데 다행히도 달성공원에 취직이 되었고, 셋째 형도 사설학원에 영어강사로 있다가 수도국에 영문 번역요원으로 자리를 옮기게 되었다.

이렇게 해서 형제들이 좋은 의미에서 모두 대구시정 발전에 기여할 수 있는 기회를 가지게 되었지만 나는 신경이 쓰여 결코 편안하지가 않았다. 그러나 어머니는 많은 형제들이 한 직장에서 근무하게 된 것을 자랑스럽고 기쁘게 생각하시면서 매일 감사 기도를 드렸다.

태평양지역 시장 및
도시개발 관계관 회의

그해 3월 미국 하와이(Hawaii) 호놀룰루(Honolulu)시에서 '태평양지역 시장 및 도시개발 관계관 회의(PACOM)'란 국제회의가 개최되었는데 나는 시장님을 수행하기로 되어 있었다. 그 당시 공무출장을 허가받는 데는 절차

도 까다로웠을 뿐 아니라 승인받기도 매우 어려웠다.

나는 총무과장과 이 일을 위해서 서울에 출장을 갔는데, 갑자기 집에서 전화가 왔다. 돌도 지나지 않은 둘째 아이가 뜨거운 물에 데었다는 것이었다. 나는 상황을 물어본 후 일을 빨리 끝내고 집으로 왔다.

아이는 동산병원에 입원해 있었는데 다행히 오른쪽 다리 위쪽 부분만 다쳤다. 나는 아이가 퇴원하는 것도 보지 못한 채 시장님과 국제회의 참석차 호놀룰루로 출발했다. 처음으로 타는 장거리 국제

노선이어서 그런지 소풍 가는 초등학생의 마음처럼 약간 흥분된 기분이었다.

호놀룰루 국제공항에 도착하니 파씨(Fasi) 시장 보좌관이 영접 나와 있었는데, 인구 80만 도시의 시장이라서 그런지 의전상 정중히 예의를 갖추어 시장님과 나를 안내했다. 회의장은 와이키키(Waikiki) 해변에 위치한 쉐라톤호텔(Sheraton hotel)이었는데 객실 수가 자그마치 2,000실이나 되는 대형 숙박시설이었다.

나는 우선 호텔의 규모에 놀라움을 금치 못하였고, 아울러 화려하고 현대화된 시설에 감탄하지 않을 수 없었다. 와이키키는 이제까지 듣던 대로 '지상의 낙원'처럼 아름다웠고 이름난 관광지답게 많은 관광객들로 붐볐다.

나는 시장님과 같이 감청색 양복을 입고 흰 와이셔츠에 넥타이를 매고 있었는데 호텔 고객들이 나를 종업원으로 알고 자꾸 물어와서 당장 의복을 알로하 셔츠(Aloha shirts)로 바꿔 입었다. 장소와 시간에 적절한 분위기를 읽지 못하고 엉뚱한 생각이나 행동을 하면 바로 그것 자체만으로도 '촌사람'이 되는구나 하는 생각을 해보았다.

개회식은 하와이 주지사와 상원의원 그리고 많은 귀빈이 참석한 가운데 성대하게 거행되었는데 회의에 참석한 인원은 약 100여 개 도시이고 300명이 넘었다. 본회의를 시작하기 전에 하와이 대학교 관광산업경영대학(School of Travel Industry Management) 바네트(Barnet) 학장이 '관광산업이 하와이 경제에 미친 영향'에 관한 특별강연을 했다. 나는 이 강연을 감명 깊게 들었을 뿐 아니라 관광산업에 대한 인식을 달리하게 되었으며, 이제까지 불분명하던 나의 진로를 확정하는 데 결정적인 계기가 되었다.

4일간의 공식회의를 마치고 미국 샌프란시스코(San Francisco)의 포스터(Foster) 시장과 오래곤(Oregon)주의 후드 리버(Hood River) 시장의 초청을 받아 그곳을 방문하기로 하였다.

샌프란시스코의 포스트시에서는 시가지 미화를 위해 '캐비지 플라워(Cabbage flower)'란 꽃을 거리에 심어 놓았는데 이것은 기온이 낮아도 잘 자라서 겨울철 도시 미화에는 안성맞춤이었다.

그 당시 시장님은 대구시 환경미화에 관심을 가지고 가로수와 꽃나무 심기, 하천 가꾸기, 그리고 하수도 정화를 위한 시설에 신경을 쓰고 계셨다. 그래서 시장님은 포스터 시장에게 '두 도시 간의 우호를 기념하는 뜻에서 그 꽃을 대구시에서도 볼 수 있도록 협조해 주겠냐?'라는 제의를 했다.

포스터 시장은 기꺼이 캐비지 플라워 모종을 대구시에 기증하겠다고 해서 무척 감사했고, 우리는 방문의 좋은 성과를 얻어서 기뻤다. 지금 생각하면 시장님은 그 당시에 벌써 '도시인의 삶의 질'에 대한 관심을 가지신 선견지명이 있었던 분인 것 같다.

짧은 기간이었지만 샌프란시스코에 체재할 동안 나는 군에 있을 때 사령관 비서실에서 함께 근무했던 와이사끼(Waisaki) 주임상사를 만나보기로 하고 연락을 했다. 다행히 그는 전역해서 은행에서 근무하고 있었고 시장님과 나를 성의껏 안내해 주었다.

특히, 우리가 그의 자택 저녁식사에 초대되었을 때 정성이 담긴 부인의 환대를 받고 깊은 감명을 받았다. 시장님은 "친구를 보면 그 사람의 인품을 알 수 있는 법인데 김 비서는 매우 훌륭한 친구를 두었다."고 칭찬하셨다.

우리는 와이사끼 부부의 환송을 받으며 샌프란시스코를 떠나려고 비행장에서 작별인사를 하는데 와이사끼 부인이 느닷없이 이것이 미국식 작별인사라면서 시장님과 나의 뺨에 키스를 해주었다. 예견하지 못한 갑작스러운 키스를 받고 둘은 뒤로 넘어질 뻔했던 촌극은 지금도 기억에 생생하다.

우리는 워싱턴에 가서 주미 한국대사를 만나 업무협조를 구했고 그 당시 톱뉴스로 전 세계인의 관심을 모았던 워터게이트 호텔(Water gate hotel)을 시찰한 뒤 후드 리버시로 출발했다. 우리가 오리건주 포틀랜드(Portland) 비행장에 도착하니 후드 리버 시장과 관계관들이 마중 나와 있었고, 우리를 극진히 안내했다.

사과 및 각종 과일 생산지로 잘 알려진 조용하고 작은 도시에서 시장님과 나는 예정대로 그들의 쓰레기 소각장과 하수도 정화시설을 시찰하고 시설에 관한 정보와 기술을 물어보았다. 그 당시에 이미 그들의 환경보호에 대한 관심과 시설이 거의 완벽에 가까운 것을 보고 놀라지 않을 수 없었다.

돌아오는 길에는 일본에 들려 동경 인근 위성도시의 도시개발에 관한 실태와 역시 하수 및 쓰레기 소각장에 대한 시설들을 시찰했다. 약 10여 일 동안 강행군을 한 탓으로 매우 피곤하기도 했지만 보고 느끼고 또 배운 것은 정말 값진 것이었다.

지울 수 없는 꿈을 향한 여정

동시에 이런 기회를 통해 시장님과는 개인적으로 더욱 가까워질 수 있는 기회가 되었기에 하나님께 감사했다. 며칠 후 약속대로 포스트시에서는 꽃 모종을 보내왔는데 이것을 계기로 지금도 대구에는 삭막한 겨울철에도 푸른 캐비지 플라워를 볼 수 있게 되었다.

내무부 근무

국제회의에 참석한 후 결과를 정리해서 상부에 보고하고 해당 부서에 지시 또는 참고사항으로 전달하는 일도 만만치 않았다. 둘째 아이는 병원에서 퇴원하여 통원 치료를 받고 있었는데 다행히 경과가 좋았다. 그러나 아내는 본인이 아이를 잘 챙기지 못해서 그런 사고가 났다고 생각하면서 몹시 미안해하였다.

그렇지만 실제로는 단칸방에 붙어 있는 부엌의 구조에 더 큰 문제가 있었던 것 같았다. 고마운 것은 사모님이 아기의 치료를 위해 그동안 많이 신경을 써주셔서 모든 일이 순조롭게 잘 해결되었다.

그 당시 정부에서는 범국민적으로 새마을 운동을 펼치고 있었고, 이의 실천을 위해 심혈을 기울이고 있었는데, 어느날 내무부 새마을 부국장으로부터 전화가 걸려왔다. 시장님과 통화를 하였는데, 내용은 나를 내무부 새마을 해외 홍보관으로 기용하겠다는 것이었다.

통화가 끝나자 시장님은 나를 불러서 "앞으로 공직생활을 하려면 내무부에 근무하는 것이 유리하니까 이번 기회에 가보는 것이 어떠냐?"라고 의사를 타진하셨다. 나는 '생각할 시간을 달라'고 하고는 며칠간 고민을 했다.

그 당시 나와 같이 근무하던 K실장도 "좋은 기회니까 한번 가서 능력을 발휘해 보라."고 하였고, 기획실의 N계장도 "내무부에서 10년만 근무하면 군수로 발령받을 수 있으니 가야지!"라고 하면서 나를 격려했다.

또한 평소에 형님같이 의지하며 지내온 성금사의 H사장도 "좋은 기회인 것 같으니 한번 도전해 보는 것도 괜찮지 않냐?"고 격려해 주셨다. 그는 내가 사령관실에 근무할 때부터 알게 되었는데 친동기간보다 더 많은 관심과 지원을 해주었기 때문에 우리 부부는 항상 그 은혜에 감사하고 있었다.

그러나 솔직히 나 자신은 공부를 계속하기 위해 이제까지 남모르게 유학 준비를 해왔으며, 이러한 꿈은 지난번 하와이 국제회의에 참석한 이후로 더욱 간절해졌고 전공도 미래 성장산업으로 유망한 관광으로 바꿔서 해보겠다는 결심이 굳게 서 있었다.

사람은 가끔 외적 환경에 의해서 자신의 의도와는 다른 결정을 할 수밖에 없을 때가 많다는 생각과 함께 나는 새로운 도전을 시도해 보기로 했다. 더구나 지금 당장 닥친 유혹을 뿌리 치기에는 유학에 대한 구체적인 준비도 되어 있지 않은 상태이기 때문에 현실적으로 불가능하다는 생각으로 합리화시켜 버렸다.

나는 시장님에게 의사를 표명하였으며, 동시에 필요한 서류와 행정적 절차를 밟아 내무부로 갈 준비를 하였다. 처음에는 혼자 가서 여관생활을 하면서 근무했는데 불편해서 도저히 계속할 수가 없었다. 아내와 함께 정부종합청사와 가까운 거리에 적당한 거처를 찾다가 홍제동에 있는 작은 한옥을 구입하기로 했다. 좀 무리가 되긴 했어도 이것저것 정리해서 그것도 내 집이라고 장만하여 이사를 하게 되었다.

내무부에서는 새마을 지도과에서 근무하게 되었는데, 본부의 정원에 묶여 경기도 소속 파견 근무 형식으로 일하게 되었다. 직명은 해외 새마을 홍보관이었고, 업무내용은 외국어로 새마을 운동에 관한 홍보물 제작과 브리핑용 영문 슬라이드 제작 그리고 외국인들의 새마을 시찰을 맡아 안내하는 것 등이었다. 특히, 청와대 새마을 비서관실과 문공부 해외 홍보관실 그리고 수원의 새마을 연수원 등과 협조해야 되기 때문에 항상 바쁘게 뛰어다녔다.

새마을 지도과에는 지도계와 교육계가 있었는데 지도계는 H계장이, 그리고 교육계는 P계장이 맡아 일했으며, 나는 교육계에 소속되어 있었다. 우리는 업무가 얼마나 많았던지 거의 매일 밤을 인근 여관에서 야간작업을 해야 했다. 그러나 아무리 열심히 해도 상사에게 인정받을 수 있는 기회도 없었으며, 뚜렷한 성과나 실적이 나타나지 않은 것이 또한 이 업무의 특징인 듯싶었다.

우리가 서울로 이사온 지 반년이 되었을 무렵 반야월 할아버지가 타계하셨다는 부음을 받고 나는 식구들과 반야월 처가로 내려갔다. 할아버지는 생전에 우리를 끔찍이 사랑하셨고 인정이 많으셔서 우리집에 자주 들리시어 쉬어 가시기도 하셨다. 그래서 우리는 친조부 못지않게 그 어른을 공경하고 뫼시기를 좋아했었다.

도착하던 날 나는 인사를 하고 피곤해서 잠자리에 들었는데, 자정쯤 되어서 찬 바람기가 있길래 눈을 떠보니 창문으로 도둑이 나의 옷을 훔쳐 간 흔적을 발견할 수 있었다. 나는 급히 일어나 밖으로 뛰어나갔지만 도둑의 흔적은 찾아볼 수 없었다. 나는 장례를 치르고 서울로 돌아오는데 입고 올 옷이 없어서 불편을 겪었다. 그러나 다행히 신분증은 그 후 한참 만에 우편으로 배달되었다.

서울에서 약 10개월간 정신없이 일에 시달리면서 보내고 있었는데 어느날 갑자기 건강에 이상이 왔다. 나는 급히 대구로 내려와 동산병원에서 진찰을 받았는데 원인은 과로였다. 직무에 대한 만족도는 반드시 보수에만 있는 것이 아니고 상사로부터의 인정이나 성취감 같은 요소에도 크게 영향을 받고 있는데, 나는 그런 요소를 전혀 느낄 수가 없었다.

그 당시 우리 과에서는 수습 사무관이 한 사람 배정되었는데 이자가 나의 업무에 관심을 가지고 우회적으로 상사에게 보고하면서 약을 올렸다. 나는 마음속으로 '네가 한번 잘해봐라. 나는 조만간 그만둘 테니까!'라고 생각하면서 몹시 괘씸해했다.

그리고 무엇보다 마음에 뒤틀리는 것은 그 부서에서 살아남으려면 눈치가 빨라야 될 뿐 아니라 아부 근성도 좀 있어야 한다는 사실이었다. 특히 지방색이 강해서 출신지와 인맥에 따라 모든 인사가 좌우되는 듯한 인상을 받았기 때문에 나는 적성에 맞지 않는다고 판단했다.

그 무렵 지방국장은 충청남도 지사로 발령이 났으며 신문지상에서는 '국졸 K도백'이라고 대서 특필로 기사화해서 떠들어 댔다. 나는 마침 잘되었다고 생각하고 지방국장이 충남지사로 부임하는 날 인사드리는 자리에서 "건강 때문에 직무를 그만두고 대구로 내려가겠다."고 말씀드렸다.

낙향

약 1년 남짓 무엇 하나 제대로 이루지 못한 채 나는 서울에서 시간만 보낸 듯한 허탈감에 사로잡혀 새마을지도과의 H계장과 P계장 그리고 동료들의 만류에도 불구하고 보따리를 싸 들고 대구로 내려왔다. 나는 이런 결정은 빠를수록 좋다고 생각해서 대구에 도착하는 즉시 종합진찰을 받았으며 당분간 K초급대학에 강의 몇 시간 맡는 것 외에는 아무것도 하지 않기로 했다.

그리고 서울집은 세놓고 이천동에 전셋집을 하나 얻어 당장 이사를 하여 서울 생활을 정리하고 모든 것을 잊어버리기로 했다. 헛된 꿈과 욕심을 버리고 내가 좋아하는 방식대로 살아간다는 것이 얼마나 행복한 것인가를 처음으로 느끼게 되었다. 이 무렵 아내는 셋째 아이인 딸을 낳게 되었는데, 동산병원에서 하혈을 심하게 하는 바람에 무척 고생을 했다.

나는 이제 내가 하고 싶어 하던 유학 준비나 철저히 해야겠다고 생각하면서 여러 정보를 얻기 위해 대구 미 8군 인사처 교육과(Training & Development Branch)에 있는 콜맨(Coleman) 과장을 만났다. 그는 내가

시장 비서실에 근무할 때부터 친하
게 지냈기 때문에 나에 대한 인상
을 매우 좋게 가지고 있었다.

그는 친절하게도 유학에 관한 많
은 정보를 제공해 주었으며 "유학
갈 동안이라도 본인과 함께 교육과에서 근무할 수 있었으면 좋겠다."라
고 나의 의사를 타진했다. 나는 그것도 큰 도움이 되겠다고 판단해서
그의 제의에 응했다.

콜맨 과장은 즉시 미 8군본부 인사처에 나를 특채할 필요가 있다는
공문을 발송하고 허락을 받아냈다. 나는 유례없이 바로 10급(GS-10) 문관
직에 특채되었고 직함은 교육담당관(Training & Development Specialist)으
로 발령받았다.

그와 함께 근무하면서 나는 인사관리에 관한 교재를 연구하였고 특
히 '이질적 문화를 가진 한국인 종업원을 미국인 상사가 어떻게 관리하
는 것이 효과적'인지, 또한 '효과적인 의사소통은 어떻게 이루어지는
것이 바람직한 것'인지라는 주제 등을 가지고 세미나(Seminar)와 강의를
하였다.

이 일은 매우 흥미 있었고, 특히 세미나를 개최할 때는 참석자들의
열띤 토론으로 많은 것을 느끼고 배울 수 있어 공부에도 큰 도움이
되었다. 그리고 무엇보다 직장에서의 가족적인 분위기와 정확한 출퇴
근 시간 등이 마음에 들었다.

나는 계속해서 K대학에서 야간 강의를 할 수 있었고 주말에는 완전

한 자유시간을 가질 수 있었다. 나는 시간을 내어 서울집을 정리한 후 대명동에 있는 앞산 시영아파트로 이사를 하였고, 아들은 이곳에서 남도초등학교에 입학하여 학교에 다니기 시작했다.

이곳에서 근무한 지 약 1년이 되어갈 무렵 나는 이미 한국인 문관으로서는 최고 직급인 11급(GS-11)에 진급되었고 콜맨 씨가 인사처장(Director of Civilian Personnel Office)으로 영전되자 나는 교육과장(Chief of T & D Branch)으로 승진하였다.

내가 맡은 지역은 대구와 왜관이었고 주로 두 지역을 순회하면서 교육을 실시했다. 교육 프로그램은 다양해서 미군과 문관 관리자 그리고 한국인 종업원 모두를 대상으로 하고 있었기 때문에 나는 많은 사람들을 알게 되었다.

이 무렵 예상했던 대로 K충남지사가 경북지사로 부임하게 되었다. 지사님은 나를 '경북도정 연구위원'으로 위촉하고 필요할 때 와서 도와달라고 했다. 그래서 나는 인사처 교육과장직과 대학강사 그리고 도청 업무 등 세 가지를 한꺼번에 맡게 되었으며, 사람들은 나보고 '역시 일복 있는 사람은 일을 피할 수 없는 모양'이라며 모든 것을 나의 팔자소관으로 돌렸다.

그러나 나의 주된 관심은 역시 대학인 것을 알고 콜맨 처장은 내가 K전문대학에 전임 발령을 받자 곧바로 나에게 시간을 조절해서 근무할 수 있도록 배려해 주었다. 나는 유학에 필요한 사항들을 하나씩 점검해 나갔으며 경제적으로도 충분한 뒷받침이 될 수 있도록 준비를 철저히 했다.

끈질긴 노력과 콜맨 처장의 도움으로 나는 드디어 하와이 대학교 관광산업 경영대학에서 공부할 수 있는 초청장을 받아내는 데 성공했다. 그리하여 이제까지 갈망하던 유학의 꿈을 이룰 수가 있었다.

지울 수 없는
꿈을 향한 여정

제7부

미국 유학

하와이 도착

나는 출국 준비를 하면서 주변의 일들을 하나씩 정리해 나갔다. 학교에는 학기말 고사를 치르고 성적평가서를 제출한 후 유학을 위한 휴직 승인을 받았으며 도청에는 후임으로 H교수를 추천하였다. K지사는 그동안의 노고를 치하하면서 표창을 하셨고 친지들과 많은 동료들도 장도에 성공을 빌어주었다.

나는 여권을 발급받기 위해 서울에 갔는데 그곳에서 내무부에 있는 SB를 만났다. 그는 식사를 같이하면서 "김형! 학자로의 길로 가려거든 그 분야에서 적어도 최고가 되겠다는 각오를 가지고 공부하셔야 됩니다."라고 나를 격려해 주었다. 또한 안기부에 근무하던 L선배도 만났는데 나를 진심으로 격려해 주었으며 저녁에는 과음을 해서 이튿날 소양교육을 받는 데 지장이 좀 있었다.

1976년 7월 초 드디어 내가 원하고 고대하던 유학을 위해 동대구역을 출발하려는데 내가 다니던 교회 J목사님과 전도사 그리고 교인들이 나와서 나를 위해 기도해 주며 환송해 주었다. 나는 자신은 물론 주위 사람들의 기대에 부응하기 위해서라도 최선을 다해 열심히 공부해야겠다는 굳은 각오와 결심을 하였다.

약 8시간의 비행 끝에 나는 드디어 호놀룰루 국제공항에 도착하였다. 공항은 지난 3년 전의 모습과 똑같았지만 나는 전혀 다른 처지로 이 땅에 두 번째 발을 내딛게 되었다는 생각을 하니 감회가 새로웠다. 공항에는 콜맨 처장의 연락을 받고 야쉬버(Yashiver)씨가 마중 나와 있었다. 그는 나를 반갑게 환영하는 뜻에서 향기가 물씬 풍기는 레이(Lei: 꽃목걸이)를 목에 걸어주었다.

대학 기숙사에는 당장 여유가 없기에 야쉬버씨는 캠퍼스 맞은편에 있는 YMCA에 방을 임시로 하나 얻어 놓았다. 여장을 푼 후 그날 저녁에는 야쉬버씨 댁에 초청되어 저녁식사 대접을 받았다. 장시간 비행기를 타고 왔기 때문이기도 하지만 시차와 긴장 때문인지 나는 무척 피곤해서 그들의 정성이 담긴 환대를 제대로 수용하지 못했다. 그런데도 앞으로 해야 할 일과 이에 대한 걱정 때문에 잠을 제대로 이룰 수가 없었다.

나는 밤하늘에 반짝이는 수많은 별들과 캠퍼스 아래쪽에 펼쳐진 와이키키 해변의 가물거리는 전등불을 보면서 이들이 엮어낸 자연과 인간과의 묘한 조화를 느낄 수 있었다. 국제공항 쪽에서는 이 시간에도 계속해서 비행기들이 이착륙을 하고 있었는데 그것을 보는 순간 갑자기 고향 생각이 나서 마음이 울적해짐을 느꼈다. '고향을 떠난 지 몇 시간밖에 안 지났는데 벌써 향수에 젖어 마음이 약해지다니 이럴 수는 없다.'라고 생각하며 다시 마음을 고쳐먹었다.

나는 하와이 대학교 경영대학(College of Business Administration)의 히난(Heenan) 학장과 베스(Bess) 부학장 그리고 관광산업경영대학의 척지(Chuck Gee) 학장 등에게 신고를 한 후 교수회의 석상에서 정식으로 인사를 하였다. 대학에서는 나를 방문교수(Visiting Colleague)로 우대했으며, 연구실과 필요한 행정지원을 제공했고, 내가 관광경영학에 관해 공부하고 싶다고 하니 어떤 강의든지 들을 수 있도록 배려해 주었다.

그 당시까지만 해도 관광산업경영대학에는 대학원 과정이 없었는데, 이를 위한 예비단계로 나에게 관광마케팅 전공으로 석사과정에 준하는 프로그램을 설정해서 이수하도록 하였다. 그래서 기초과목과 전공선택 및 현장실습 그리고 논문을 쓰도록 계획되었으며, 지도교수에는 마케팅 학과장인 페이슨(Faison) 교수가 맡기로 되어 있었다.

독신생활

나는 여름학기부터 기초과목을 열심히 들었는데 역시 외국어의 벽이 높다는 것을 실감했다. 경산이 고향인 C교수를 전부터 알고 있었는데, 그는 하와이 대학 역사학과에 재직 중이었으며, 나에게 유익한 정보와 도움뿐 아니라 동서문화센터(East-West Center) 장학생으로 유학 온 많은 학생도 소개해 주었다.

그리고 이즈음 경북대학교 지리학과에 재직 중인 P교수도 학위과정을 이수하기 위해 이곳에 와 있어서, 서로 의지하며 외롭지 않게 지낼 수 있었다. 또한 경영대학에는 한국인인 회계학과의 C교수가 있었는데, 이분도 나에게 매우 친절히 대해 주어서 많은 도움이 되었다.

그 당시 혼자 유학 온 사람들은 나를 포함해서 모두 8명이었는데 코옵(Cooperative의 준말로 협동이라는 뜻) 형식으로 우리는 점심과 저녁식사를 함께했다. 즉, 요일별로 당번을 정해서 그날 점심과 저녁식사를 당번이 준비하고 책임지는 방식인데, 남는 한 사람은 장보기와 밑반찬 당번으로 정했다.

나는 화요일 당번이었고 단골 메뉴는 된장찌개였다. 그런데 이 일을 해보니 밥 하고 요리(?)하는 것까지는 괜찮은데 식사한 다음 설거지가 좀 귀찮은 것 같았다. 그래서 나는 P교수가 설거지할 때 도와주었고 내가 설거지할 때는 그가 도와주어서 수고와 지루함을 덜 수 있었다.

나는 다른 유학생들과 같이 하와이 한인 연합교회에 나가게 되었는데, 그곳에 가서 많은 위로도 받고 용기도 얻었다. 외국에서 특히, 유학생들이 교회에 나가서 신앙생활 하는 것은 매우 큰 도움이 된다는 걸 체험할 수 있었다. 교민들 가운데는 유학생을 식사에 초대해서 고향 음식도 제공하며 격려해 주는 고마운 분들도 많았다.

나보다 먼저 온 유학생들은 호놀룰루시에서 제공하는 무주택 서민용 아파트를 임대해서 가족들과 함께 생활하면서 공부하고 있었는데 부럽기 짝이 없었다. 한번은 경제학을 전공하는 L씨가 그의 집에 초청해서 저녁식사를 했는데 음식맛도 좋았지만 가족 분위기가 너무 안정된 것 같아 무척 부러웠다.

나와 같은 시기에 온 유학생들은 하나같이 가족들을 초청해 놓고 그들이 오기만을 기다리고 있었다. 그리고 이들은 어떤 방식으로 가족들을 불러야 효과적인가를 잘 알고 있었고 필요한 정보를 모두 갖고 있었다. 나도 이들의 정보를 종합한 결과 6세 이상 되는 아들과 아내만 먼저 오게 하는 것이 유리하다는 결론을 내릴 수 있었다. 그렇게 해야만 서민용 임대 아파트를 얻을 수 있고 아울러 아내도 직장을 가질 수 있다는 것을 알게 되었다.

이곳에 온 지 약 한 달이 될 무렵 나는 집에서 온 첫 편지를 받았다. 연구실에서 마치 보물 다루듯 조심스럽게 개봉하여 읽어 내려가는데 얼마나 눈물이 나는지 참을 수가 없었다. 이런 감정은 직접 체험해 보지 않고는 이해하기 힘들 거라는 생각이 든다. 나는 곧바로 답장을 썼으며 어떤 방법으로 오는 것이 유리하다는 내용을 상세히 설명하였으며, 가능하면 빨리 오는 게 좋겠다는 말도 적어 보냈다.

두뇌 회전이 빠를 뿐 아니라 동작도 민첩한 경제학과의 S씨는 추수감사절을 기해 한국에 일주일간 다녀왔는데, 그는 서울 소식과 함께 오징어와 그 당시 유행하던 대중가요 테이프 한 개를 들고 왔다. 우리는 저녁식사를 한 후 식탁에 앉아 오징어 안주에 맥주를 한잔씩 하면서 테이프의 노래를 들었다.

우리가 사용하는 식당은 8층인데 베란다를 통해 알라모아나 만(Ala Moana bay)과 멀리 호놀룰루 국제공항이 내려다보이는 곳에 있었기 때문에 항상 비행기의 이착륙을 눈으로 볼 수 있어 자주 향수를 불러일으키기에 적절한 곳이었다.

석양을 배경으로 어디로 가는지 여객기가 이륙하는 것을 보면서 우리는 모두 카세트 녹음기에서 흘러나오는 노래를 감상하고 있었다. 마침 H의 '아내에게 바치는 노래가 흘러 나오자 누군가 훌쩍이기 시작했고, 스포츠를 가장 좋아하고 성격이 활달하던 P교수도 눈물을 참지 못하고 울먹이기 시작했다. 모두가 처음 듣는 노래였지만 가사가 아내를 그리워하고 또 헤어져서 생활하는 데 대한 미안한 감을 가진 우리에게는 마음을 진하게 감동시키기에 충분했던 것 같았다.

그러나 누구 하나 그 노래에 대해 말 한마디 하지 않은 채 우리는 그저 눈물만 흘리면서 끝까지 감상하였다. 다음 노래가 이어지자 나는 젖은 눈시울을 감추면서 "S형은 괜스레 이런 테이프를 가져와서 기분만 울적하게 만드네! 자! 자! 우리 맥주나 한 잔 더 합시다!" 하고 맥주를 권하면서 분위기를 바꿔 보려고 애썼다.

우울한 기분들을 달래려고 우리는 그날 맥주를 꽤 많이 마셨지만 아무도 그 노래를 다시 듣고 싶어 하지 않았다. 그러나 그날 밤 이들 대부분이 기숙사 앞 공중전화 부스에 몰려드는 것을 볼 수 있었다.

영어 개인교사

내가 하와이에 도착한 지 약 1개월이 되었을 무렵 대구 인사처에 근무하는 KS의 소개로 O여사라는 분을 만나게 되었다. 그는 이곳에서 오랫동안 살았는데 최근에 친정 식구들을 모두 초청해서 그들의 뒷바라지를 해주고 있었다. 영어 회화는 곧잘 해서 의사소통에 아무 문제가 없었으나 문서상으로 일을 처리하는 데는 좀 어려움이 따랐다. 그래서 O여사는 친구 한 분과 함께 나에게 영어 문법에 관한 지도를 받겠다고 했다. 나는 쾌히 승낙했는데, 친구란 분이 바로 전에 영화배우였던 C여사였다.

C여사와 O여사는 아침 7시경에 내 연구실에 와서 영어 문법에 관한 지도를 받았는데 그들의 열성에 나는 감동했다. 그들은 가끔 나를 집에 초대해서 식사를 대접하기도 하고 김치나 밑반찬 등을 만들어주기도 했다. 특히 C여사는 그 당시 조그마한 여행사를 손수 경영하고 있었는데, 하와이 교민들의 발전을 위해 봉사도 많이 하였다. 우리나라 국경일을 기념하기 위한 행사에는 C여사가 어김없이 활동하고 봉사하는 모습을 볼 수 있었다.

내가 아는 C여사는 유능한 사업가일 뿐 아니라 내조하는 아내로서 그리고 훌륭한 어머니로서 매우 존경스러운 분이었다. 또한 인정이 많으셔서 어려운 처지에 있는 사람들을 도와주지 않고는 못 배기는 자비로운 분이기도 했다. 그녀는 나를 마치 동생처럼 대해 주었고 나 역시 그녀를 누나처럼 편하게 대했다.

나는 하와이에서 좋은 분들을 많이 만났는데 그중에서도 C여사를 만난 것에 대해서는 매우 다행스럽게 생각하고 또 그러한 인연을 가진 데 대해 아직도 자랑스럽게 생각하고 있다. 이분들을 지도한 지 약 3개월이 될 무렵 O여사는 나에게 갓 이민 온 조카들의 영어지도도 부탁했었다. 조카들은 모두 3명인데 큰 애는 중학생이었고 나머지 2명은 초등학생으로 기초부터 지도하기가 쉽지 않았다. 다행히 약 2개월을 가르치다가 학교에서 특별 지도를 받는다기에 그만두기로 했다.

나는 이러한 개인교사 일을 해서 얻은 수입으로 필요한 자료와 책을 구입하는 데 주로 사용했다. 외국에서 일정한 수입원 없이 공부하며 생활한다는 것은 마치 벽장 속에 감춰둔 곶감을 빼 먹는 것 같은 기분이 들게 했다. 그리고 이런 입장이 되면 누구나 자연히 인색해지고 구두쇠가 될 수밖에 없는 것이다.

8.15 광복절과 같은 국경일에는 우리 유학생들이 모두 총영사관에 초청되어 기념식을 가진 다음 교민회에서 제공하는 고유의 음식도 먹고 담소도 하며 이국에서 맞는 국경일을 뜻있게 보내기도 했는데, 이때마다 나는 C여사가 희생적으로 봉사하는 것을 볼 수 있었다.

우리는 국경일 행사를 학교에서도 치렀다. 동서문화센터 앞에 있는 국기 게양대에 태극기를 게양하고 애국가를 제창하는 식순으로 이어졌으며, 때로는 기념 체육대회도 했다. 이국땅에서 보는 태극기는 확실히 의미 있는 감회를 안겨주는 것 같았다. 고국을 떠나면 모두 애국자가 된다더니 나라를 사랑하는 마음이 한결같이 더 깊어지는 것 같았다.

내가 하와이에 온 지 약 4개월이 될 무렵 제일 동작 빠른 S의 부인이 아이들을 데리고 이곳으로 와서 남편과 합류했다. 그리고 서울대 출신의 P와 다른 동료들의 가족들도 뒤를 이어 속속 도착하기 시작했다. 나도 집에서 연락이 왔는데 12월 중순경에는 아내와 아들이 올 수 있을 거라고 했다.

나는 가족이 오면 거처할 집을 마련하기 위하여 호놀룰루시 공원 및 레크리에이션 국장(Director of Park and Recreation)인 YS(한국인 2세)씨와 같이 시청 주택과에 가서 무주택 서민용 임대아파트를 신청했다. 담당 직원이 얼마나 친절한지 나는 감탄했을 뿐만 아니라 업무 처리도 담당자의 권한으로 이루어지는 것을 보고 '행정 서비스란 바로 이런 것이구나.' 하고 느꼈다.

담당자는 가족이 도착하는 정확한 일자를 확인하고 바로 전날 아침에 아파트 열쇠를 내가 인수할 수 있도록 해주었다. 그래야 청소도 하고 또 생활에 필요한 준비도 할 수 있을 거라고 했다. 나는 들어갈 집을 확인했는데 그곳은 한국 유학생들이 주로 사는 팔롤로가(Palolo Avenue)에 있었으며, 정치학을 전공하는 SJ가 살고 있었는데 우리 가족이 오기 직전에 귀국할 예정이었다. 나는 매우 운이 좋았다는 생각과 함께 YS국장에게 감사한 마음을 전했다.

이제 3주만 있으면 아내와 아들을 만날 수 있다는 생각에 밤에 잠도 잘 이룰 수가 없었다. 나는 주로 도서관에서 공부했는데 미국 학생들이 밤 12시까지 눈 하나 깜빡 하지 않고 견디는 것을 보고 유심히 관찰한 결과 복도에 있는 자동판매기(Vending machine)에서 수시로 커피를 뽑아 마시는 것을 보고 비결을 알아냈다. 나도 커피를 따라 마시며 계속 공부를 했는데, 이것이 원인이 되어 몸이 아프기 시작했다.

외국에서 서러운 것 중 하나가 특히 몸이 불편할 때라는 것은 누구나 알고 있는 사실이다. 꼼짝 못 하고 드러누워 있는데 P교수와 DS가 인삼과 닭 한 마리를 갖고 문병을 왔다. 이들은 삼계탕을 해 먹으면 나을 거라면서 요리를 시작했다. 나는 솔직히 혼자서 쉴 수 있도록 놔뒀으면 좋겠다는 생각이 들었지만 이들의 성의를 무시할 수 없어 그냥 보고만 있었다.

이들은 음식을 조리하는 동안 맥주를 마시면서 이야기꽃을 피웠고 결국은 자정이 되어서야 다 된 요리를 권하였다. 나는 음식이 넘어가지 않아 먹을 수가 없었다. 결국 두 사람이 그것을 다 해치우고 새벽 1시가 넘어서 돌아갔다. 나는 그 당시 한편으로는 이들이 귀찮았지만 그래도 깊은 동료애와 우정에 눈물이 날 정도로 감사했으며, 평생 잊을 수가 없다.

상비약을 복용했지만 도저히 회복의 기미가 보이지 않아 YS국장에게 연락하여 사실을 알렸다. 그는 즉시 달려와서 나를 한국인 의사 Y박사에게 데려갔는데, 진찰 결과 과로에 영양실조가 원인이라는 것이었다. 구체적으로 코옵(CO-op)이 해산된 이래 나는 아침식사를 제대로 하지 않았고, 점심은 햄버거와 콜라 한 잔으로 그리고 저녁식사는 고추장이나 김치를 반찬으로 간단히 밥을 먹었다. 거기에다 커피를 많이 먹은 것이 주원인이라는 것이었다.

Y박사는 YS국장과 매우 절친한 사이로 친절하게 진료해 주었고 주사 처방도 받았다. 그의 도움으로 나는 회복할 수 있었다. 이후로 나는 커피를 되도록 마시지 않았으며 끼니때마다 식사를 챙겨 먹으려고 노력했다. 그러나 혼자서 음식을 손수 해 먹는다는 것은 말이 쉽지, 실천하기는 매우 어려웠다.

이즈음에 유학생들은 가족을 맞이하기 위해서라는 핑계로 속칭 고물차를 구입하기 시작했다. 대부분 형편이 여의치 않았기 때문에 주로 10년 이상 된 대형차를 500불 전후 가격에 구입하였는데, 나는 운 좋게 교회에서 알게 된 C선생님으로부터 300불을 주고 10년 된 6기통 닷지(Dodge)차를 구입하였다.

C선생님은 아메리카나 조선호텔(Americana-Chosun)의 체인인 알라모아나 호텔(Ala Moana hotel)에서 경리부장으로 근무하고 있었는데, 로스앤젤레스(Los Angeles) 호텔로 발령을 받는 바람에 전근을 가야 했다. 그래서 나는 거의 공짜로 상태가 양호한 차를 구할 수 있었고 또한 그들의 가재도구도 많이 얻을 수 있어서 매우 보탬이 되었다.

이렇게 해서 나는 드디어 가족을 맞이할 준비를 끝내고 아내와 아들이 도착할 날짜만 기다리게 되었다. '일일이 여삼추'라더니 얼마 남지 않은 시간이 왜 그리도 더디게 가는지!

일부 가족과의 상봉

그 당시 우리나라에서 여권을 발급받기는, 특수층을 제외하고, 매우 힘들었다. 외국에서 서류를 거의 완벽하게 갖추어 보냈는데 도 신원조회다 교육이다 해서 발  급 예정일을 예측할 수 없었다. 12월 중순경에 온다던 아내는 이런저런 이유로 12월 28일에 도착한다는 최종 통보가 왔다.

항시 따뜻한 날씨가 이어지는 남태평양의 섬 하와이에서 성탄절을 맞는 기분은 좀 특이했다. 우리 유학생들은 저녁식사 후 맥주 한잔과 분위기에 맞지 않는 크리스마스 캐럴을 들으며 향수를 달래야만 했다. 나이 어린 친구들은 들뜬 기분으로 이곳 주민들의 성탄절을 맞는 풍습과 분위기 등을 구경하러 시내에 나간다고 했다.

외국인들의 풍습은 흩어진 가족들이 크리스마스(Christmas)와 설날에 모두 한자리에 모여 서로가 선물도 교환하고 지난 일 년을 되돌아보며, 동시에 앞으로 다가올 한 해를 조용히 설계하는 시간을 갖는 것에 연말연시의 의미를 부여하고 있었다. 그러나 우리 학생들은 가족과 떨어진 채 외국에서 혼자 쓸쓸히 지내자니 따분할 뿐만 아니라 여간 고통스럽지 않아 보였다.

나는 일찍 숙소에 와서 과거 도구 교회 유년주일학교 반사직에 있을 때 맞이한 성탄절과 대학 다닐 때 올페회에서 회원들과 같이 보내던 크리스마스 이브 등, 기억에서 지워지지 않는 추억들을 되새겨보았다. 실제로 추억은 아름다운 사색으로 승화되어 행복감을 안겨주는 인간만이 누릴 수 있는 특권으로 신이 준 귀한 선물인 것같이 느껴졌다.

연휴 때는 많은 상점들이 문을 닫기 때문에 미리 충분한 준비를 해두지 않으면 생활하는 데 여간 불편하지 않았다. 대부분의 학교시설도 활용할 수 없어서 나는 농학을 전공하는 SK와 같이 와이키키에 나가 보았다. 이곳에는 많은 관광객들이 붐비고 있었는데 주로 신혼여행이나 가족단위로 여행 온 단체들이 많았다.

깨끗한 백사장과 맑은 바닷물이 아름답게 조화를 이룬 해변에는 많은 사람이 우리의 계절 감각에는 맞지 않게 일광욕과 해수욕을 즐기고 있었고 젊은이들의 파도타기(Surfing)는 잠시나마 우리의 외로움을 잊게 해주었다.

SK는 이번 기회에 오아후(Oahu)섬을 한 바퀴 돌아보자고 제안했는데, 나도 그게 좋겠다고 생각했다. 왜냐하면 평소에 우리는 시간을 내기가 무척 힘들었고 또 서로의 시간이 맞지 않아 같이 간다는 게 쉽지 않았기 때문이다.

우리는 먼저 한국 총영사관이 있는 곳을 지나 팔리웨이(Pali way) 쪽으로 가서 바람의 언덕으로 유명한 팔리언덕에 올랐는데, 이곳은 옛날 죄인들을 심판할 때 떨어뜨려서 만약 바람의 신이 노해서 센 바람을 일으켜 떨어지지 않게 하면 무죄로 인정해 주는 일종의 심판대 역할을 한 장소였다.

하와이 민속촌과 하나우메 베이(Hanaumae bay), 시 라이프 파크(Sea life park), 진주만(Perl harbor) 등지를 돌면서 며칠간 나는 오하우섬의 주요 관광자원들을 파악할 수 있는 좋은 기회를 가졌었다.

그리고 이곳 원주민들의 생활상과 풍습을 눈여겨보았는데, 이들은 기후와 자연조건에 걸맞게 매우 낙천적이었고 개인 소유의식에 대한 개념이 전혀 없었다. 그래서 '나의 것도 내것이고 너의 것도 내것이 될 수 있다'는 생각을 가지고 있어 자칫하다가는 오해할 수도 있다는 것이다.

이와 같은 문화적 인식의 차이로 이 섬을 처음 발견해서 원주민과 매우 가깝게 지내던 영국 선장 캡틴 쿡(Captian Cook)도 결국 살해되었던 것이다. 캡틴 쿡은 원주민들로부터 극진한 환대를 받았으며 수차례 이곳 '샌드위치 아일랜드(Sandwich Islands)'를 방문하였다.

그런데 한번은 잠에서 깨어보니 생명과도 같은 본인의 소총이 없어졌던 것이다. 결국 원주민 한 사람이 가져간 것을 알아냈고 그를 도둑으로 몰아 처벌했는데, 이것이 화근이 되어 원주민들이 그를 처형했던 것이다.

시간을 유익하고 재미있게 보낸다는 것은 그리 쉬운 일이 아니었으며, 특히 의도적으로 일정한 공백 기간을 메우기 위해 시간을 보람되게 활용한다는 것은 더욱 힘든 일이었다.

나는 아내와 아들이 와서 생활하는 데 불편함이 없도록 모든 사항을 일일이 점검도 하고 심지어는 공항에도 자동차로 직접 한번 다녀옴으로써 소요되는 정확한 시간을 측정해 두었다. 이것은 마치 중요한 특수작전을 위한 예행연습과도 같다는 느낌이 들었으며, 가족이란 존재가 이토록 소중하다는 것도 새삼 깨달을 수 있었다.

드디어 12월 28일 아침이 되어 나는 전날 밤 인근 공원에서 수집한 히비스커스(Hibiscus)로 만든 레이를 들고 설레는 가슴을 안고 공항으로 차를 몰았다. 예정 시간보다 약 30분이 지나서야 두 사람이 출구로 모습을 드러냈다. 헤어진 지 불과 6개월밖에 되지 않았는데 두 사람의 모습이 너무 변한 것 같아서 나는 마치 생소한 사람을 만난 것 같은 착각을 일으킬 정도였다.

아내와 아들은 두터운 겨울옷을 입은 채 연신 땀을 흘리면서도 새까맣게 그을린 얼굴을 한 내가 이국인처럼 보이는지 옆 눈길로 힐끔힐끔 쳐다보는 품이 마치 확인이라도 하려는 것 같았다. 그러면서도 아내는 외가에 두고 온 두 딸, 수진이와 수민이가 걱정되는 듯 얼굴에 수심을 담고 있었다.

내가 짐을 들고 자동차로 안내하자 아들은 의아해하면서 "이거 아버지 차입니까?" 하고 물었다. 나는 이들이 차에 오르자 '우선 외투부터 벗으라.'고 했는데, 아들은 아예 내복까지 벗어 던지고는 "왜 갑자기 여름이 되었느냐?"고 물었다. 나는 차를 몰고 당분간 우리가 살 거처로 오는 동안 만나면 그토록 할 말이 많을 것 같았는데 무슨 말부터 해야 할지 몰라 침묵 속에 다만 고향의 체취를 음미하면서 상봉을 실감하고 있었다.

공항에 마중 나올 때와는 달리 나는 상상외로 그저 담담한 기분으로 마음이 안정되어 있었을 뿐 아니라 자동차 안에서는 심지어 평온함 같은 것을 느낄 수 있었다. 이래서 특히, 사람한테는 환경과 분위기가 매우 중요하다는 것을 확인할 수 있었다.

팔롤로 아파트 입주

팔로로가에 있는 무주택 서민 아파트는 2층으로 된 한 동에 4가구가 생활할 수 있도록 설계되어 있었는데, 우리는 동편 2층에 살게 되었다. 짐 보따리를 푼 후 휴식 시간도 주지 않고 나는 그들을 데리고 슈퍼마켓 (Supermarket)에 가서 필요한 물건들을 구입하도록 권했다.

아내는 각종 식품들이 위생적으로 포장되어 있고 잘 진열되어 있는 것을 보고 감동했으며, 아들은 한국에선 상상도 하지 못한 장난감들을 보고 매우 신기해했다.

여전히 어리둥절하고 피곤한 모습을 보이는 이들을 보고 나는 '빨리 시차를 극복해서 고생을 덜 하려면 피곤하더라도 낮에는 돌아다녀야 밤에 피곤해서 잠을 깊이 자게 되어 좋다'고 설명했다.

모처럼 아내가 조리한 음식을 먹으면서 나는 '마치 동화 속에 나오는 요술쟁이가 마술을 부려 삽시간에 요리를 만드는 것 같다'는 착각을 일으킬 정도로 신기하게 여겨졌다. 그래서 예부터 '음식 잘 만드는 여자는 남편에게 사랑받는다'는 말이 전해지는지도 모른다고 생각했다.

이튿날 아침에 솟아오르는 태양은 나에게 또 다른 의미를 주는 듯 더욱 크고 붉게 창을 두드리고 있었다. 새로운 하루가 시작되는 순간에 나는 무거운 책임과 의무감을 느끼면서 각오를 더욱 굳게 다졌다.

오전에는 뜻하지 않게 C여사가 부엌에 필요한 그릇을 사들고 방문했으며, 아내에게 필요한 여러 정보를 들려주었다. 그동안 개인적으로 지도하던 영어공부도 내가 다음달부터 호놀룰루 시청 도시계획국에 실습을 나가야 했기 때문에 그만두기로 했는데 C여사는 고맙게도 세심한 배려와 인정을 베풀어주었다.

나는 우선 아들을 학교에 입학시키는 게 급선무라 생각해서, 아이와 함께 집에서 약 1킬로 정도 떨어진 팔로로 초등학교(Palolo elementary school)에 갔다. 교장선생님을 만나 인사하고 한국에서 초등학교 1학년 과정을 마치고 어제 도착했다고 설명한 후 편입을 요청했다.

이들은 아동 교육의 중요성과 학생 위주로 최대한의 편의를 제공하는 모범을 보여주었다. 우리나라에서는 도저히 상상도 못 할 만큼 친절을 베풀어주었고, 서류 수속은 차차 하더라도 내일부터 당장 학교에 등교하라는 것이었다. 담임 선생님은 미시스 차우(Mrs. Chau)였는데, 아들에게 이름을 묻고 교실로 안내한 후 학습에 필요한 학용품 목록과 일주일간의 식단표를 참고용으로 주었다.

그리고 행정 업무를 담당하는 선생님은 아들의 건강기록부(Health record)를 요구했는데, 나는 한국에서 급히 오느라 못 가져왔다고 변명했다. 그는 호놀룰루 시립병원에 가서 종합검진을 할 수 있도록 필요한 서류를 구비해 주었다.

이튿날 아침 8시에 아들을 학교에 데리고 가서 담임 선생님에게 인계한 후 수업을 마치는 오후 3시에 오겠다고 했다. 나는 담임 선생님이 아이를 교실로 데려가서 학생들에게 소개시키는 것을 확인하고는 대학 연구실로 갔다.

오후 3시에 내가 학교에 아들을 데리러 갔을 때 선생님께 아들이 수업에 잘 적응했는지 물어보았다. 그는 "다른 건 다 좋았는데 소란을 좀 피우더라."라고 말했다. 내가 "구체적으로 어떤 소란을 피웠느냐?"라고 묻자 "점심식사 후 휴식시간에 약간 소리를 내는 것 같았지만 별문제 없었다."라고 말해 주었다.

나는 아들을 데리고 집으로 오면서 선생님이 하는 말에 이해가 안 가서 "너는 영어도 못 하는데 무슨 소리를 냈기에 선생님이 너더러 소란을 피웠다고 하냐?"고 물어보았다. 아이는 "점심식사 후 학생들이 모두 테이블에 엎드려 있길래 어리둥절해 있으니까 선생님이 저보고도 엎드리라고 해서 그렇게 했는데 아무리 있어도 일어나는 학생이 없어 궁금한 나머지 제가 의자를 움직이는 바람에 약간 소리가 나자 선생님이 조용하라"고 말한 것뿐이라는 것이다.

아들은 왜 학생들이 점심식사 후 테이블에 엎드려 있었는지, 왜 한국과 같이 지정된 책걸상이 없는지 등 궁금해하는 것이 한두 가지가 아니었다. 그래서 점심식사 후 약 15분간은 잠자는 휴식시간이어서 그렇게 하는 것이고, 둥근 탁자에 여러 학생이 둘러앉아서 함께 공부하는 것은 자유로운 분위기에서 학습의욕을 유발시키고 서로 토론도 하고 협조도 하면서 공부하라는 뜻에서 그렇게 하는 거라고 대충 설명해 주었다.

약 3일이 지난 후 학교에서는 '아들에게 영어공부를 특별히 지도해야할 필요가 있기 때문에 아침 등교를 1시간 더 일찍 시키라'는 것이었다. 그리고 내가 학생이라는 것을 알고 "아침식사도 학교에서 무료로 급식할 테니 그렇게 하는 것이 어떠냐?"고 물어 왔으나 나는 "고맙지만 그건 사양하겠다."라고 답했다.

아들은 차츰 영어에 관심을 가지기 시작했고 슈퍼마켓에 가서도 사람들이 "익스큐스미(Execuse me)."라고 하면 그것이 '비켜 달라'는 말이냐고 확인했다. 나는 이를 통해 언어를 문화의 일부로 이해하고 익혀야만 효과적으로 배울 수 있다고 생각했다. 그 당시 영어 언어학을 전공하던 KH 교수가 특히, 아들의 영어학습 과정을 관심 있게 지켜보고 있었는데 연구에 많은 참고가 된다고 했다.

갑작스런 이질문화 속에서의 적응이 얼마나 힘들었던지 아들은 학교에 다닌 지 일주일이 되자 코피를 쏟았다. 나는 그가 새로운 환경에 빨리 적응하는 길만이 최선이라 생각하고 2년 이상 먼저 온 HJ의 아이들과 같이 어울릴 수 있도록 시도하고 부탁했다. 그런데 그들로부터 영어를 배워야 할 아들은 고사하고 오히려 그들이 아들로부터 경상도 사투리를 배워 이상한 발음을 하면서 한국말로 의사소통하는 것을 보고 웃음을 금치 못했다.

그러나 약 1개월이 지나자 아들은 이웃의 외국인 아이들과 어울려 장난도 치고 학교에 나가는 것도 재미를 붙이기 시작했다. 학교 당국의 특별지도와 환경에 의해 아이의 영어실력은 놀라울 정도로 빠르게 진전되어 갔다. 매일 아침 학교에 가기 전 텔레비전에서 방영되는 만화를 즐겨 보는가 하면 잠꼬대도 영어로 하는 것을 들을 수 있었다. 나는 아이를 통해 조기 어학교육의 효율성을 확인할 수 있었다.

도시계획국 현장실습

1973년 국제회의 때 만났고 그 이듬해 방한 때도 개인적으로 친분을 맺은 바 있는 파씨 호놀룰루 시장에게 YS국장과 같이 인사를 한 후 그의 배려로 호놀룰루시 도

시계획국에서 3개월간의 현장실습을 할 수 있는 기회를 가지게 되었다. 이곳에서 페이슨 지도교수의 기대대로 나는 호놀룰루시의 관광개발 계획과 이에 대한 전망 그리고 문제점 등을 연구하고 분석하는 데 시간을 할애하려고 했다.

나는 특별히 수강해야 할 과목이 없는 날에는 거의 매일 출근하여 담당관들의 업무를 보조하기도 하고 의견을 교환하면서 유익한 시간을 보냈고 오후에는 연구실에 와서 공부를 계속하였다. 웨이(Way) 국장은 나에게 대구시에 관한 전반적인 소개를 할 수 있는 기회를 주어서 기꺼이 슬라이드 브리핑을 하였으며 질의응답 시간도 가졌다. 나는 실습을 통해 어느 나라든지 주택, 교통, 환경, 산업, 복지 등 도시가 안고 있는

문제는 대동소이하다는 것을 배울 수 있었다.

우리가 팔롤로에 정착한 지도 어언 한 달이 가까워질 때 아내는 본인도 다른 유학생 부인과 마찬가지로 무슨 일이라도 해서 돈을 벌어야겠다는 생각을 갖게 되었다. 그래서 당장 아기 봐주는 일을 맡아 했는데, 속칭 '베이비 시팅(Baby sitting)'이라는 일을 한 셈이다.

한국 유학생 J의 부인이 직장에 나가는데 6개월 된 어린애를 아침 출근 시간에 아내에게 맡겼다가 오후 퇴근 시간에는 도로 데리고 갔다. 이렇게 해서 주당 50불을 우유 먹이고 기저귀 갈아주는 등의 애 봐주는 대가로 받는다는 것이다.

나는 처음부터 그 일을 하지 말라고 했는데, 아내가 집에서 놀면 뭐 하느냐면서 기어이 하겠다고 했다. 돈 버는 일이라고는 생전 처음 해보는 아내는, 그것도 외국에서 당하는 일이 베이비 시팅이라니 기가 막히는 노릇 같아 보였다.

특히 우리집의 애들(6세와 3세짜리)은 고향 외가댁에 맡겨 놓고 온 처지에 남의 집 애를 봐주는 신세라니 정말 비극이 아닐 수 없다는 생각에서인지 아니면 두고 온 애들이 그리워서인지 눈물을 보일 때가 한두 번이 아니었다. 나는 위로와 격려를 하면서 "한 달만 하고 그만두라."라고 했다.

호놀룰루시 도시계획국에서 실습을 마치는 날 웨이 국장은 나에게 현장실습 이수증과 감사장을 주었고, 모든 직원들은 그동안의 협조에 고맙다는 인사와 더불어 간단한 파티도 열어주었다. 나는 다소의 아쉬움은 있었지만 그래도 그동안 많은 것을 배우고 체험할 수 있었다는 데 대해 감사했다.

특별히 실습을 통해 느낀 것은 모든 개발 계획은 현지 주민들의 편익이 우선시되어야 하고 아울러 계획 수립과정에서는 주민들의 동의와 협조를 철저히 구한다는 것이 우리나라와는 다른 점이었다. 그리고 물리적인 개발 계획도 아무리 경제성 높은 것으로 타당성 조사에서 평가되었더라도 그것이 환경에 미치는 영향이 부정적으로 판명되면 그 계획은 일단 보류된다는 점이다.

이들은 환경을 주된 산업인 관광의 자원 및 매력적 측면에서 기본 또는 핵심요소로 보고 있었으며, 특히 공기와 물의 질을 관리하는 일에 많은 관심을 쏟고 있었다. 그래서 이들은 하와이의 물을 세계에서 가장 깨끗하고 좋은 식수라고 선전하고 있는 것이다. 또한 와이키키 해변의 깨끗한 모래를 유지관리 하기 위하여 주기적으로 심해로부터 맑은 모래를 채취해서 보충하고 청결과 건강을 위하여 항상 해변과 모래 청소하는 것을 볼 수 있었다.

나는 호놀룰루 시장의 보좌관과 대학 당국의 협조로 다음 주부터는 하와이 관광청에서 3개월간 실습하기로 되어 있어, 해당 부서별 관심 있는 분야와 내가 파악하고 있는 문제점에 대한 사항들을 사전에 검토 및 정리하면서 더 큰 기대로 효과적인 실습이 될 것을 기원하였다.

마누라 장학생

아내는 다른 유학생 부인들과 마찬가지로 직장에 나가서 돈을 벌고 싶다고 했다. 그래서 나는 아내와 아들을 데리고 이민국에 가서 담당관에게 면접을 요청하고 '아내가 아들의 교육을 위해 직업을 가지고 싶어 하니 취업 허가서를 발급해 달라'고 요청했다.

담당관은 아들의 나이와 학적을 확인한 후 두말 하지 않고 아내의 취업을 허가해 주었다. 나는 속으로 '과연 미국이라는 나라는 사람을 믿는 사회일 뿐만 아니라 아이들과 여자에게는 천국이구나!'라고 생각했다.

취업 허가를 받은 아내는 철학을 전공하는 S의 부인에게 취직을 부탁했는데, 부인은 그녀가 다니는 에드워드 설탄(Edward & Sultan) 회사에 아내를 추천했다. 이 회사는 하와이산 보석을 가공하여 각종 액세서리 제품을 만드는 공장인데 한국인 유학생 부인이 3명쯤 다니고 있었다.

운 좋게 며칠 후 아내는 가공 공장 책임자와의 인터뷰를 거친 후 다행히 취업이 되었다. 그래서 우리 세 식구는 각자가 모두 현관문 열쇠를 소지한 채 아침이면 아내는 직장으로, 아들은 학교로, 나는 대학으로, 각각 흩어져서 자기 소관 업무를 본 다음 일이 끝나면 집으로 돌아와서 만나는 처지가 되었다.

아들은 이웃에 있는 친구들과 함께 학교에 도보로 다녔고, 나는 학교 가는 길에 아내를 직장까지 바래다주었다. 처음 몇 주간 아내는 거의 울다시피 하면서 직장엘 다녔지만 다행히 손재주가 좋은 그녀는 금방 업무에 익숙해져서 별 어려움이 없는 듯했다.

아내가 맡은 업무는 원석을 광내는 일로 매우 단순한 노동이었지만, 회사에 일이 많이 밀리면 주말에도 시간외 근무를 가끔씩 하곤 했다. 매 2주마다 급여를 받는 재미에 흠뻑 빠져 일을 매우 열심히 한 덕분에 아내는 얼마 안 가서 책임자에게 능력을 인정받아 급여 인상 특혜도 받게 되었다. 따라서 돈 버는 일에 신이 난 아내는 시간외 근무에도 자원하여 어떤 때는 주말에도 쉬지 않고 근무를 했다.

그 당시 우리 가족 3명의 한 달 생활비는 집세를 포함해서 약 250불 정도였는데 아내가 받아오는 봉급은 500불 이상이나 되었다. 그래서 우리는 별 어려움 없이 생활하면서 내가 필요한 책을 사 보고도 매달 얼마간씩 저축까지 할 수 있었다.

이와 같이 부인이 직장에 다니면서 벌어오는 돈으로 생활하고 공부하는 유학생들을 아내의 장학금으로 공부한다는 뜻으로 스스로를 '마누라 장학생'이라고 불렀는데, 결국 나도 그중 한 사람이 되어버린 셈이었다.

마누라 장학생에게는 한결같이 공처가라는 별명이 따랐을 뿐 아니라 귀국해서도 아내에게 항상 기죽어 살아야 해서 유학생들에겐 제일 겁나고 부담스러운 장학금이라는 것이 일반화되어 있었다.

정치학을 전공하는 HJ의 부인은 대학에서 한 전공과는 관계없이 양제기술을 배워 왔는데, 부인은 스타 양장점이란 점포를 내어 수입을 많이 올리고 있었다. 이것이 아내에게는 무척 부러웠던 모양이었다. 툭 하면 "이럴 줄 알았으면 기술을 배워 오는 건데 잘못했다."라고 후회하면서 "다음에는 확실히 기술을 하나 배워 와야겠다."라고 각오를 다지기도 했다.

에드워드 설탄 보석 공장은 중소기업 규모였지만 사업이 잘 되었기에 종업원의 복지에도 신경을 써주는 것 같았다. 회사에서는 가끔 야유회도 주선하여 전 종업원과 그들의 가족들을 초청해서 파티도 열어주고, 체육대회도 개최하여 노사 간의 화합과 근로자들의 사기도 돋아주었다.

이 무렵 동아일보 하와이지국에서는 유학생 대항 테니스대회를 개최했는데, 나는 P교수와 한 조가 되어 복식에서 우승을 차지했다. 그날 우리는 참여한 모든 유학생들에게 맥도날드 햄버거(McDonald hamburger)와 맥주로 1차를 낸 다음, 우리집에 가서 식사와 음료로 놀자판을 벌였다.

우리는 우승컵에 음료를 채워 참석한 모든 이들에게 한 잔씩 돌리면서 간접적인 우승의 기쁨을 맛보게 하며 즐거운 한때를 보냈다. 순은으로 만들어진 우승컵은 아직도 우리집 선반 위에 자랑스럽게 자리하고 있으며, 내게 가끔 그날을 상기시켜 주고 있다.

P교수는 유학생들 간에 테니스 코치로 추앙받고 있었으며 특히, 유학생 부인들에게는 가끔씩 테니스 지도를 해주고 극진한 대접을 받곤

했다. 그래서 나도 아내와 P교수에게 테니스 지도를 가끔 받았는데, 운동신경이 발달한 아내가 나보다 훨씬 빨리 배웠고 공도 잘 다루는 것 같았다.

짓궂은 P교수는 음식을 대접받을 때마다 미사여구로 음식 솜씨에 대한 찬사를 아끼지 않았기 때문에, 유학생 부인들은 그것이 진심이 아닌 습관성이라고 아예 소문이 나 있었다. 그래서 유학생 부인들은 P교수의 칭찬이 나오기도 전에 "아! 알았으니 많이 드시기나 하세요!"라고 사전에 그의 입을 막아버리곤 했다.

유학생 대항 테니스대회 우승일은 나에게 공식적으로 하와이에서 두 번째 기분 좋은 날로 기억되고 있다. 그 첫 번째는 약 3개월 전 운전면허시험을 보았는데, 필기시험에 합격하고 곧바로 실시한 실기시험에서 단번에 붙었을 때였다.

그 당시 유학생들 사이에서는 미국 운전면허증 취득이 학위 취득보다 더 어렵다고들 했었다. 그런데 내가 '단 한 번만에 합격했다'고 하자 그들은 믿어지지 않는 듯 그 비결을 물어 오곤 했다. 그날도 짓궂은 친구들의 등쌀에 못 이겨 피자헛(Pizza hut)에 가서 간단하게나마 기분 좋게 한턱을 낸 일이 있었다.

이런 사실이 소문 나자 유학 온 여학생들과 일부 부인들이 나한테 운전 연수를 부탁해서 거절도 못하고 피하느라 애를 먹었다. 그중에서도 미 대사관에 근무하다 유학 온 미스 B가 얼마나 조르는지 몇 차례 운전 연수를 시켜 주다가, 아내에게 혼난 적이 있다. "자기 마누라는 운전 연수를 안 해주면서 남의 처녀한테는 무슨 심사로 친절하게 연수를 시켜주냐?"고 따지는 것이었다.

　사실은 아내에게 운전을 가르쳐주려고 몇 차례 시도해 보았지만 성질이 나서 도저히 참을 수가 없었다. 마찬가지로 배우는 아내도 면박을 참지 못했기 때문에 결국은 운전 연수를 포기하고 말았던 것이다.

　더욱 심한 경우는 운전 연수 시키다가 부부싸움이 나서 그것을 기화로 이혼까지 한 경우도 있다고 했다. 이처럼 아내에게 무엇을 가르쳐준다는 것은 그리 쉬운 일이 아닌 듯싶었고 특히, 운전의 경우는 더욱 그랬다.

　아내가 에드워드 설탄 회사에 다닌 지 약 8개월이 될 무렵, 어느 날 오후 퇴근 시간에 공장 책임자가 나에게 전화를 걸어왔다. 그는 첫 마디가 "너무 놀라지는 말라."고 하면서 "아내가 발을 좀 다쳤으니 지금 곧 병원으로 오라."는 것이었다.

　나는 상상하지 못한 연락을 받고 급히 병원으로 달려갔다. 아내는 퇴근하면서 문틈에 엄지발가락을 다쳐서 피를 흘리고 있었다. 책임자는 미안하다는 표정을 지으면서 "심각하지 않으니 너무 걱정하지 말라."라고 했다.

　담당의사는 "당장 수술을 해야겠다"고 하면서 간호사에게 마취주사를 놓도록 지시했다. 생 발톱을 뚫어 마취주사를 놓는데, 보는 사람도 애처로울 정도였기에 아내는 아파서 죽는다고 고함을 질렀다. 의사는 젖혀진 발톱 밑을 깁기 시작했으며 수술은 짧은 시간에 끝이 났다. 항생제와 치료약을 받아서 아내를 차에 태우고 집으로 오는 동안 나는 미안한 생각과 더불어 일종의 죄책감으로 얼마나 괴로웠는지 모른다.

아내는 오히려 나를 걱정시켜 미안해하는 눈치였으나, 아무렇지 않은 듯 사고 경위를 설명해 주었다. 그것은 완전히 아내의 부주의로 일어난 일종의 안전사고였다. 마취주사의 기운이 떨어지자 아내는 고통을 참느라 애를 썼는데, 그날 밤 간호하면서 나는 '못난 남편을 만나 이런 고생하게 해서 미안하다'라는 생각과 함께 '내 자신의 처지가 이토록 비참하고 처량해질 수도 있구나!' 하는 자기 비하적 심정마저 느껴졌다.

하와이 관광청
현장실습

나는 계획대로 하와이 관광청(Hawaii Visitors Bureau) 심슨(Simpson) 청장에게 신고한 후 부서별 현장실습에 들어갔다. 물론 시청실습 때와 마찬가지로 학교에서 청강하는 강의시간과 세미나 참석 등을 제외하고는 거의 매일 관광청에 나와서 업무를 배우기도 하고 같이 협조도 했다.

제일 먼저 배정된 조사통계부에서는 관광객들의 입국 현황과 추세 등을 분석 및 종합하고 있었는데, 일본 관광객들의 증가와 특히 독신 여성들의 여행추세가 두드러지게 늘어나는 데 관심을 가지고 이의 요구에 부응하기 위해 타 부서와 협력하는 것이 특징으로 나타났다. 정확한 통계자료를 위해 이민국과 항공사, 호텔 그리고 여행사와의 협조도 매우 긴밀하게 이루어지고 있었으며, 과학적인 수요예측을 위한 이들의 노력에 감명을 받기도 했다.

마케팅부에서는 차장인 밀러(Miller)와 같이 일하면서 업무를 익혔는데, 그는 하와이 대학 출신으로 이론과 실무를 겸비한 유능한 간부였다. 특히 마케팅 전략 수립을 위한 치밀한 사전 조사와 송출지역별 관광객들의 관광 행태적 특성 분석을 위한 자료 수집도 매우 효과적으로 이루어지는 것을 보고 놀랐다. 외래 관광객 조사를 위해서는 작은 것이지만 기념품도 제공하여 설문 회수율을 높이고 있었다.

그는 매우 지적이었을 뿐 아니라 사교적이었으며 마케팅 차장답게 이질문화에 대한 관심도 매우 높았다. 하루는 그들 부부를 내가 우리집 저녁식사에 초대했는데 찬사와 더불어 한국음식을 얼마나 잘 먹는지 감탄했다. 특히 매운 김치를 먹으면서 멕시코 음식보다 더 정갈스럽고 담백하다고 했으며, 아울러 한국인들의 끈기와 인내는 음식을 통해 이해할 수 있을 것 같다고 했다.

실제로 그들 부부가 우리를 초청해서 전통 하와이 음식을 대접했을 때 그 맛이 마치 하와이 원주민들의 성품을 반영이라도 하듯 간이 없을 뿐 아니라 달짝지근해서 음식의 특징을 찾아볼 수 없었다. 그 지역의 문화란 이런 점에서 민족성과도 무관하지 않다는 것을 느낄 수 있었다.

관광진흥부에서 실습하면서 나는 테일러(Tayler) 과장과 하와이 관광 소개 슬라이드 만드는 일을 함께했다. 시나리오는 각국 언어로 번역해서 현지에 홍보용으로 배부하고 활용하도록 했다. 머지않아 한국인들도 이곳 관광에 대한 관심이 고조되리라 예상하여 테일러 과장에게 슬라이드 한 세트를 기증받았다.

교육 및 훈련부에서는 하와이 관광산업에 종사하는 호텔·여행사·운송 및 위락시설분야의 종사원들에게 정기적인 교육 외에 소책자를 만들어 배부함으로써 이들로 하여금 관광산업 역군 내지는 민간 외교관으로서 긍지를 가질 수 있도록 하고 있었다.

그리고 관광산업의 특색 중 하나인 지역 주민들의 관광객에 대한 자세가 미치는 영향의 중요성을 감안해서 전 주민을 대상으로 관광산업의 중요성을 소개하는 책자를 제작해서 홍보하는 것을 보고 배웠으며 깊은 감명을 받았다.

이러한 자료는 우리나라에서도 앞으로 필요할 것이라는 생각을 하면서 소중하게 챙겨 왔는데, 20년이 지난 지금에 와서야 한국 관광행정을 담당하는 기관이 관광산업에 관한 인식 제고의 필요성을 제기해 와서 그 자료를 참고로 제공하였다.

하와이 관광청에서는 관광불편 처리부라는 특이한 부서가 있었는데 메리(Mary) 여사가 부장직을 맡고 있었다. 이 부서에서는 그 당시 연간 400만 명의 외래 관광객들 가운데 불편을 겪은 관광객들의 신고사항을 접수받아 이것을 해결 또는 개선하는 업무를 맡고 있었다.

업무 특성상 주로 여성들이 이 부서에서 근무하고 있었는데, 신고 내용을 보면 불만 사항보다는 오히려 인상적인 환대나 기대 이상의 친절에 감명받고 만족해서 감사하다는 내용이 더 많았다. 따라서 이 부서에서는 매월 모범적이고 우수한 종사원을 선발해서 표창하는 일이 주된 업무인 것을 보고 매우 좋은 제도라고 생각했다.

회원 관리부에서는 관광산업과 연관된 모든 회원사들과 긴밀한 협조와 상호 협력을 효과적으로 할 수 있도록 협조·조정·관리 업무를 맡아보고 있었다. 규모가 작은 기념품점부터 대형 항공사에 이르기까지 모든 회원사들은 관광상품이 상호 의존적이며 파손되기 쉬울 뿐만 아니라 서로 민감하게 연결되어 작용한다는 특징을 충분히 인지하고 있었다.

특히, 이들은 관광상품의 구성요소 중 하나라도 기준에 미치지 못하든지 관광객에게 불만을 줄 수 있는 여지가 있으면 이것이 결국 나에게도 영향을 미친다는 사실을 감지하고 있었다.

따라서 이러한 현상은 자사뿐만 아니라 크게는 하와이 관광상품이란 브랜드(Brand) 또는 이미지(Image)에 영향을 미치기 때문에 상호 협조 내지 협력적 자세가 기대 이상으로 잘 이루어지고 있었다.

실습을 끝내고 관광청장으로부터 현장실습 수료증을 수여받는 자리에서 나는 그에게 하와이 관광발전을 위해 두 가지 사항을 건의하였다. 그 하나는 당시 관광객들이 가장 많이 붐비는 와이키키 거리에서 무명의 종교인들이 모금운동을 벌이고 있었는데, 이들은 주로 서양인들로 머리를 삭발하고 이상한 의상 차림으로 관광객에게 접근해서 히비스커스를 하나 꽂아주고 돈을 요구했다.

특히, 일본 관광객들에게는 어디서 배웠는지 이상한 발음으로 일본식 인사와 함께 꽃잎을 하나 옷에 꽂아주고 돈을 요구하는데, 체면을 생각하는 일본인 신혼부부들은 100불짜리를 거의 뺏기다시피 하는 모습을 가끔 볼 수 있었다. 나는 이러한 사실을 그대로 방치하다가는 하와이 관광 이미지에 큰 손상이 올 수 있기 때문에 어떤 방법으로든지 해결되어야 한다고 건의했다.

그 다음은 와이키키 해변에서 특히, 사모아섬에서 온 체구 큰 젊은이들이 왜소한 동양 관광객들에게 장난삼아 위협과 겁을 주고 있는데, 본인들은 재미로 그럴지 모르지만 당하는 사람들은 매우 당황해할 뿐 아니라 겁을 먹기 때문에 그런 행위를 하지 않도록 시정하는 것이 바람직하다고 했다.

심슨 청장은 내가 지적한 두 가지 문제점에 대해 전적으로 동의하면서 최선을 다해 개선하도록 노력하겠다고 했다. 그러나 종교인들이 종교적 포교 행위와 모금하는 것을 막을 법적 근거가 없기 때문에 이것을 시정하기는 쉽지 않다고 말했다.

따라서 사모아섬에서 온 젊은이들의 횡포도 만약 관광객에게 신체적 피해를 조금이라도 가한다면 어김없이 단속해서 근절시킬 텐데 경찰들이 현장을 목격하지 않을 때 그런 짓을 하니 그것도 문제라고 했다.

그렇지만 이런 일이 있은 지 일주일이 채 되기도 전에 와이키키 거리와 해변에서는 이들을 단속하는 경관들의 모습을 곳곳에서 눈에 띄게 볼 수 있었다.

결론적으로 나는 산·관·학의 체계적이고 협조적인 자세와 공동체 의식이 오늘날 하와이를 세계적인 관광지로 부각·발전시키게 된 것임을 재확인할 수 있었으며, 우리나라 관광관련 기관 및 업체들도 하루빨리 이러한 자세를 가지고 상호 협조하면서 관광입국의 꿈을 키워 나갔으면 하는 바람이 간절했다.

아웃리거 호텔
현장실습

파씨 시장 보좌관과 대학 당국의 추천으로 나는 와이키키에 있는 아웃리거 호텔(Outrigger hotel)에서 9개월 과정의 지배인 연수교육을 받게 되었다. 아웃리거 그룹은 와이키키 지역에만도 6개 이상의 호텔을 소유하고 있었는데, 가장 투숙률이 높은 해변에 위치한 와이키키 아웃리거에서 나는 실습을 시작했다.

나는 첫날 리차드 켈리(Richard Kelly) 사장에게 인사를 했는데, 그는 의학박사로 얼마 전까지만 해도 하와이 대학교 의과대학에 교수로 재직하다가 부친인 로이 켈리(Roy Kelly) 회장의 권유에 의해 호텔일을 보기 시작했다는 것이다. 그는 의학박사답지 않게 매우 합리적이고 유능한 경영자로서 종사원들도 그의 실력을 인정하고 있었을 뿐 아니라 존경하고 있었다.

이 호텔의 총지배인 척 코모(Chuck Comeau)씨의 말에 의하면 아웃리거 호텔의 창업자인 로이 켈리 회장은 50년 전 이곳에 단신으로 와서 갖은 고생 끝에 자수성가한 의지의 호텔맨으로 소문나 있을 뿐 아니라 전설적인 인물로도 널리 알려져 있다는 것이다.

나는 객실부를 시작으로 실습을 했는데, 처음 배정받은 부서는 하우스키핑(House keeping)이었다. 이 부서의 책임자는 페티(Petty)라는 일본인 2세 할머니였으며, 그는 약 20년간 이 호텔에서 근무한 경력을 가지고 있었다. 나는 처음 한 달간을 로비나 복도 등과 같은 공공공간을 토니(Tony) 계장과 함께 정비·관리하는 일을 맡았는데, 카펫에 묻은 얼룩을 닦는 일 등을 하면서 많은 것을 느꼈다.

그 다음 단계로 룸 메이드(Room maid)들의 객실정비 상황을 조사하고 확인하여 프런트 오피스(Front office)와 협조해서 객실판매에 차질이 없도록 하는 일을 맡았는데, 때로는 룸 메이드들과 의사소통(Communication)이 잘 이루어지지 않아 애를 먹은 적도 있었다.

또한 룸 메이드가 하기 힘든 일은 토니나 내가 해야 했고, 열쇠나 기타 시설이 고장났을 때는 영선과에 연락해서 즉시 고치거나 수리하도록 하여 객실판매에 만전을 기해야만 했다.

이렇듯 호텔의 주된 제품인 객실을 정비 또는 생산하는 일과 고객들의 편의와 안전을 도모하고 책임지는 일이 그리 쉽지는 않았다. 객실의 체크아웃(Check out) 시간이 12시 기준으로 되어 있는데, 일찍 도착한 고객이 객실 제품을 요구할 때면 매우 난감한 입장에 처하게 된다.

프런트 데스크(Front desk)에서는 '판매할 객실을 빨리 내놓으라'며 아우성이고 하우스 키핑에서는 '우리가 손이 열 개라도 되는 줄 아느냐?'

이제 막 체크아웃된 객실들을 어떻게 정비할 시간도 주지 않고 금방 내놓으라고 하느냐?라며 열을 내어 다투기도 하기 때문에 업무적으로는 가끔 마찰을 일으킬 때도 있었다.

그 당시 하우스키핑 부서에는 한국 유학생 부인 한 명이 있었는데, 그녀는 내가 그 부서에서 실습을 하자 큰 배경이라도 얻은 듯 용기를 가지고 매우 열심히 일하였다. 나는 실습 보고서를 작성할 때 그녀의 근무성적이 탁월하다는 것과 능력이 인정될 수 있도록 건의하였는데, 나중에 그것이 반영되어 급료인상 혜택을 받은 것 같아 매우 기뻤다.

곧이어 벨 데스크(Bell desk)에서 벨맨(Bell man)으로 근무하기 시작했는데 관광객들이 단체로 들어올 때는 짐을 나르느라 정신이 없었을 뿐만 아니라 힘도 들었다. 폴(Paul)이라는 젊은 벨맨은 하와이 대학 관광경영학과 출신인데, 근무경력이 5년이나 되었다.

그는 외모도 준수할 뿐 아니라 영리해서 업무도 매우 효율적으로 처리하였다. 나는 그에게 "왜 다른 부서로 가지 않고 이 부서에서 그렇게 오래 근무하느냐?"고 묻자, 그는 "이 부서에서 근무하는 게 수입이 가장 좋기 때문에 타 부서에 가고 싶지 않다"라고 답했다.

그는 이어서 "앞으로 2~3년만 이곳에서 더 근무하면 조그마한 장사를 할 수 있는 자금을 마련할 수 있을 것 같다"라며 '작은 규모지만 아늑하며 분위기 있고 특색있는 레스토랑을 직접 경영해 보는 것'이 그의 꿈이라고 이야기해 주었다.

나는 이와 같이 단기적이거나 장기적인 실현 가능한 목적을 분명히 가지고 계획성 있는 삶을 살아 가는 젊은이들을 볼 때 우리나라 젊은이들과는 너무 비교된다는 생각을 해보았다.

그러나 이 부서에 근무하는 사람들은 너무 팁(Tips)에 의존하는 듯한 인상을 주어서 고객들에게 좋지 못한 이미지를 주는 느낌을 받았다. 나도 몇 차례 객실 고객에게 룸 서비스를 할 때가 있었는데, 나는 업무에 관심을 가지고 일을 처리하는 반면 기존 종업원은 팁에 관심을 가지고 서비스하는 차이점을 발견할 수 있었다.

벨 데스크에서의 실습을 끝낸 다음, 나는 프런트 데스크에서 룸 클럭(Room clerk)으로 근무하기 시작했다. 여기는 워낙 바빠서 시간이 언제 가는 줄도 모를 지경이었다. 특히, 체크인(Check in)이 시작되는 정오 이후 시간부터는 항상 객실 난으로 하우스키핑과 설전을 벌여야만 했다.

내가 프런트에서 근무해 보니 이곳의 입장을 충분히 이해할 수 있었고, 과거 이들이 하우스키핑에 근무하던 나에게 심한 요구를 했다고 생각한 오해들을 풀 수 있었다.

프런트의 특징은 호텔의 얼굴이라는 점 외에도 눈치가 빨라야 하고 임기응변에 강해야 한다는 것을 알 수 있었다. 단정한 외모와 호감을 줄 수 있는 미소 그리고 상냥하고 친절한 말솜씨로 항상 고객의 요구가 무엇인지 먼저 파악할 수 있는 능력을 갖추어야 훌륭한 프런트 클럭이 될 수 있다는 것을 알았다.

따라서 상황 판단이 빨라야 고객의 수준에 맞는 객실 제품을 판매할 수 있으며, 워크 인(Walk-in) 고객을 접했을 때는 자신이 객실료도 조정할 수 있는 융통성과 대금지불에 관한 조건까지도 결정할 수 있는 능력과 권한을 가지고 있어야 유능한 프런트 클럭이 된다는 것을 깨달을 수 있었다.

특히, 불만을 호소해 오는 고객을 다루고 이를 처리하는 업무는 고도의 전문성과 기술을 요하는데, 여기서 자칫 잘못하다 가는 호텔의 이미지는 물론이고 단골고객까지 잃게 된다는 사실을 생각할 때 매우 중요한 것임을 알 수 있었다.

또한 분실물에 대한 신고나 고객의 갑작스런 사고에 대한 대응책도 매우 중요한데, 아무리 급해도 침착하게 그리고 차분히 순서에 입각해서 일을 처리해 나가야 한다는 것이다.

호텔의 심장부이기도 한 프런트 데스크의 업무가 중요하고 어렵다고는 하지만 그래도 많은 사람을 만나고 또한 알 수 있는 기회를 가질 수 있다는 장점도 있었다. 나는 이곳 프런트에서 룸 클럭으로 근무할 때 영화배우 폴 뉴먼(Paul Newman)을 위시해서 많은 인기인들과 사업가들을 만날 수 있는 기회를 가졌었다.

이들은 일단 투숙객이 되면 생각보다 프런트 데스크 클럭에 대한 의존도가 매우 높다는 것을 알게 되었고, 또한 자신이 인정받기를 무척 좋아한다는 사실도 알게 되었다. 따라서 마음만 먹으면 이들과 쉽게 친해질 수도 있음을 알 수 있었다.

프런트 데스크에서 룸 클럭의 실습이 끝나자 나는 식음료부로 자리를 옮겨 실습을 받기 시작했는데, 팬트리(Pantry)에서 대형 그릇과 식기를 세척하는 일은 매우 힘이 들었다. 대규모의 파티(Party)나 행사(Function)가 있는 날에는 정신없을 만큼 바빴을 뿐 아니라 어깨가 아플 정도로 일이 많아서 퇴근 후에는 몸살을 앓기 일쑤였다.

그리고 주방에서 야채를 손질하고 조리하는 데 조수로서 근무하는 일도 쉽지가 않았다. 따라서 웨이터(Waiter)로서 그리고 바텐더(Bartender)로서의 실습도 장래 총지배인이 되려면 이에 대한 업무를 알아야 하기 때문에 필요한 것으로 기꺼이 거쳤다.

그러나 참모 부서에서의 실습은 회사의 경영에 직접 관계되는 보안 사항들이 있었기에 상세한 내역은 손대지 않고 일반적인 기능과 행정절차 및 집행사항 등에만 국한해서 실습을 거쳤다.

특히, 다소의 기밀을 요하는 경리부에서는 수입과 지출에 대한 장부정리와 기록들을 어떤 방식으로 컴퓨터를 사용해서 처리하는가에 대해서만 설명을 해주었을 뿐이다. 나는 대학에서 콕스(Cox) 교수가 강의하는 호텔경영론을 관심 있게 청강하였지만, 역시 현장실습을 해보니 이해하지 못한 부분들까지 알 수 있게 되어 무척 도움이 되었다.

특히, 마지막 한 달은 코모 총지배인의 업무를 옆에서 도우면서 실습을 하였는데, 흥미진진하고 신나는 일도 있었지만 해결하는 데 골치 아픈 일들도 많아서 총지배인 자리가 외형상 화려하게 보이지만 실제로는 그렇지 않다는 것을 실감할 수 있었다.

실습 마지막 날에는 켈리 사장과 간부들이 파티를 열어주었고, 코모 총지배인은 현장실습 수료증을 수여했다. 나는 9개월간 생생한 체험을 통해 많은 것을 배울 수 있었으며, 실제로 이번 기회를 통해 호텔경영에 대한 산 교육을 효과적으로 받았다는 사실에 뿌듯함과 큰 보람을 느낄 수 있었다.

하와이에서 맞은 손님

내가 하와이 대학교에서 공부하는 동안 많은 손님들의 방문을 받았는데, 이들은 한결같이 미국으로 가는 길이거나 귀국하는 길에 잠시 들려 나를 만나고는 떠났다. 솔직히 말해서  어떤 경우에는 오히려 연락이 안 되었더라면 좋았을 걸 하는 생각도 들 때가 있었다. 왜냐하면 대부분의 한국사람들이 그렇듯이 상대방의 입장은 고려하지 않고 자기 위주로 생각하고 기대하기 때문이다.

특히, 사전에 연락이나 예약도 없이 갑자기 들이닥쳐 이것저것을 요구해 올 때면 정말 기가 막힐 노릇이 아닐 수 없었다. 손님의 요구를 듣자니 계획된 일을 망치겠고 그렇다고 오랜만에 만난 손님을 푸대접 하면서까지 계획된 일을 추진하자니 너무 야박하다는 소리를 듣겠고, 정말 진퇴양난이 아닐 수 없었다.

한번은 월요일 새벽 3시경 우리 식구가 곤히 잠들어 있는데 전화가 와서 받아보니 대학 동기인 JS군이었다. 나는 그가 한국에서 갑자기 전화하는 것으로 착각했는데, 사실은 하와이에 어젯밤 늦게 도착해서 친척집에 있다는 것이었다. 나는 반가운 마음은 고사하고 잠결에 그의 요청으로 친척집에 가서 그를 데리고 우리집으로 오느라 고생을 했다.

나는 그가 이민의 부푼 꿈을 안고 시카고(Chicago)에 있는 본인의 처남댁에 가는 길에 들렀다는 사실을 알게 되었다. 그리고 오늘 오후 비행기로 출발해야 되기 때문에 나를 만나고 싶어서 전화를 했다는 것이었다. 나는 "왜 전화를 하려면 좀 일찍 하지 않았느냐?"고 물으니까 "친척들과 이야기하다 보니 늦었다"고 아무렇지도 않게 대답했다.

한 주간을 시작하는 그날 잠을 설치는 바람에 아내는 직장에서 많은 불량품을 생산해서 감독으로부터 문책을 당해야 했고, 나는 그와 함께 있다가 공항까지 배웅해 주는 바람에 중요한 강의를 놓치고 말았다.

중요한 것은 이렇게 모든 것을 희생해 가면서도 최선의 예우와 친절을 베풀어주었어도 떠나면 그만이라는 것이다. 따라서 대부분은 우리가 외국에서 할 일 없이 그냥 놀고 있으며, 시간이 남아도는 줄 착각하고 있다는 점이다.

내가 미 8군 교육과장으로 일할 때 알게 된 S도 뉴욕에 있는 친구를 만나러 가는 길에 갑자기 비행기가 하와이에서 하룻밤 쉬어 가야 해서 들렀다고 연락해 왔다. 그날도 공교롭게 매우 바쁜 일이 있었지만 모든 것을 미루고 그를 우리집으로 데려와서 정성껏 환대했다. 그는 상용 비자를 용케도 받아내어 미국으로 가게 되었는데 목적은 이민이라는 것이었다.

그는 최악의 경우를 생각해서 부인과 형식적인 이혼까지 하고 왔는데, 이유는 미국에서 위장결혼을 해서라도 영주권을 받겠다는 것이었다. 나는 그렇게 해서라도 미국이라는 나라에 가서 살아야겠다는 그의 의도를 이해할 수 없었다.

속된 말로 미국에 이민 가서 죽도록 일하며 살아보겠다는 결심을 한 사람은 한국에서 그 반만이라도 노력한다면 기회는 더 있으리라고 나는 확신한다.

그러나 방문객 중에는 정말 반갑고 또 도움이 되는 사람도 없지 않아 있는 법이다. 내가 하와이 관광청에서 실습할 때 대학 은사이신 K교수님이 동서문화센터의 단기 연구 프로젝트를 수행하기 위해 이곳에 도착했다.

K교수님은 약 2개월간 기숙사에 계시면서 연구를 하셨는데, 우리는 정성껏 그분을 모셨다. 그리고 신앙심이 깊은 그분으로부터 많은 은혜도 받았으며, 항상 위로와 격려의 말씀에 감사하고 즐거운 마음으로 대접했다.

그런데 하루는 밤 12시 가까운 시간에 전화가 와서 갑자기 눈에 이상이 생기셨다고 했다. 나는 그 이튿날 날이 밝자 곧바로 안과에 예약을 하고 진찰을 받게 했는데, 다행히 일시적인 신경성에 기인한 것이라고 하여 마음을 놓았다. 그러나 너무 신경을 쓰지 않은 것이 좋으며, 앞으로도 더욱 조심하라는 안과의사의 말에 걱정하시는 모습을 보고 나는 너무 마음이 아팠다.

사람은 아플 때가 제일 서럽고 또 마음도 약해질 뿐 아니라 특히,

외국에서 건강이 좋지 않으면 그보다 더 서러운 것이 없다는 것은 나도 이미 경험해서 잘 알고 있었다. 다행히 교수님은 귀국을 일주일 앞두고 있었기에 그때까지 안정을 취하면서 계시다가 회복하시어 무사히 떠날 수 있었다.

내가 아웃리거 호텔에서 현장실습을 한 지 약 4개월이 되었을 때, KH교수님이 전화를 걸어와서 CS교수님과 YS교수님이 미국 본토에서 귀국하는 길에 이곳에 들리신다고 했다. 두 분 교수님은 우리와 매우 가까운 사이였으며, 특히 CS교수님은 내가 학부 4학년 때 직접 강의도 하신 바 있어 은사이시기도 했다.

이분들의 방문목적은 우리와의 만남에도 있었지만, 그 외에도 CS교수님의 큰 처남이 이곳에 직장을 가지고 교민으로 생활하고 있어 그분을 만나는 데도 목적이 있는 듯했다. 따라서 두 분을 우리가 전적으로 모시는 데 신경을 쓰지 않아도 되는 입장이었다.

나는 KH교수님과 함께 두 분 교수님을 환영하는 뜻에서 하와이 유학생들로서는 최고의 환대에 속하는 와이키키 비치에서 바비큐 파티(Barbecue party)를 열어드렸는데, 매우 기뻐하셨다. 우리는 두 분의 3일간의 짧은 방문이 의미 있는 시간이 될 수 있도록 많은 신경을 썼으며 정성을 다해 떠날 때까지 모셨다.

그리고 잊지 못할 사건은 내가 7개월째 아웃리거 호텔에서 실습을 하고 있을 때 우리 대학의 S학장님이 미국 본토에 교수 스카우트차 방문하셨다가 가는 길에 이곳에 오셨다. 호텔 당국에서는 귀한 손님이라고 전망이 제일 좋은 객실을 배정해 주었고, 또한 VIP(Very Important

Person)에 대한 예우로 특별히 신경을 써서 모셨다.

S학장님은 4일간 머무시면서 하와이 대학 총장과 경영대학장 및 교수, EWC(East West Center) 총장과 관계관, 그리고 호놀룰루 시장과 켈리 호텔사장 등 많은 유지들을 만나셨다.

나는 KH교수와 함께 S학장님을 안내하였으며, 누추한 우리집에도 자주 모셔서 식사도 대접하면서 체재기간 동안 편안하게 모시려고 노력했다. 학장님은 내가 이론 공부와 현장실습을 열심히 하는 것을 보시고 매우 흐뭇해하셨다.

S학장님이 출발하시기 전날 코모 총지배인은 학장님과 우리 내외를 자기집에 초청해서 만찬을 베풀어주었다.

그 자리에서 학장님은 우리 대학이 종합대학으로 승격될 것이 확실하다는 것과, 특히 K경북지사가 종합대학 승격에 크게 기여했다는 말씀도 해주셨다. 따라서 내게 빨리 공부를 마치고 돌아와서 학교 발전에 기여하라는 말씀으로 위로와 격려도 아끼지 않으셨다.

코모 총지배인은 켈리 사장의 허락을 얻어 S학장님의 객실료 및 기타 체재 비용을 호텔에서 특별히 접대하는 것으로 처리해 주었다. S학장님은 4일간 하와이에 체재하시면서 볼일을 다 보시고 만족해하셨고 우리들의 환송을 받으며 귀국길에 오르셨다.

논문 발표 및 제출

아웃리거 호텔에서는 내가 9개월 동안 현장실습을 성실히 이수한 대가로 빅 아일랜드(Big Island: 하와이에서 가장 큰 섬)의 마노아케아 호텔(Manoakea hotel)에 특별 할인으로 3박할 수 있는 특혜를 주었다. 나는 좋은 기회라 생각하고 KH교수와 의논해 보기로 했다. KH교수님은 마침 부인도 와 있었기 때문에 이번 기회에 같이 여행하면 좋겠다는 의사를 밝혔다.

우리는 아들을 HJ선배댁에 맡기고 빅 아일랜드로 4일간의 여행을 하였는데, 나는 그곳 관광자원의 특징에 대해 많은 것을 보고 배울 수 있는 기회가 되었기에 매우 보람을 느꼈다. 우리 두 부부는 식사도 같이 해 먹고, 또 에이비스 렌터카(Avis rent-a-car)에서 자동차도 빌려서 번갈아 운전하며 추억에 남을 만한 가치 있고 즐거운 여행을 하였다.

특히, 이곳에서만 볼 수 있는 활화산(Active volcano)과 마노아케아 숲속의 아카카 폭포(Akaka waterfall)는 장관을 이루었고 관광객들로 하여금 감탄을 자아내게 하기에 부족함이 없었다. 또한 때묻지 않은 마노아케아 해변(Manoakea beach)은 천혜의 관광자원으로 신이 빚어낸 예술품과도 같았다.

마노아케아 호텔은 회사가 소
유하고 있는 희귀한 골동품들을
로비 같은 공공 공간에 전시해 놓
고 있었는데, 그 가치가 매우 높
아 측정하기 어려울 정도라고 했

다. 이 호텔은 미국의 재벌 록펠러(Rockefeller)가 하와이섬이 미국 제50
번째 주로 인정·편입된 것을 기념하여 건축했다고 하였다.

아름다운 해변과 인접해 있어 위치 자체가 뛰어날 뿐 아니라 호텔
입구와 바로 연결된 골프장과 테니스장, 수영장 그리고 각종 위락시설
들은 다른 리조트 호텔(Resort hotel)들의 추종을 불허할 정도로 훌륭한
표본이 되고 있었다.

나는 이 호텔의 시설 외에도 종업원들의 근무자세와 서비스 질
(Service quality)에 대해 관심을 가지고 유심히 관찰했는데, 과연 리조트
호텔답게 고객을 개인적으로 돌보고 있었을 뿐 아니라 정성이 담긴
질 높은 서비스를 제공하고 있었다.

나는 지배인을 만나 여러 가지 관심 사항들을 물을 수 있는 기회를
가졌는데, 상상도 못 한 과학적이고 합리적인 인사관리에 깊은 감명을
받았다. 특히, 회사 자체에서 개발한 종업원 서비스 교육 지침서(Service
training manual)를 한 부 얻을 수 있어서 나에게는 매우 큰 도움이
되었다.

짧은 기간이었지만 빅 아일랜드 여행은 아내나 내가 힘든 외국생활

에서 얻은 압박감과 피로로부터 다소 해방될 수 있었으며, 삶의 활력을 되찾을 수 있는 좋은 기회가 되었던 것 같았다.

또한 KH교수 내외분과도 친분을 두텁게 할 수 있는 계기가 되었고 내 전공 연구에도 많은 도움이 되어 매우 유익했다. 그래서 '관광은 사치가 아닌 인간의 기본적인 삶의 질을 높이는 중요한 필수 행위'임을 확인할 수 있었다.

나는 돌아오자마자 지도교수 페이슨 박사를 만나 내 논문에 대한 지도를 본격적으로 받기 시작했다. 그는 마케팅 이론에도 강했지만 실무적으로도 경험을 많이 가지고 있어 나의 연구에 상당한 도움을 주었다. 논문 제목은 "한국의 국민관광 개발의 필요성과 전망에 관한 연구(Needed Change to Expand Domestic Tourism in Korea)"였으며, 수요에 관한 실태분석에 필요한 자료는 이미 한국에 있는 SJ씨로부터 설문지 조사 결과를 확보해 놓고 있었다.

논문을 본격적으로 쓰면서 나는 밤을 새우기 일쑤였는데, 앞집의 IS, JS, HJ 선배, 그리고 옆집의 YJ 등 많은 이웃 유학생들이 어느 집에 전등불이 더 오래도록 켜져 있는가를 내기라도 하듯이, 평균 새벽 2~3시까지 공부를 계속하는 것을 볼 수 있었다.

우리는 하나같이 공부를 하다가 순간적으로 능률이 안 오른다거나 휴식이 필요할 때면 시도 때도 없이 카할라 해변(Kahala beach)으로 가서 달빛에 반사되어 반짝이는 넓고 푸른 바다를 보면서 각오와 결심을 새롭게 하여 다시 공부에 임하곤 하였다.

나는 타자 치는 속도가 느렸기 때문에 동양 철학을 전공하는 학부

4학년 재학생 쉴라(Shilla) 양에게 타자를 부탁했다. 그는 평소 동양사상에 관해 나에게 많은 것을 물어 왔으며, 나는 아는 대로 가르쳐주었다. 그는 타자 치는 솜씨도 좋았을 뿐 아니라 문장력도 있어서 내 논문 작성에 큰 도움을 주었다.

그녀의 도움이 고마워서 나는 그녀를 우리집 저녁식사에 초대했는데, 아내가 그것을 오해하고 못마땅해서 이해시키는 데 애를 먹은 경우가 있었다. 특히, '마누라 장학금'을 받아 가면서 공부하는 나로서는 이때 정말 입장이 난감했었다.

페이슨 교수는 내가 신학기에 복직할 수 있도록 2월 중순까지 귀국해야 한다는 것을 알고 매우 협조적으로 지도해 주었다. 페이슨 교수 내외는 우리 식구를 집으로 초청하기도 하고, 바쁠 때는 자택에서 논문을 지도해 주기도 했다. 그는 또 아메리카나 체인 호텔(Americana chain hotel)인 알라모아나 호텔(Alamoana hotel)의 바그단(Bagdan) 수석부사장과 친분이 매우 두터웠는데, 나를 가끔 데려가서 그와 더불어 논문에 관한 토론도 할 수 있는 기회를 가졌다.

그 당시 바그단 수석부사장은 태평양지역 아메리카나 체인 호텔의 관리 및 경영책임을 맡고 있었는데, 그는 나에게 경주 조선호텔의 건축도면과 내부구조도 보여주면서 의견을 묻기도 했다. 그리고 경주 조선호텔의 마케팅 전략에 관한 의견도 물어 오곤 해서 나도 자연스럽게 관심을 가지게 되었다.

나는 1978년 1월 20일에 논문 작성을 끝내고 발표를 하였으며, 1월 말에는 8부를 대학 당국에 제출하였다. 대학 당국에서는 심사 및 각종 행정절차를 거친 후, 히난 학장이 석사학위(관광마케팅 전공) 동급의 수료증을 수여하였으며, 베스 부학장 및 보직교수들이 참석한 가운데 환송회도 열어주었다.

그는 "대학에서 아직까지 공식적인 관광경영학 전공 대학원 과정을 신설하지 못해서 미안하게 생각한다"라고 했으며, 이어서 "그러나 실험 단계로 내가 이수한 과정과 실적을 근거로 해서 석사과정은 조만간 개설할 수 있을 것"이라고 말했다. 따라서 "앞으로 다시 이 대학에서 연구할 수 있는 기회가 왔으면 좋겠고, 그때는 주저하지 말고 언제라도 연락하면 도와주겠다"라고 격려해 주었다.

그 후부터 얼마 되지 않아 하와이 대학교에서는 경영대학원 과정을 개설하여 현재까지 효율적으로 운영하고 있다.

미국 본토 여행

아내는 귀국일이 다가오자 두 딸을 곧 만날 수 있다는 기대로 대단히 기뻐했으며, 다니던 직장에도 퇴직일을 통보하는 등 서서히 준비를 시작했다. 에드워드 설탄 회사  에서는 그간 아내가 근무를 성실히 한 데 대해 표창과 더불어 추천장을 써주었는데, 내용 중에는 다시 이곳에 올 기회가 있으면 언제라도 일자리를 제공해 주겠다는 글이 있어 쓰디쓴 웃음을 자아내게 했다.

그러나 아내에게 가장 큰 관심사는 '약간의 저축된 돈과 퇴직금을 어떻게 사용할 것인가?'에 있는 것 같았다. 그 당시 유학생들은 5~6년간 미국에서 공부하고 돌아갈 때는 주로 냉장고나 세탁기 같은 전자제품을 구입해 가지고 가는 것이 유행처럼 되어 있었다. 나는 아내의 심정을 이해했지만 그런 물건을 사 가는 것보다 이런 기회에 유익한 것을 하나라도 더 보고 배워가는 것이 우리에게 도움이 될 것이라고 설득시켰다.

우리는 아들을 다시 HJ 집에 맡기고 약 2주간 본토를 여행하기로 했다. 먼저 샌프란시스코에 거주하고 있는 산타 마리아(Santa Maria) 씨를 방문하기로 하고, 그에게 연락했다. 그는 과거 미 8군 왜관기지창에 근무했는데, 우리와는 개인적으로 친분이 두터웠다.

산타 마리아는 공항에 나와 반갑게 우리를 영접했으며, 그의 집으로 안내했다. 그의 부인은 집에서 미용실을 운영하고 있었고, 우리가 임시로 거처할 방을 한국적 분위기가 나도록 장식해 놓을 만큼 세심한 배려를 해주었다. 우리가 그곳에 머무는 3일 동안 그들은 친절하게도 주위에 있는 아름다운 관광명소를 안내해 주어서 알뜰히 구경할 수 있었다.

샌프란시스코에 머물 동안 나는 태평양지역관광협회(Pacific Area Travel Association) 본부를 방문하여 마케팅 부장과 조사·연구부장 등을 만나 의견도 교환하고, 내가 필요로 하는 책자와 자료도 얻을 수 있어서 여행의 보람을 보낼 수 있었다. 이들은 또 내가 미국 서부지역 관광지를 효과적으로 답사하고 체험할 수 있도록 적절한 일정표를 제시해 주고 예약 등을 위해서 신빙성 있는 여행사를 소개해 주기도 했다.

마케팅 부장이 소개해 준 여행사는 협회가 있는 같은 그랜트 가(Grant Avenue)에 있었는데, 직원의 업무에 대한 전문성과 친절성은 말로 표현하기 어려울 정도로 탁월했다. 내가 원하는 관광상품을 요소별로 파악한 후 투자할 수 있는 시간과 경비를 묻고는 곧바로 선택 가능한 상품과 일정표를 제시해 주었다. 나는 너무 쉽고 편리하게 고객만족 위주의 업무처리 방식과 그들의 능력에 감탄할 수밖에 없었다.

우리는 로스앤젤레스에 비행기로 도착해서 하룻밤 숙박한 다음, 그 이튿날은 디즈니랜드(Disneyland)를 관광하였다. 디즈니의 꿈을 현실화

시키려고 노력한 흔적을 체험하면서 인간의 기술과 테마(Theme)에 의한 관광 매력물의 극치를 보는 듯했다.

특히, 세계 인형 전시장에는 그 당시 우리나라 인형이 빠져 있어서 매우 서운한 느낌이 들었다. 이곳은 단순히 흥미나 호기심 위주의 관광을 뛰어넘어 역사와 지리 및 과학적으로 교육적일 뿐만 아니라 고도의 상상력과 사색을 동시에 요구하고 있어 참여하는 이들에게 여러모로 유익하다는 생각을 해보았다.

디즈니랜드를 출발하여 라스베이거스(Las Vegas)로 갈 동안 나는 기내에서 오리건에서 온 두 쌍의 부부를 만났다. 그들은 매년 한 번씩 라스베이거스에 간다고 했으며, 매우 신이 나 있었다.

내가 그곳에 가는 이유를 묻자 그들은 "물론 도박과 유흥을 즐기러 간다"라고 대답했다. 내가 다시 "이제까지 도박해서 돈을 땄거나 재미를 본 적이 있느냐?"고 묻자, 그들은 "도박해서 돈 따는 사람 본 적이 있느냐?"고 반문했으며, "그래도 우리는 도박 그 자체가 재미있고 스릴이 있어서 간다"라고 했다.

나는 다시 "한 번 가서 도박으로 쓰는 돈은 얼마나 되느냐?"고 묻자 "미안하지만 그것은 가르쳐줄 수 없다"라고 했다. 나는 솔직하고 목적의식이 분명한 미국인들의 국민성을 이들로부터도 느낄 수 있었으며, 이러한 국민성이 오늘날 미국을 위대한 국가로 만든 원동력이 될 수 있었다는 생각을 해보았다.

라스베이거스에 도착해 보니 그야말로 불모지의 땅에 순전히 인공 관광 매력물을 근거로 도시가 형성되어 있는 것을 볼 수 있었다. 거리는 밤과 낮의 구별 없이 휘황찬란한 전등불로 장식되어 있었으며, 분위기 자체가 흥청대는 도박도시임을 느끼게 했다.

나는 숙박할 호텔에 들어갔는데, 프런트 데스크를 찾을 수 없어 한참 동안을 헤매었다. 상식적으로 프런트 데스크는 입구에서 가장 가깝게 고객이 쉽게 접할 수 있는 곳에 있어야 하는데도 여기서는 호텔 입구와 로비 전체가 슬롯머신(Slot machine)으로 꽉 차 있었기 때문에 데스크는 구석진 모퉁이에 붙어 있었다.

체크인을 할 때, 룸 클럭이 네바다 대학(University of Nevada) 관광경영학과 학생인데 파트타임(Part-time)으로 일하고 있다는 것을 알았다. 그는 내가 관광을 전공하는 학자라는 것을 알고 매우 친절히 대해 주었으며, 객실도 좋은 위치의 것을 배정해 주었다.

객실 키가 든 봉투를 받았는데 그 안에는 5불에 해당하는 동전이 들어 있었다. 내가 "이것이 무엇이냐?"라고 묻자, 그는 "슬롯머신으로 당신의 행운을 점쳐보라고 호텔에서 주는 것"이라고 웃으며 답했다.

나는 금방 이것이 바로 '잉어를 낚기 위한 미끼'라는 것을 알아차리고 웃음을 금치 못했다. 객실로 가는데 통로에 사람들이 보이지 않아서 어찌 된 영문인가 했더니 거의 모든 투숙객이 도박판에 있는 것을 확인할 수 있었다.

나는 다시 객실의 점유율을 확인해 보기 위해 밖에 나가 전등이 켜진 객실을 세어보았는데, 약 500개의 객실 중에 단지 15개만 전등이 켜져 있는 것을 보고 놀랐다. 객실 점유율을 묻는 나에게 룸 클럭은 '약 98%'라고 웃으면서 답했다.

결국 이들 대부분은 밤새도록 객실에 들어가지 않고 로비의 슬롯머신 옆이나 카지노(Casino)장, 또는 바(Bar)나 쇼(Show)장에 있기 때문에 객실 변동비는 전혀 들지 않는다고 했다. 나는 비로소 이곳 호텔경영의 특징을 알 수 있었으며, 왜 프런트 데스크의 위치가 구석에 밀려 있는지에 대해서도 이해할 수 있을 것 같았다.

나는 호텔이 즐비하게 늘어서 있는 거리를 걷다가 길 모퉁이에 있는 아주 작은 교회를 발견하고 '이곳에 어울리지 않게 웬 교회가 있을까?' 의아해하면서 가보았다. 교회의 규모는 약 30여 명을 수용할 수 있을 정도였으며, 입구 안내판에는 '24시간 결혼식을 위한 예배가 가능하고, 필요하면 언제든지 아래 전화번호로 연락해 주십시오'라고 적혀 있었다.

나는 호텔로 돌아와서 룸 클럭에게 교회에 대한 이야기를 했더니 그는 웃으면서 "일확천금을 노리는 사나이가 만약 그 꿈을 이루면 주위의 아름다운 여성과 당장 결혼할 수도 있기 때문에 그 수요에 대비해서 교회가 존재한다"라고 설명해 주었다. 정말 '도박 같은 인생을 도박에 걸고 사는 사람들이 이곳에서는 실제로 존재하고 있구나' 하는 생각을 했다.

호텔의 2층 중앙에는 카지노판이 있었고 전문 카지노 딜러(Dealer)들이 도박꾼들의 주문에 의해 바쁘게 손을 움직이고 있었다. 나는 그 장면이 워낙 신기해서 카메라로 사진을 찍었다. 카메라에서 플래시가 터지자 어디서 왔는지 고릴라같이 생긴 거구들이 달려와서 나의 멱살을 잡고 카메라를 빼앗아 가려 했다. 나는 신분을 밝힌 다음 고의가 아니고 몰라서 사전에 양해를 구하지 못한 데 대해 미안하다고 사과했으나 막무가내였다.

여러 차례 정중한 사과 끝에 필름만 빼앗기고 카메라는 겨우 돌려받을 수 있었다. 내가 룸 클럭에게 이 사건을 이야기했더니, 그는 나보고 "운이 매우 좋은 사람이다"라고 하면서 "잘못 걸리면 그들에게 목숨까지도 뺏길 수 있으니 조심하는 것이 좋다"라고 말했다.

나는 별난 관광적 체험은 했을지 모르지만 별로 좋지 못한 인상을 심은 채 라스베이거스를 출발하여 그레이하운드(Grayhound) 버스편으로 그랜드캐니언(Grand Canyon)으로 향했다.

그레이하운드 버스 투어(Tour)에 참여한 사람은 약 35명 정도 되었는데, 대부분이 서양인이었으며 동양인은 우리를 포함해서 모두 5명이었다. 우리를 제외한 동양인 3명은 일본 방송취재단으로 많은 촬영장비를 가지고 있었으며, 이들은 그랜드캐니언에 관한 특집을 제작하기 위해 현지에 간다고 했다.

우리가 탄 그레이하운드 버스 기사는 존(John)이라는 사람이었는데, 그는 운전하면서도 유머 섞인 관광안내를 재미있게 하는가 하면, 승하차 시에는 고객들의 안전과 편의를 돌보아주는 친절도 베풀어줌으로써 전문성을 발휘했다.

서부영화에서나 볼 수 있는 산타페(Santa Fe)와 같은 마을에서는 미국 초기 개척시대의 잔재와 발자취를 볼 수 있었으며, 특히 인디언 종족 보호지역에서는 아메리칸인디언(American Indian)들의 전통적인 생활양식과 이들의 삶의 현장을 재확인할 수 있는 좋은 기회를 가질 수 있었다.

그림이나 영화를 통해 상상만 해보던 그랜드캐니언은 문자 그대로 대협곡이었다. 우리는 오후 4시경 해질 무렵 그곳에 도착했는데, 해가 서쪽으로 기울어지는 시시각각 협곡의 색상과 형체가 달라 보였다.

우리 일행들은 이러한 환상적인 광경을 감탄과 더불어 카메라에 담느라 어쩔 줄을 몰라 했다. 한 발짝씩 옮겨 시각을 달리할 때마다 대협곡의 변화하는 모습은 그야말로 장관이었으며, 신이 빚어낸 최고의 조각품임을 실감하게 했다.

그랜드캐니언에서의 1박은 매우 인상적이었는데, 분위기에 맞게 통나무집(Lodge) 식당에서 장작불을 쬐면서 식사와 음료를 즐긴 후, 통나무 코티지(Cottage)에서 취침을 하도록 되어 있었다.

무릇 관광상품은 이와 같이 분위기 및 주위환경과 조화를 이루면서도 타 관광지와는 다른 특징을 갖추고 있어야 하며, 관광객으로 하여금 특색 있는 체험을 할 수 있도록 해야 성공적인 관광지로의 이미지를 제고시킬 수 있는 것임을 확인할 수 있었다.

돌아오는 길에는 로스앤젤레스에 있는 유니버설 스튜디오(Universal studio)에 들렀는데, 영화산업의 본고장답게 기후와 날씨를 포함한 자연적 조건도 좋았지만 인공적 시설도 매우 훌륭해서 신기함을 더해 주었다. 특히, 잊혀지지 않은 명화 '콰이강의 다리'를 촬영할 때 세트로 활용한 인공 다리는 매우 흥미롭게 보았다. 그리고 당시 한창 선풍적 인기를 끌었던 영화 '스타워즈(Star wars)' 촬영장은 보는 이들로 하여금 그 기술에 감탄을 자아내게 하였다.

약 2주간의 미국 서부여행은 우리에게 새로운 세계에 대한 시각과 이해를 넓힐 수 있는 좋은 기회가 되었을 뿐 아니라, 보다 깊이 있는 사고로 앞으로 인생을 살아가는 데도 큰 도움이 될 것이란 확신과 함께 큰 보람을 느끼면서 호놀룰루행 비행기 트랩에 올랐다.

귀국

아내는 그동안 열심히 일하면서 애써 모은 돈을 여행경비로 다 써버린 데 대한 아쉬움이 전혀 없는 것은 아닌 듯 귀국 준비를 하면서 가끔 후회스러운 표정을 짓기도 했다. 나  는 될 수 있으면 간편하게 짐을 꾸려 가자고 설득하고, 우리가 사용하던 텔레비전과 내가 논문을 작성할 때 쓰던 타자기 외에는 입던 옷가지를 가방에 넣어서 손수 들고 가기로 했다. 그래서 우리는 다른 유학생들처럼 이삿짐을 별도로 운송하는 번거로움을 겪지 않아도 되었다.

내가 사용하던 자동차를 새로 온 유학생에게 헐값에 팔자 아내는 그 돈으로 가용에 필요한 물건들을 사고 싶어 했다. 나는 다시 아내에게 "그 돈으로 가는 길에 일본에 들려 4일간만 여행하자"라고 설득하는 데 성공했다. 아내는 특히, 두 딸에게 줄 만한 물건들을 찾는 것 같았는데, 의복 외에는 별다른 것들을 고를 수가 없는 것 같았다.

아들은 우리가 일본에 들렸다 한국에 있는 집으로 간다니까 "일본에 가면 또 일본 말을 배워야 하느냐?"라며 걱정이 태산 같았다. 이런 점을 미루어보아 이곳 하와이 생활에 적응하기 위해 그간 얼마나 힘들었는가를 짐작할 수 있었으며, 비록 나이가 어리더라도 이질문화에 대한 적응은 쉽지 않음을 알 수 있었다.

선배와 동료 및 후배 유학생들은 나의 귀국 환송회를 위한 준비를 했으며, 새로 온 유학생들은 그릇이며 세간살이를 아내로부터 물려받고 좋아했다. 미혼으로 유학 와서 우리집에 가끔 식사 초대를 받아왔던 몇몇 후배들은 인심 좋은 아내가 귀국한다고 매우 섭섭해하였다. P교수도 그간 부인이 잠시 다녀가긴 했지만 노총각 DS와 함께 나의 귀국을 몹시 서운해했다.

이들은 환송 파티를 와이키키 해변에서 바비큐로 대신했는데, 순전히 한국식으로 식사를 한 다음 모두 둘러앉아 노래도 한 곡조씩 뽑았다. 우리의 이런 놀이 광경이 신기한지 많은 관광객이 구경하기도 했지만 부끄럽다는 생각은 아무도 가지지 않는 듯했다. 그리고 마지막으로 '석별의 정'을 합창했는데, 그간 희로애락을 같이하면서 정들었던 이들과 헤어져야 한다는 사실에 나도 모르게 가슴이 찡해 옴을 느꼈다.

나는 마지막으로 와이키키 해변에 있는 카피올라니 공원(Kapiolani park)에 가서 그동안 이곳 생활을 통해 얻은 수확과 아쉬웠던 점들을 결산해 보는 조용한 시간을 가졌다. 그리고 이곳 동물원 구석에 세워놓은 독특한 안내문에 대해서도 다시 한번 심각하게 그 의미를 되새겨보았다. 어두컴컴한 굴 앞에 세워진 안내문에는 '세상에서 가장 무서운 동물이 이 안에 있습니다'라고 쓰여 있고, 굴속에는 자신을 볼 수 있는 대형 거울이 있었다.

나는 이런저런 생각을 하면서 다이아몬드 헤드를 배경으로 한 와이키키 해안의 풍광을 가슴속에 새겨 넣으려고 애썼다. '오늘따라 이 바다는 왜 이렇게도 맑고 푸르며 다정하게 보일까?'라고 생각하면서 지난 2년여 동안 정들었던 이곳을 다음에는 또 다른 모습으로 찾을 수 있기를 기대하면서 발길을 옮겼다.

우리 식구는 호놀룰루 국제공항 출국자 대기실에서 많은 유학생들의 전송을 받으며 비행기 탑승시간을 기다렸다. 유학생 대표로 SK가 우리에게 정성 담긴 레이를 목에 걸어주었으며, 다른 유학생 부인들도 조그마한 선물들을 기념으로 건네주었다. 우리는 이곳 날씨에 맞지 않게 두터운 외투를 입고 땀을 흘리면서 기다렸는데, 보내는 사람과 떠나는 사람 간의 적절한 대화가 없는 듯 서로 알맹이 없는 말들로 얼굴만 보면서 작별의 시간을 보냈다.

아들은 전날 학교에서 송별회를 가졌는데, '서프라이즈 파티(surprise party)'라고 이름 붙여 자신을 깜짝 놀라게 했다고 자랑했다. 처음 몇 개월 동안에는 영어 때문에 고생했지만 얼마 지나지 않아 학급에서 회계일을 맡아 학생들이 견학 갈 때 돈을 거두는 일 등을 맡아 하기도 해서 다소 인기가 있었던 모양이었다.

그의 말에 의하면 "한국으로 도로 간다"라고 하니까 엘비스 프레슬리 (Elvis Presley)가 죽었다는 비보를 접했을 때와 마찬가지로 많은 학생들이 슬퍼했다는 것이다. 그리고 학급 친구들로부터 많은 카드와 사인(Sign)을 받았는데, 선생님이 이것을 한 권의 책으로 제본해서 기념으로 가져가라고 주었다는 것이다. 전송 나온 사람들은 다만 이 사인지를 보면서 이별의 아쉬움을 달래는 듯했다.

탑승 시간이 되어 우리가 트랩에 오르자 그제야 작별을 실감하는 듯 환송 나온 사람들은 다시 만날 날을 기약하면서 두 손을 꼭 잡고 놓을 줄을 몰랐다. '서로의 만남은 이렇듯 이별을 전제로 하더란 말인가!'라는 생각을 하면서 타국에서 유별나게 친하게 지내던 동료 및 후배들을 뒤로한 채 우리는 동경행 비행기에 몸을 맡겼다.

동경에서 우리는 예약된 와이엠씨에이(YMCA) 숙소에 여장을 풀었는데, 마침 모교에 재직 중이신 P교수님을 그곳에서 만나게 되었다. P교수님은 내가 대학원에 다닐 때 강의를 하신 바 있어, 나에게는 은사님이 되시기도 했는데, 이곳에 국제회의가 있어 참석차 오셨다는 것이다.

P교수님은 마침 일본동료의 안내로 엔에이치케이(NHK) 방송국을 견학하실 계획이었는데, 우리도 같이 가자고 해서 덕분에 좋은 시설을 구경할 수 있었다. 동경에서의 3일은 생각보다 물가가 너무 비싸서 극히 제한된 관광만 할 수 있었다. 점심식사를 사 먹는데도 하와이에 비해 2~3배 되는 경비가 소요되었고, 음식도 입맛에 맞지 않아 고생을 좀 했다.

한번은 서투른 일본말로 우동을 주문했는데, 얼마나 짜던지 나 혼자 세 그릇을 비우느라 혼이 난 적이 있다. 역시 일본을 제대로 보려면 충분한 시간과 경비가 필요하다는 생각을 하면서, 방송국 견학과 일본 인들의 친절성을 제외하고는 별다른 인상을 갖지 못한 채 우리는 서울 행 비행기에 탑승했다.

지울 수 없는
꿈을 향한 여정

제8부

대학 복직

관광과 전임

우리가 김포에 도착하자 2월
의 매서운 겨울 날씨가 풀어졌던
마음을 다시 긴장시켰으며, 공항
의 분위기도 살벌한 느낌을 주는
듯 모두가 굳은 표정을 하고 있

었다. 택시를 타고 강남 고속버스 터미널로 가는 도중 아들은 영어로
"이 차는 왜 이렇게 작으냐?"라고 포니 택시의 비좁은 자리를 불평했다.
분명히 외모는 한국 아이인데 영어로 말하니까 운전기사는 이상하다는
듯이 신기한 눈초리로 백미러를 통해 우리를 힐끔힐끔 쳐다보면서 "어
디서 오는 길이냐?"라고 말을 걸어왔다.

고속버스로 대구에 저녁 늦게 도착한 우리는 모처럼 내리는 흰 눈을
맞으며 우선 반야월에 있는 애들의 외갓집에 가서 여장을 풀었다.
애들의 외할머니는 "눈이 오면 반갑고 귀한 손님이 온다더니 드디어
왔구나!" 하고 우리를 반기셨다. 두 딸애들은 몰라보게 자라 있었는데,
특히 작은 애는 외숙모를 엄마로 착각하는 것같이 보였다. 그리고

둘째 애도 그동안 떨어져 있어서인지 낯을 가리는 듯 우리한테 오기를 꺼렸다.

실로 2년 만의 상봉이었기에 우리는 밤이 가는 줄도 모르고 헤어졌던 지난날들을 회상하며 이야기꽃을 피웠다. 그간 애들의 외숙모가 딸 둘을 맡아 키우느라고 고생이 많았던 것 같았으며, 둘은 외숙모로부터 떨어지지 않으려고 했다. 아내가 두 딸애들을 데리고 우리 방으로 건너올 때 외숙모는 그간 들었던 정 때문에 눈물을 흘렸다. 우리는 애들의 외삼촌이 두산동에 거처를 마련해 놓았다는 이야기를 들으면서 빨리 정착하여 식구가 모두 한집에서 재미있게 살기를 원했다.

애들의 외숙모는 우리가 군에 있을 때 외삼촌과 같이 근무하던 인천이 고향인 KY군의 여동생으로, 마을에서도 훌륭한 며느리로 소문이 나 있었다. 조씨 가문의 3남 1녀 중 외동딸로 귀하게 자라면서 간호과를 나와 직장 생활을 하다가 시집왔건만 불평 한마디 하지 않고 집안의 궂은 일을 도맡아 해서 주위에서도 칭찬이 자자했다.

어제 귀국하여 시차도 아직 극복하지 못한 상태로 나는 학교에 가서 S학장님과 IH부학장 그리고 보직자들에게 인사를 했다. 학장님과 달리 부학장은 별로 반기는 기색을 보이지도 않고 오히려 박사학위 취득도 안 하고 귀국한 데 대해 다소의 불만을 표시했다. 따라서 학교에서는 출국 전에 교양학부 영어담당 조교수였던 나를 전문대학 관광과 전임으로 발령을 내주었다. 다소 불만이 있었지만 나는 시간이 해결하리라 믿고 필요한 복직 서류를 제출했다.

그 당시 관광과에는 4명의 교수가 있었는데, 학과장인 C교수는 교무부장직을 겸직하고 있었다. C교수는 내가 본인을 통하지 않고 부임한 데 대해 처음에는 조금 섭섭해했다. 그러나 학기가 시작되면서 우리 과는 타 과에 비해 단합도 잘 되었고 학생지도에도 모범이 되었다. 특히, 매달 돌아가면서 자택에서 식사도 같이하며 화목하게 지내자 타 과 교수들은 우리를 매우 부러워했다.

나는 내가 맡고 싶었던 과목을 강의할 수 없어서 다소 서운했지만, 학과 사정을 이해하고 관광영어와 국민관광론을 맡았다. 2학기에는 내가 강의하고 싶었던 관광개발론을 맡는다는 기대를 가지고 있었는데, 갑자기 교수가 충원되는 바람에 그 과목마저 신임 교수에게 양보하고 말았다. '나는 자신을 희생하면서까지 다른 사람의 입장을 너무 이해하려는 것은 아닌가?' 하고 가끔 반성해 보지만 결코 한 번도 후회는 하지 않았다.

나는 틈을 내어 K지사님에게도 귀국 인사를 드렸는데, 매우 반가워하시면서 여전히 필요할 때 와서 도와달라고 하셨다. 친절을 베푸시는 것은 좋지만 현재 H교수가 공식적인 내 후임으로 보필하고 있는데, 많은 사람 앞에서 그런 말씀을 해서 좀 민망스럽기도 했다. 따라서 도청에 근무하는 많은 선배와 동료들로부터 나는 귀국 인사를 받았으며, 그들은 귀국 축하연과 함께 변치 않은 훈훈한 인정을 베풀어주기도 했다.

애들의 외삼촌은 우리가 살던 앞산 아파트를 처분하고 두산동에 단독주택을 하나 마련해 두었기에 우리는 그곳으로 이사를 갈 수 있었다. 우리가 이사한 마을은 아직 개발되지 않아 대중교통 편의도 없을 뿐 아니라 상수도도 들어오지 않아서 생활하기에 여간 불편하지 않았다. 그러나 우리는 식구가 모두 한집에 모여서 살 수 있다는 사실에 만족했고 하나님께 감사했다.

야간부(2부)
교학차장

개학과 더불어 K대학은 종합대 학으로 승격되었고, 초대 총장에 는 IH부학장이 취임했다. 따라서 K전문대학에는 HD교수가 학장으 로 일하게 되었는데, 그는 나보고 학생부장 일을 맡아달라고 했다. 나는 "이제 막 귀국해서 정착도 되 지 않은 상태에서 맡을 수 없다"라
고 하자, 학장은 "그러면 2부 교학차장 일을 좀 맡아달라"고 했다.

내가 "그 직책의 주 임무는 무엇이냐"고 묻자, 그는 "야간부 학생들의 수업과 학생활동 업무를 주로 담당하는 것으로 힘이 들어서 아무도 맡을 사람이 없으니 김 교수가 좀 수고를 해주면 좋겠다"라고 했다.

나는 "다른 사람들이 귀찮아하고 힘이 들어서 안 하겠다면 내가 기꺼 이 맡아 해보겠다"라고 HD학장의 제의를 수락했다. 나는 매일 아침

8시에 출근해서 밤 11시가 넘어서 모든 2부 학생들이 하교하는 것을 확인한 후 시설들을 둘러보고 퇴근했기 때문에 거의 밤 12시가 되어서야 집에 돌아올 수 있었다.

그러나 나는 과거 내가 야간 고등학교에 다니던 때를 회상하면서 2부 학생들의 편의를 돌보아줄 수 있다는 데 대한 긍지와 무한한 자부심을 가졌다. 한 학기 동안 이 업무를 보고 나니 체중도 많이 줄었을 뿐 아니라, 나는 과로와 더불어 수인성 전염병까지 얻게 되었다.

그 당시까지만 해도 우리 동네에는 상수도가 들어오지 않았기 때문에 집에서도 지하수를 식수로 사용했다. 주위 환경이 청결하지 못한 원인도 있었겠지만 몸이 허약해진 탓으로 나는 원인 모를 열병에 걸리고 말았다. 동산병원에 가서 진찰을 받았는데, 확실한 병명도 모른 채 다만 열병으로 진단이 나서 약 일주일간 입원하여 치료를 받았다.

우리 가족 중에는 나의 건강을 위해 기도해 주는 사람이 어머니 외에도 많았지만 특별히 교회 권사이신 형수님이 기도를 많이 해주어서 늘 고맙게 생각하고 있었다. 형수님은 병원에 문병 와서 건강 회복을 위한 기도를 얼마나 간절히 하는지 나는 회계와 더불어 많은 눈물을 흘렸다.

내가 병원에 입원해 있을 때 K지사님도 문병해 주었는데 의사가 수인성 전염병인 것 같다고 하자 관계 당국에 연락해서 가능하면 상수도 시설을 해주라고 간접적으로 부탁해 주었다. 이러한 지원에 힘입어 나는 퇴원 후 대구시 수도국에 가서 협조를 요청했으며, 그 결과 우리 동네에는 수도가 들어오게 되어 주민 모두가 상수도 혜택을 받게 되었다.

상수도 시설이 준공되었을 때 나는 주민들로부터 많은 인사를 받았으며, 동사무소와 협조해서 간단한 개통식도 가지기로 했다. 그 자리에서는 특히, 현장까지 직접 와서 조사하고 추진하는 데 적극적으로 힘써준 SW수도국장에게 우리 동민의 이름으로 감사패를 증정했는데, 그는 공무원 생활 30여 년 동안에 가장 큰 보람을 느끼는 순간이라며 기뻐했다.

퇴원해서 의사의 지시대로 내가 집에서 잠시 요양하고 있을 때 우리 과 학생들이 문병을 왔는데, 집을 찾느라고 얼마나 애를 먹었던지 여학생 대표였던 SH는 울음까지 떠뜨렸다. 그때 '78학번 학생들은 심성도 좋았을 뿐 아니라 공부도 잘해서 매우 자랑스러웠다. 지금도 이들과는 가끔 연락을 하는데 과거와 조금도 변치 않은 친분을 유지하고 있다.

내가 2부 교학차장으로 보직을 맡고 있을 때 잊지 못할 사건이 두 가지 있었는데, 그 하나는 사소한 화재사건이었다. 내가 분명히 학생들이 모두 하교한 것을 확인하고 용인들에게 청소를 부탁한 후 퇴근했는데, 그 이튿날 출근을 해보니 S명예총장님한테 SW교무과장이 불려가서 간밤의 화재문제로 문책을 받고 있다는 것이었다.

나는 깜짝 놀라 내용을 알아본즉, 어젯밤 약 11시 40분경 4층 화장실에서 연기가 나서 경비원이 확인해 보니 화장실 쓰레기통에서 불꽃이 일어 타고 있더라는 것이다. 다행히 화장실의 쓰레기통만 타고 문짝이 약간 그을렸을 뿐 별다른 피해는 없었다.

나는 주저하지 않고 명예총장님실로 가서 꾸중을 당하고 있는 SW과장을 밀어내고 대신 "나에게 책임이 있으니 문책은 내가 받겠다"라고 말씀드렸다. 호랑이 같은 명예총장님도 갑작스런 상황에 노발대발하셨던 성질을 누그러뜨리시고 "다음부터 조심하라"는 훈계로 끝을 맺으셨다. 노랗게 겁에 질려 어쩔 줄 모르던 SW과장은 '이제야 살았다'는 듯이 한숨을 내쉬면서 그곳에서 빠져나갈 수 있게 되었다.

다른 하나는 제주도 졸업여행 중에 공예과 학생이 자살한 사건이었는데, 인솔책임자와 지도교수가 입장이 곤란해서 혼이 났다. 이 학생은 제주도 여행 중 같은 과 연상의 여학생에게 사랑을 고백했다가 실연을 당하자 배가 부산에 입항하기 직전 물에 뛰어들어 자살을 했다는 것이다.

다행히 유서가 발견되어 사건은 쉽게 마무리되었지만, 인솔책임자인 학생부장과 지도교수가 부산 해양경찰대에 불려 가서 조사를 받아야 했는데, 이들이 핑계를 대고 안 가는 통에 내가 대신 학생의 시험지 등 증거가 될 만한 자료들을 가지고 가서 해결을 보아야만 했다.

죽은 학생은 칠성시장에서 장사를 하는 홀어머니의 외동아들이었는데, 어머니의 슬픔이 이루 말할 수 없이 컸었던 것이다. '자식이 부모에 앞서 죽는 그 자체도 불효인데, 꽃 같은 나이에 자살을 했으니 부모의 마음이 어떠하겠는가?' 하는 생각을 하면 어머니의 슬픔은 짐작이 가고도 남았다. 애달피 통곡하는 어머니를 보면서 나는 그가 정말로 어머니 가슴에 크나큰 상처와 아픔을 주었을 뿐 아니라 영원히 뽑지 못할 비통의 큰 못을 박아 놓고 떠났다는 생각과 원망하는 마음을 가질 수밖에 없었다.

신실한 불교 신도인 학생의 어머니는 부산항에서 시신을 찾아 그곳에서 제를 지낸다고 학교에 통보해 왔다. 나는 또 학교를 대표해서 그곳에 참석했는데, 배를 타고 제를 지내는 현장에 참여하는 것도 쉽지 않았지만 마지막 순서에서 어머니가 얼마나 원망스런 자세로 통곡을 하는지 학생을 지도하는 입장에 있는 나로 하여금 괴로움을 금치 못하게 했다.

2부 교학차장 일을 보면서 나는 대학 행정 및 발전에 다소 기여했다는 보람도 느꼈지만 어렵고 힘든 일들도 많이 겪었기에 좋은 경험을 했다고 생각했다.

스카우트 유혹

경주 조선호텔이 막 준공을 앞둔 시점, 어느날 하와이 알라모아나 호텔(Hawaii Ala Moana hotel) 바그단(Bagdan) 부사장한테서 전화가 걸려 왔다. 그는 "현재 서울에 있는데 내가 바쁘지 않으면 내일 점심 때 경주 코오롱 호텔(Kolon hotel)에서 만나 식사나 같이하자"라고 했다. 나는 그로부터 페이슨(Faison) 지도교수의 안부도 전해 들으며 반갑고 고마운 마음을 전하고, 마침 겨울방학 중이기도 해서 기꺼이 그의 제의 에 동의했다.

그 이튿날 나는 경주 코오롱 호텔에서 바그단 부사장을 만났는데, 그는 일행인 2명의 다른 외국인을 소개해 주었다. 한 사람은 서울 조선 호텔 데이비드(David) 총지배인이었고, 다른 한 사람은 경주 조선호텔 엔젤리니(Angelini) 신임 총지배인이었다. 식사를 마치고 환담을 하면서, 나는 이들이 경주 조선호텔 건축 현장을 둘러보기 위해 왔다는 것을 알게 되었다.

대화의 분위기가 무르익자 바그단 부사장은 나보고 단도직입적으로 "한 달 봉급이 얼마나 되느냐?"라고 물었다. 내가 당황해하자 그는 웃으면서 "대략 월수입이 얼마나 되느냐?"라고 재차 물었다. 그 당시 나의 봉급 수준을 듣자 그는 "그 수준의 약 2배를 줄 테니 아메리카나 체인 호텔(Americana chain hotel)에서 같이 일할 의향이 있느냐?"라고 물었다.

내가 좀 의아해하자 그는 "사실 이들과도 상의한 바 있는데, 지금 당장 경주 조선호텔의 부총지배인 자리를 맡아주었으면 좋겠다"라고 의중을 밝혔다. 따라서 제의에 수락만 하면 업무 수행상 필요한 지원도 부수적으로 해주겠다는 것이었다. 그는 내가 하와이 대학 페이슨 교수 밑에서 공부할 때부터 친하게 지냈을 뿐 아니라 내 논문을 매우 좋게 평가하고 있었다.

나는 솔직히 그 당시 마음이 몹시 끌렸었지만, 경솔하게 결정할 수 없어서 '시간을 좀 주면 좋겠다'는 의사를 밝혔다. 그는 "약 1주간의 여유를 줄 테니 신중히 결정해서 통보해 주기 바란다"라고 하면서, "그 동안이라도 방학 중이니까 마케팅 전략회의나 기타 중요한 회의에 참석해 보라"는 것이었다. 나는 "그렇게 하겠노라"라고 하였으며, 그들과 같이 경주 조선호텔 건축 현장에 가서 시설의 진척 상황 등을 살펴본 후 다시 연락하기로 하고 작별했다.

그 당시 정부에서는 경주를 국제적인 관광도시로 개발하기 위해 많은 힘을 쏟고 있었으며, 한국관광공사에서는 태평양지역관광협회(PATA) 총회를 이곳 경주에서 개최할 수 있도록 각종 기반시설 건설에 심혈을 기울이고 있었다.

특히, 국제회의장과 호텔 같은 숙박시설의 준공은 그때까지 완공되어야 되기 때문에 밤낮으로 건설에 주력하고 있었다. 따라서 경주 조선

호텔도 예외는 아니었기 때문에 건설에 한창이었으며, 하드웨어(Hardware) 못지않게 종업원 채용 및 교육 등을 포함한 소프트웨어(Software)의 개발에도 전력하고 있었다.

아메리카나 그룹의 스카우트(Scout) 제의에 대해 나는 아내와 상의했는데, 아내는 "대우나 보수 면에서는 마음이 끌리지만 외국까지 가서 고생하며 공부해 온 것을 생각하면 학교에 있어야 하지 않겠느냐?"라는 의중을 밝혔다. 그러면서도 항상 그렇듯이 결정은 내가 알아서 하라는 것이었다. 나는 또 학교에 가서 L학장에게도 개인적으로 자문을 구했는데, 그도 역시 "학교에서 모교 발전과 후진 양성에 힘쓰는 일이 더 보람있지 않겠느냐?"라며 가지 말 것을 권했다.

그러는 사이 두 차례에 걸쳐 나는 호텔 회의에 참석할 기회를 가졌는데, 한번은 부산 조선비치 호텔에서의 마케팅 전략회의였으며, 또 한번은 서울 조선호텔에서의 그룹 간부회의였다. 나는 아내나 학교에서 말리는 데도 다소 영향을 받았지만, 그보다 본부의 마케팅 계획이나 전략이 내가 생각하는 것과는 너무 거리가 있어서 도저히 보조를 맞출 자신이 서지 않았기 때문에 그 제의를 정중히 거절했다.

경주 조선호텔의 안젤리니 총지배인은 내가 두 차례나 회의에 참석까지 해놓고 이제 와서 제의를 거절한다고 매우 괘씸하게 생각했다. 그러나 나는 그가 이해할 수 있도록 설명을 했으며, 우리 학과 졸업생 8명을 신입 사원으로 특채시키는 데 성공했다. 그 후 나는 도청에서나 기타 공공 기관에서 주관하는 행사를 그곳으로 유치시키는 등 음으로 양으로 경주 조선호텔에 많은 도움을 주려고 노력했으며, 이것을 알아차린 총지배인도 오해를 풀었고 오히려 더 친해질 수 있는 계기가 되었다.

요즘도 가끔 나는 '그때의 스카우트 유혹에 못 이겨 내가 전직을 했다면 지금쯤 어떻게 되었을까?' 하는 생각을 해본다. 만약 내가 전직을 했더라면 특색 있는 경영철학으로 호텔 서비스의 획기적인 발전에 기여할 수도 있었을지 모르고, 또한 관광경영학의 특성상 그런 경험이 오히려 학문연구에 도움이 될 수도 있었을지 모른다는 생각을 할 때가 있다.

따라서 그 기회가 어쩌면 나의 인생을 바꾸어 놓을 수 있는 또 다른 계기가 되었을지도 모른다는 생각과 함께 '그때 한번 도전해 보는 건데!' 하는 일말의 후회도 없지 않아 있음을 고백한다.

교수와 학위

그 당시 K대학은 종합대학으로 승격하면서 이것을 기념하기 위해 교육부의 지원을 받아 대규모 국제학술대회를 개최하게 되었다. 학술대회의 주제는 '고등교육의 학문적 탁월성'이었는데, 약 15개국에서 50여 명의 석학들이 참석하여 주옥 같은 논문들을 발표하여 국제적 관심을 끌었다.

나는 그때 관광과의 다른 교수들과 함께 서울로 와서 귀빈들을 영접하고 또 대구로 모시는 업무를 담당했다. 학교에서는 의전업무에 밝은 나에게 각국 대표들의 편의를 보아주는 일을 맡겼는데, 나는 그때 영국 서리 대학교(University of Surrey)에서 온 엘튼(Elton) 교수를 만날 수 있는 기회를 가졌다.

솔직히 나는 귀국하자마자 박사학위를 취득하지 못하고 돌아온 데 대해 한없이 후회하였다. 물론 학벌 위주인 우리 사회가 원망스럽기도 했지만, 그래도 대학에서 살아 남으려면 학위가 있어야 된다는 것을 뼈저리게 느꼈다. 학위는 일종의 대학교수 자격증인 것처럼 인식되고 있었으며, 특히 입학식 때나 졸업식 때 학위 없는 설움은 당해보지 않고는 아무도 모른다.

오죽했으면 그 당시 영남 대학교에서 다시 경영학으로 학위과정을 이수하려고까지 했을까! 그리고 이렇게 오랜 시간을 학위도 취득하

지 못한 채 학교에 있는 것보다 차라리 다른 곳으로 전직하는 게 나을지도 모르겠다는 생각으로 고민하면서 괴로워해야만 했던가!

그러나 이제는 나이도 있고 또 기왕 굳은 각오로 시작한 이상 흔들림 없이 한 우물을 계속 팔 수밖에 없다고 결심을 다졌다. 따라서 기회가 되면 관광경영학 분야에서 세계적으로 명성이 높은 영국 서리 대학교에 가서 최종 학위과정을 이수했으면 하는 희망과 꿈을 가지고 있었다.

그런데 마침 국제학술행사 때문에 서리 대학교의 엘튼 교수를 만나게 되었음은 하나님이 특별한 기회를 나한테 주신 것이 분명하다는 생각으로 구세주를 만난 듯 매우 기뻤다. 나는 엘튼 교수에게 시간 나는 대로 서리 대학교에 관한 정보를 개인적으로 물었으며, 결국에는 나의 관심사를 털어놓을 수 있었다.

엘튼 교수는 서리 대학교 고등기술교육연구소 소장(Director of Higher Technical Education Research Center)으로 일하고 있었으며, 관광경영학과의 학과장인 아처(Archer) 교수와는 친분이 두텁다고 했다.

그는 나의 의욕적인 향학열에 감명을 받았는지 최선을 다해 도와주겠다고 했다. 나는 그가 귀국할 때 입학에 필요한 서류를 준비해서

아처 교수에게 서신과 함께 보냈다.

엘튼 교수가 떠난 지 약 3개월 후, 나는 아처 교수로부터 편지와 입학지원서를 받을 수 있었다. 영국에서는 석사(MSc: Master of Science)와 박사(PhD: Doctor of Philosophy) 중간에 준박사(MPhil: Master of Philosophy) 학위과정이 있다.

아처 교수는 이것을 거쳐야 학위과정에 진학이 가능하다고 했으며, 지원서를 보내왔다. 그래서 나는 준박사 학위과정 입학지원서와 그 외 요구하는 기타 서류를 완벽하게 구비해서 보냈다.

약 6개월이 지나서야 회신이 왔는데 입학허가서와 등록금 납입서 및 기숙사시설 그리고 기타 학교 안내서 등을 동봉해 왔다. 나는 드디어 꿈을 이룰 수 있다는 희망을 가지고 또 다른 차원으로의 도전을 위한 준비에 힘썼다. 나는 아내에게 상황을 설명하고 이해를 구했는데, 아내는 걱정을 하면서도 나의 결심에 동의하고 격려해 주었다.

그러나 문제는 경비였다. 귀국한 지 4년밖에 안 되었는데 어떻게 또 학교로부터 허락과 지원을 받아낼 수 있을까 하는 걱정으로 나는 밤에 잠을 이룰 수가 없었다. 나는 '81학년도 한 학기 동안을 이 문제로 계속 고민만 하다가 결국에는 내년으로 미룰 수밖에 없다고 판단하고 서리 대학교에 입학연기 신청서를 제출했다.

변화된 아내의 의식

귀국한 이후로 아내는 그전 한국에서의 생활과는 전혀 다른 의식구조의 변화를 보였다. 우리가 두산동으로 이사한 지 3개월도 채 안 되었는데 아내는 집에서 노는 것이 무료하다면서 어디서 구했는지 면장갑 짜는 틀을 사들여 놓고 거기에 매달리기 시작했다. 구식인 수동으로 면장갑을 짜내는데 하루에 기껏해야 수십 켤레밖에 생산하지 못했다.

그리고 더 큰 문제는 이것에 대한 판로인데 생산품을 서문시장에 가서 팔아봤자 인건비는커녕 원료인 실값도 제대로 건질 수 없었다. 나는 그것을 그만두라고 권유했지만 막무가내였으며, 아내는 '한국여성들이 세계에서 가장 편한 것 같다'고 입버릇처럼 말했다.

나는 일견 이런 의식을 가지고 있는 아내가 대견스러웠으며, '외국생활을 무의미하게 보내지는 않았구나' 하고 생각했다. 이런 사실을 전해 들은 우리 학과의 C교수님은 부인을 데리고 우리집 가건물 공장(?)을 견학차 왔으며, 부인에게도 권하는 것 같았다. 내가 한사코 말렸는데도 C교수님은 기계를 구해서 결국 부인을 고생만 시켰다.

그러나 6개월이 채 안 돼서 장갑 짜는 일이 노력에 비해 별 소득이 없다는 것을 확인하고 아내는 기계를 헐값에 처분하고 말았다. 나는 속으로 '그간 수고만 하고 밑진 장사 한번 잘했다'라고 생각하면서도 아내의 정신이 기특해서 별다른 원망도 하지 않았다.

또 얼마간을 궁리한 끝에 아내는 시내에 있는 미용학원에 다니기 시작했다. 열성을 가지고 다닌 덕분에 졸업 후 아내는 금방 미용사 자격증을 취득했으며, 우리집 1층 점포에 미용실을 차렸다. 미용실에 필요한 시설과 기구를 들여놓은 다음 상호를 정하는데 아내는 '많은 학원 동기들이 스마일 아줌마'라고 부른다며 '스마일 미용실'이라는 간판을 걸었다.

격식을 갖춘다고 개업식도 하고 선전도 했지만 마을 자체가 워낙 취약한 데다 상주인구도 얼마 되지 않았기 때문에 애초부터 영업이 잘 되리라고는 기대하지 않았다. 따라서 시도 때도 없이 손님이 들이닥치는 것에 대비해서 아가씨까지 한 사람 고용할 수밖에 없었다.

예상대로 미용실 영업은 부진해서 고용한 아가씨의 월급도 줄 수 없을 지경이었다. 특히, 아내는 불쌍한 사람은 그냥 보지 못하는 심성이라 외상 내지는 공짜로 동네 부인들의 머리를 손질해 주기 일쑤였다. 생각 끝에 아내는 고용한 아가씨를 내보내고 본인의 시간에 맞추어서 소일 삼아 일을 보았다.

그러다 결국에는 불쌍한 학원 동기가 개업을 한다니까 갖고 있던 기구와 물건들을 헐값에 모두 주어버렸다. 이로써 아내가 경영하던 스마일 미용실은 문을 닫게 되었지만 나는 "그래도 기술은 보유하고 있고, 또 유익한 경험을 했지 않았느냐?"라고 아내에게 위로의 말을 해주었다.

그리고 연이어 지산동에서 사진관을 경영하는 Y선생의 부인이 사진 기술을 배워두는 것도 괜찮다고 해서 아내는 한동안 그것을 배우러 다니기도 했다. 그러나 그 일은 본인의 적성에 맞지 않았는지 끝을 보지 못한 것 같았다.

아내는 툭하면 대학 동기생 가운데 중등학교 교사로 재직하고 있는 SS를 부러워하면서 그때 본인이 교사자격증을 취득하지 못한 데 대해 후회하고 있었다. 나는 아내에게 그 무렵 막 우리나라에 도입된 "컴퓨터를 한번 배워보는 것이 어떠냐?"고 제안했는데 예상외로 반응이 좋았다.

아내는 컴퓨터에 매우 관심을 가지고 그 당시 국영 텔레비전(KBS-TV)에서 방영되는 컴퓨터 강좌를 열심히 들었다. 컴퓨터에 재미를 붙인 아내는 삼보에서 처음 나온 8비트짜리 애플 컴퓨터(Apple Computer)를 구입해서 연습하기 시작했다.

그리고는 구입처에 가서 강의도 듣기 시작했는데, 삼보회사에서 하는 강의가 미흡했던지 아내는 계속해서 학원에 나갔으며, 결국에는 이것을 계기로 경북산업대학교에 편입하여 본격적으로 전산학 공부를 시작했다.

나는 변화된 아내의 의식이 매우 바람직하다고 생각했으며, 이런 의식구조의 변화가 우리나라 전체 여성들에게도 요구된다고 믿고 있었다. 왜냐하면 이러한 도전적 자세야말로 자신을 끊임없이 발전시킬 뿐 아니라 삶에 활력을 주고 아울러 개혁시킬 수 있는 원동력이 되기 때문이다.

학생부장

야간부 교학차장 보직의 임기를 마친 후 나는 가능하면 평교수로 재직하면서 연구에 전념하려고 노력했다. 그러나 본부에서는 J교수를 신임 학장에 그리고 나의 의도와 관계없이 나를 학생부장에 보임하였다. 그 당시 상황으로는 학생들의 행사나 활동이 관계당국의 제재를 많이 받았기 때문에 학생지도를 책임진다는 것이 그리 쉬운 일이 아니었다.

제5공화국의 출범과 더불어 교육부에서는 삼청교육대에 입소 대상이 될 만한 학생이 있으면 신청하라는 공문을 보내왔는데, 나는 이 문제를 가지고 학과장회의를 한 결과 2명을 추천했다. 이들은 단지 성품이 거칠다는 점 외에는 별다른 특징이 없었지만 교육을 다녀온 후 행동이나 사고가 개선되어 본인은 물론 교수들도 매우 흐뭇해했다.

내가 학생부장직을 맡고 있을 때 학생들의 관심이나 운동 방향을 지역사회 발전에 기여할 수 있도록 유도해 보려고 애썼다. 그래서 경상북도 농산국과 협조해서 영농기에 다수의 학생들을 모심기나 보리베기 등과 같은 농촌 봉사활동에 참여시켰다.

방학 때는 시골에 가서 서클들이 건전한 봉사활동을 펼 수 있도록 관계 당국과 협조하는 한편
사전 준비를 위한 교육도 철저
히 시켰다. 그리고 방학기간
중에는 학생과장과 함께 현
장순시 및 지도를 통해 점검
과 실적을 확인하고 지원을
해주었다. 이러한 철저한 지도 덕택에 우리 대학 학생봉사활동은 현지
주민들로부터 환영을 받았을 뿐 아니라 관계당국으로부터도 호평을
받을 수 있었다.

보직 교수들에게는 방학이나 별다른 휴가 같은 것이 있을 수 없었으
며, 특히 학생들의 행사나 활동은 주로 주말이나 방학기간에 많이 이루
어지기 때문에 남들이 놀 때 오히려 더 바빴던 것 같았다. 신입생 오리
엔테이션, 개교기념 행사, 학생회 간부 수련회, 춘계 및 추계 체육대회,
학생회장 선거, 각종 서클행사 등 연중 내내 일이 끊이지 않았다.

학생들의 수가 많다 보니 크고 작은 사고도 많았는데, 한번은 주말
오후에 연락이 와서 학교에 갔더니 경영과 2학년 학생이 불로동 저수지
에서 수영을 하다가 익사했다는 것이었다. K학과장과 나는 현장에 가
서 확인을 하였는데, 부모들이 마치 학교 당국에서 지도를 잘 못해서
그런 사고가 생긴 양 은근히 우리를 원망하는 눈치였다.

나는 속으로 마음 아파하면서도 오히려 "대학생이 상식에 속하는
수영금지 표지판을 무시하고 저수지에서 수영을 하다가 익사해서 학교
에 누를 끼쳐서 되겠느냐?"고 역정을 냈다. 그제야 보호자들이 양심적

으로 미안하다는 사과를 해 와서 우리도 성의껏 조의를 표한 바 있다.

그리고 전문대학의 특징은 학생들이 학과에 대한 애착이 매우 높기 때문에 학과별 체육대회 때는 과잉경쟁으로 거의 매번 사고가 나서 수습하느라 고생을 해야만 했다. 다행히 학과장들과 전 교직원들이 협조를 잘 해준 덕분에 학생부장 재임 시에 특별한 과오 없이 업무를 처리할 수 있었던 것 같았다.

나는 이즈음 계명대학교 총동창회 사무국장직도 맡았었는데, 그 일도 만만치가 않았다. 제5공화국이 출범한 이래 정부에서는 사회 정화작업의 일환으로 학원에도 손을 대기 시작했는데, K대학교가 족벌체제라는 이유로 총장을 해임시켰다. 임기를 약 10개월 남겨두었던 S총장은 뜻하지 않게 총장직에서 물러날 지경이 되었다.

총동창회에서는 '정부의 처사가 너무 심할 뿐 아니라 대학 발전을 저해시키고 있다'고 판단하고 관계 요로에 진정서와 탄원서를 내고 그 것을 막으려고 온갖 노력을 다했다. 그리고 배후에 만약 정치적 요소가 작동한다면 그것을 중단해 줄 것을 건의했다. 그 당시 우리 학교는 기독교의 종교 싸움에도 휘말려 실로 복잡한 상황에 처해 있었다.

총동창회는 이 일로 거의 매일 N회장을 위시한 임원단 회의를 소집해서 숙의했지만 역부족이었다. 나는 사무국장이었기 때문에 회의소집을 위한 연락사항이라던가 회의결과 등을 정리 요약해서 보고하는 일로 매우 바빴다.

이 일 때문에 회장단에서는 개인적으로 많은 시간과 경비를 썼으며, 서울을 포함한 외지 출장도 많이 다녔다. 그러나 정부에서는 기존의 재단이사회를 해체시키고 관선 이사들을 위촉하였다.

관선 이사장에는 그 당시 K국립대학교 총장이던 H박사가 임명되었다. 따라서 S총장은 총동창회의 노력에도 불구하고 임기를 마치지 못한 채 총장직에서 물러나게 되었다.

내가 총동창회 사무국장으로 있을 때, 두 가지 사업을 성사시켰는데, 그 하나는 문공부에 등록을 필하고 정식으로 총동창회보를 발간하기 시작한 것이다. 그 취지는 우선 동문들의 모교에 대한 관심과 협조를 구하기 위해서 소식을 알리고 어떤 모양으로든지 의사소통의 길을 열겠다는 데 있었다.

우리는 그 당시 대학교의 위상을 제고시키기 위해 야구단을 창설하는 데 적극적으로 협조했을 뿐 아니라 앞으로 총동창회 전용 회관을 건립할 계획을 가지고 있었던 것이다. 그래서 재정을 확보하는 일이 급선무라고 생각한 나는 다방면으로 이를 위한 연구와 노력을 게을리 하지 않았다.

다른 하나는 자질 있는 후배 양성을 위해 장학기금을 마련해야겠다는 생각을 하고 있었으며, 이를 위해 특별구좌를 만들어 장학금 적립에 힘썼다. 무엇보다 훌륭한 인재를 배출할 수 있도록 총동창회가 적극적으로 지원해 주어야 된다는 생각을 가지고 우리는 고시반 학생들에게도 지원을 아끼지 않았다.

나는 학생부장직에서 물러나자 이제까지 미루어 왔던 영국 유학의 꿈을 실현시키기 위해 본격적으로 준비에 착수했다.

큰아버지의 타계

대학 본부에서는 예기치 않은 교육부의 감사와 총장경질설로 혼란스러운 분위기가 고조되고 있는 가운데 신학기가 시작되었다. 학생부장 보직을 그만두었기에 나는 다소 홀가분한 마음으로 유학 준비를 위해 시간을 보낼 수 있을 것으로 기대했지만 여전히 총동창회 사무국장 업무 때문에 바쁘기는 마찬가지였다.

입학식과 신입생 오리엔테이션 등 신학기를 맞아 분주한 한 달이 지나고 4월이 다가왔다. 지난 겨울 셋째 여동생을 시집보내고 나서부터 몸져누워 계시던 큰아버지가 위독하다는 연락을 받고 나는 급히 예산으로 갔다. 그간 일흔의 나이에 걸맞지 않게 건강하시던 어른이 지붕 일을 하시다가 떨어져 허리를 다치신 것이 화근이 되어 병을 얻은 것이다.

의지가 여간 강하지 않아서 한번 마음먹으면 꼭 하고야 마는 성품이시라 병환으로 오랫동안 가족들을 고생시키는 일은 하지 않겠다는 각오를 하신 듯했다. 그래서 이번에는 "벌써 일주일째 식음을 전폐하시고 약도 드시지 않는다"라고 큰어머니께서는 애통해하시면서 말씀하셨다.

그간 큰아버지가 나한테 베푸신 은덕에 비해 너무 효도를 못 한 것 같아 죄송스러운 마음과 후회로 눈물이 났다. 특히, 셋째 여동생이 결혼할 때 혼수 문제로 충분히 보태주지 못하  고 결혼 비용 때문에 의견 충돌이 있었는데, 그때 어른께서는 매우 섭섭하셨던 모양이었다. 그러나 임종을 앞둔 지금 그런 후회보다는 어떤 조치를 취해야겠다고 생각하고 나는 병원으로 갈 것을 권했으나 끝까지 응하시지 않았다.

평소에 아내는 여동생들의 의식구조가 더욱 큰 문제라고 늘 불만을 토로했지만, '시골에서 교육도 제대로 받지 못하고 보고 들은 것도 없는데 어떻게 본인과 같을 수 있느냐?'라고 나는 이해를 시키곤 했다. 어느 집이든 '시누이와 올케 사이는 좋기가 힘들다'는 옛말이 틀리지 않은 것 같았다.

내가 큰집에 도착한 지 하루도 못 넘긴 그날 저녁 큰아버지는 74세를 일기로 세상을 떠나셨다. 시골에서 고향을 지키시면서 평생을 일가를 돌보시고 농사일에만 전념하시던 소박한 촌로의 임종을 지켜보면서 나는 인생의 무상함을 다시 한번 느꼈다.

비보를 접한 일가친척들이 삽시간에 몰려왔으며 집안은 갑자기 눈물바다가 되었다. 큰 당숙과 일가 어른들의 완고한 고집 때문에 전통적인 장례 절차에 따르기로 했다. 나는 유교에 의한 상주로서 굴건제복하고

문상객들을 맞았다. 대구에 있는 식구들도 곧바로 도착해서 초상을 치렀다.

대학에서도 학감으로 계시던 Y교수님이 대표로 직접 와주셨으며, 많은 동료가 위로해 주었다. 장지는 바로 옆에 있는 선산으로 정했는데, 시골 사람들의 술주정이 제일 보기가 민망스러웠다. 장례식을 하루 앞둔 저녁 늦은 시간에 술 취한 문상객이 모닥불을 발로 차는 바람에 준비해 둔 상여에 불이 옮겨붙어 그것이 타고 말았다.

그 일로 많은 조객들은 옥신각신 입씨름을 벌인 끝에 궁여지책으로 이웃 마을에서 다른 상여를 빌려와야 했으며, 나는 할 수 없이 태운 상여 값을 변상해야만 했다. 장례는 3일장으로 치렀는데 발인하는 날에는 날씨마저 가는 분의 아쉬움을 반영하듯 흐렸으며 4월답지 않게 몹시 추웠다.

장례식에 소요된 모든 경비는 내가 부담하고 부의금으로 들어온 돈은 전액 큰어머니에게 드렸다. 나는 항상 어머니로부터 "큰댁에서 보태 준 대학등록금은 어떠한 일이 있더라도 꼭 갚아라." 하는 말씀을 귀가 따갑도록 들어왔기 때문에 이 점에 대해서 확실히 하고 싶었다.

따라서 내가 군에서 제대하고 바로 직장 생활을 할 때 그 액수에 해당하는 금액을 이미 큰아버지에게 드려 토지를 구매해 놓으시도록 한 바 있다. 그런데 큰아버지는 그 돈을 마을에 있는 일가 중 사업을 하는 분에게 빌려주고 말았다.

큰아버지는 채무자가 사업에 실패하자 그만 돈을 회수하지 못하게 되었던 것이다. 나는 그 이야기를 듣고 실망과 더불어 매우 분개했지만,

별도리가 없었고, 결국 그 일 때문에 큰아버지와의 사이에도 다소 문제가 있었던 것이다.

약 일주일간 큰집에서 초상을 치른 후 나는 몸살을 앓았지만 곧바로 학교에 출근해야만 했다. 새로 구성된 관선 재단이사회에서는 S총장을 해임하고 C부총장을 총장 직무대리로 임명했다.

내가 예산에 다녀온 지 4일째 되는 날 본부 비서실에서 갑자기 좀 오라는 연락이 왔다. 나는 영문도 모른 채 비서실을 방문했는데, C총장 직무대리가 나를 반기면서 비서실장직을 좀 맡아달라는 것이었다.

너무 뜻밖의 제의에 내가 당황해하자 C박사님은 "내가 얼마나 직무대리로 일할지 모르지만 그때까지만이라도 나를 좀 도와달라"고 했다.

그러나 나는 "다음 학기부터 영국에 있는 서리 대학교에 공부하러 가도록 계획이 되어 있어서 준비 때문에 바쁠 것 같아 곤란하다"라고 설명드렸다. C박사님은 "임시로 맡는 비서실장 일은 분명히 그때까지 안 갈 것이며, 또 유학 가는 일에 방해가 안 될 테니 아무 염려하지 말고 수고를 좀 해달라"고 했다.

C박사님은 개인적으로 고향이 같은 포항일 뿐만 아니라, 그분의 조카인 YS산부인과 원장과는 학교 동기로 친분이 두터웠다. 그래서 나는 그분의 제의와 부탁을 거절하기가 더욱 곤란했다. 나는 결국 "최선을 다해 보필해 보겠다"라고 제의에 응하였으며, 그 이튿날부터 바로 그 업무를 맡아보기로 했다.

나는 이 업무가 정식으로 총장이 임명될 때까지 대학 행정을 맡아 하는 일종의 과도기적인 성격이라는 것을 알고 있었으며, 이러한 권력의 공백현상 때문에 일의 추진이 더욱 힘든다는 사실도 느꼈다.

그러나 C박사님의 인품과 아울러 민주적이고 합리적인 사고나 업무처리 능력 등을 감안해 볼 때 총장으로서의 자질이 충분하다는 생각이 들기 시작했다. 나는 기왕이면 이번 기회에 대학의 발전에 도움이 될 수 있도록 C박사님이 정식으로 총장직을 맡았으면 하는 기대와 희망을 가져보았다.

그래서 내 나름대로 지인들을 만날 때마다 "외부인사를 영입하는 것보다는 C박사님이 총장직을 맡는 것이 타당하다"라는 논리를 폈다. 그러나 이미 정치적인 각본이 짜여 있는 듯 아무리 노력해 보아도 그 일은 역부족인 것 같았다. 나는 비로소 허탈감을 느끼고 권력의 힘이 얼마나 무서운지를 실감했다.

총장직무대리인 C박사님의 인기가 높아지자 관선 이사회에서는 더 이상 총장선임을 미룰 수 없다는 판단 아래 학기 말이 가까워 올 무렵 회의를 열고 영문과 K교수님을 제2대 총장으로 선임했다. 그 무렵 K교수님은 나한테 개인적으로 '총장 옹립을 위한 어떠한 노력이나 관심도 가지지 말아달라'고 부탁하기도 했다.

나는 10월 1일부터 학기가 시작되는 영국 서리 대학교 관광경영학과 (Department of Tourism and Hotel Industries)에 이미 등록절차를 취해 왔기 때문에 C박사님의 퇴진과 더불어 출국하면 되도록 되어 있었다. C총장직무대리와 J전문대 학장님의 배려로 나는 6년 동안 근속한 것을 근거로 학교로부터 약간의 지원을 받을 수 있었으며, 학기 말이 끝나는 7월에 바로 출국할 수 있도록 모든 서류도 제출해 놓았다.

나는 비서실장업무를 수행하면서 느낀 점이 한두 가지가 아니었는데, 그중에서 특히 대학이라는 곳이 다른 사회조직체와는 달라서 행정을 맡아 하기가 쉽지 않다는 점을 실감할 수 있었다. 따라서 업무 때문에 개인적으로 손실도 있었지만 C박사님의 고매한 인품과 깊은 학자적 면모를 재확인할 수 있었다는 점은 얻은 것 중에서도 가장 값진 것으로 여겨졌다.

지울 수 없는
꿈을 향한 여정

제9부

영국 유학

입양아 에스코트

나는 지난 미국 유학 때 학위 취득에 실패했기 때문에 더욱 굳은 결의와 각오로 출국을 위한 준비를 했다. 나는 새로 선임된 K 총장님의 취임식을 준비해 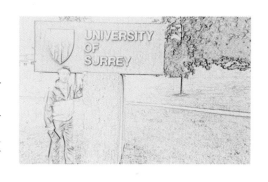 드리고 학기 말 성적을 제출한 후 1982년 8월 4일 출국하기로 결정했다.

그 당시 홀트 아동복지회의 후원회 일을 보고 계시던 총동창회 YS부회장의 주선으로 나는 홀트 입양아를 에스코트하기로 하였다. YS부회장은 내가 대구시청에 근무할 때부터 아는 사이였으며, 또한 남편 되시는 J사장님도 모교 출신의 선배로 동창회에 많은 지원을 해주셔서 잘 아는 터였다.

내가 홀트 입양아를 기꺼이 에스코트하겠다고 결정한 데는 두 가지 이유가 있었다. 그중 하나는 항공료를 절약하는 데 있었고, 다른 하나는 불쌍한 고아를 입양시키는 일에 조금이라도 봉사하고 싶었다는 데 있었다. 입양아를 에스코트하면 약 절반가량의 항공료를 절약할 수 있었는데, 내가 지급한 돈은 물론 홀트아동복지회의 후원금으로 사용되었다.

출국일 일주일 전에 나는 홀트아동복지회 서울 본부에 가서 사전교육도 받고 아울러 데리고 갈 아이들과 얼굴도 익히는 과정을 거쳤다. 그 모든 일이 쉽지 않았는데, 특히 아이들과 사전에 얼굴 익히는 일은 정말 힘이 들었다.

출국일에 나는 작업복 차림으로 3명의 입양아를 데리고 공항에 갔는데, 서울에 거주하는 제자들이 환송을 나와 내 모습을 보고 안타까워했다. 그중에 제일 큰 아이는 4세였고 나머지는 1세와 6개월짜리였다. 큰 아이는 내 손을 잡고 그 다음 1세짜리는 등에 업고 6개월짜리는 앞에 안고 비행기에 탑승했다.

그 당시는 영국 런던(London)으로 직행하는 비행기가 없어서 서울에서 알래스카(Alaska)를 거쳐 파리(Paris)로 갔다가 파리에서 다시 비행기를 바꿔 타고 런던으로 가야만 했다. 내가 데리고 가는 입양아들을 인계해야 하는 곳은 파리 드골(De Gaulle)공항 대기실이었는데, 그곳에서 아이들과 여권 및 서류 그리고 비행하는 도중에 기록한 건강상태 기록부 등을 확인한 후 넘겨주어야만 했다.

비행 중 큰 아이는 계속 먹을 것을 요구했으며, 어린 두 아이는 울음을 그치지 않아 나는 그 애들을 달래느라 정신이 없었다. 여승무원들도 처음에는 호의적으로 좀 도와주는가 싶더니 나중에는 짜증까지 내는 것이었다.

특히, 애들이 용변을 보아 냄새가 날 때면 옆 좌석의 사람들이 눈살을 찌푸리기도 하고, 비좁은 기내 화장실에서 기저귀를 갈 때는 정말 힘이 들었다. 나는 속으로 '내 자식들의 기저귀도 갈아주기가 쉽지 않은데 정말 좋은 일을 하고 있구나' 하고 자위도 해보았다.

알래스카공항에서 급유와 기내 청소를 할 때 다른 승객들은 잠시나마 공항 면세구역에 내려서 휴식을 취할 수 있었지만 나는 애들과 함께 기내에 있어야 했다. 이때는 냉방장치를 가동하지 않아서 기내가 매우 덥고 불쾌했기 때문에 아이들이 더욱 울어 댔다.

약 16시간의 비행 끝에 드디어 파리 드골공항에 도착했는데, 입양해 갈 양부모들이 기대와 함께 운명의 순간을 기다리고 있었다. 나는 아이들과 서류를 확인하고 양부모들에게 인계하였는데, 이들은 인형과 과자 등을 가지고 나와 아이에게 환심을 사려는 모습을 보이기도 했다.

6개월짜리 아이를 입양하는 양모는 애를 받아 안고 눈물을 흘렸는데, 나도 가슴이 찡해 오는 것을 느꼈다. 큰아이와 1세짜리는 그동안 나한테 얼굴이 익숙해졌기 때문인지 처음 보는 양부모에게 가지 않으려고 울면서 떼를 써서 인계하는 데 애를 먹었다.

인수인계 업무가 끝나자 긴장이 풀린 탓인지 나는 그 자리에서 한동안 일어날 수 없을 정도로 몸이 피로에 지쳐 있었다. 대구 집에서 출발한 시간으로 따지면 이미 24시간 이상을 기차와 비행기에 시달린 셈이었다. 그러나 2시간 후에 다시 파리공항에서 런던으로 가는 비행기를 타야 하기 때문에 나는 정신을 가다듬어 탑승 수속을 밟았다.

런던에 도착하면 공항에 사형이 마중 나오도록 되어 있기 때문에 나는 목적지에 다 왔다는 기분으로 다소의 여유를 가질 수 있었다. 병원 형님의 막내 처남인 사형은 과거 한국무역진흥공사 런던지사에 파견 근무한 것을 인연으로 현재는 영국에 이민 와서 운송업을 경영하고 있었다. 형수님이 몇 차례 전화로 연락하고 또 나의 도착 시간도 확인했기 때문에 본인이 마중 나오겠다고 했다.

1982년 8월 5일 오전 9시에 나는 드디어 런던 히드로공항(Heathrow Airport)에 도착했다. 공항에서 입국 수속을 하는데 우리나라와는 전혀 다른 분위기를 느낄 수 있었다.

나는 순간적으로 이 나라는 사람을 믿고 존중하는 풍토가 정착된 사회라는 것을 느낄 수 있었다. 우리나라 공항에서와 같이 승객들의 소지품 조사나 불신의 눈초리와 함께 살벌한 분위기를 조장하는 요소라고는 찾아볼 수 없었다.

출구로 나오면서 아무리 살펴보아도 사형이 보이지 않아 나는 다소 불안감을 가지게 되었다. 약 1시간을 기다리다가 결국 나는 그의 근무처로 전화해 보기로 하고 공중전화의 다이얼을 돌렸다.

그런데 동전은 들어가지 않고 상대방의 받는 목소리만 났으며, 내가 이야기하는 순간 상대방은 안 들리는 듯 통화가 끊겨 버리기를 몇 번이나 거듭하다가 결국 사용법을 읽고 나서야 통화를 할 수 있게 되었다.

나는 이곳 전화 사용법에 관해 처음엔 당황했을 뿐 아니라 매우 불편하다고 생각했었다. 그러나 좀 더 깊이 생각해 보니 매우 합리적이라는 것을 알게 되었다. 상대방이 전화를 받지 않으면 동전이 들어가지 않고 다만 상대가 응답을 할 때만 동전을 눌러 들어갈 수 있도록 되어 있어

사용자 및 소비자의 권익을 보호하고 있음을 알 수 있었다.

사형은 "바빠서 못 나왔다"라고 하면서 나더러 택시로 본인의 사무실로 오라는 것이었다. 나는 책이나 영화에서 본 기억이 있는 블랙 캡(Black cab: 영국의 전통적인 검은색 대형 택시)을 타고 기사에게 주소를 건네주었다. 처음에 택시 미터기를 보고 나는 속으로 '영국 물가가 비싸다고 하더니 한국에 비해 별로 비싼 편도 아니구나!' 하고 생각했다.

이러한 나의 처음 생각과는 다르게 택시가 신호등 때문에 정지해 있을 때도 요금 미터기는 계속 올라가고 있었다. 더욱 답답한 것은 한국과는 다른 기사의 느긋한 운전 습성이었는데, 나는 지쳐서 지루하기도 했지만 요금이 쉬지 않고 올라가니 좀 빨리 갔으면 하고 조급한 마음이 들기 시작했다.

나의 성급한 생각과는 달리 약 한 시간이 지나서야 기사는 어떤 건물 앞에 차를 세워주었다. 그는 내 짐을 친절히 내려주었는데, 내가 '고맙다'는 인사와 함께 요금을 건네주었는데도 기사는 인사도 없이 그냥 그 자리에 서 있는 것이었다.

나는 순간적으로 '무엇이 잘못되었는가?' 하고 생각한 결과 '아! 팁을 잊어버렸구나' 하는 것을 알 수 있었다. 그러나 솔직히 말해서 나는 한 번에 약 3만 원이나 되는 비싼 요금의 택시를 타보기는 생전 처음이었고 속으로는 그 돈이 매우 아까운 터였다.

'로마에 가면 로마법을 따라야 한다'는 말을 상기하면서 어쩔 수 없이 나는 약 5퍼센트에 달하는 팁을 주었는데, 택시 기사는 별로 고마운 표정을 보이지 않고 그냥 챙겨 떠났다. 나는 혼잣말로 '정말 비싼 택시 한번 탓네!'라고 중얼거리면서 사형이 원망스러워졌다.

　사형은 내게 우선 본인이 최근에 구입한 빈집에 임시로 들어가 있을 것을 권했다. 나는 뉴몰든(New Malden)이라는 마을에 있는 그의 빈집에서 기숙사에 들어갈 때까지 일주일간을 지냈다. 그곳에 있으면서 큰 사형과 그의 가족들도 만나서 인사를 나누었는데, 이들은 이민 온 지 얼마 되지 않아서 고생이 심한 것 같았다. 나는 힘들었던 여행에서 온 피로와 긴장도 풀고 시차에도 적응하면서 현지 환경에 익숙해지려고 애썼다.

　내가 영국인들로부터 받은 인상 가운데 특이한 점 두 가지가 있는데, 그것은 첫째, 질서 의식이 철저하다는 점과 둘째, 독서가 생활화되어 있다는 점이다. 어느 곳에서든지 두 사람 이상이 있으면 선후에 대한 순서가 분명했으며, 그것은 반드시 줄로써 표현되었다. 그리고 이들의 인내심은 가히 놀랄 정도였는데, 기다리는 데 익숙한 이들은 반드시 책이나 신문 등을 읽고 있었다. 이러한 점들은 우리가 본받아야 할 좋은 습성인 것 같았다.

대학 기숙사 입사

나는 예정대로 8월 12일 서리 대학교(University of Surrey) 기숙사 관리실(Accommodation Office) 에 가서 신고를 하고 스택힐 코트 (Stag hill)에 있는 방 하나를 1학기 동안 배정받았다. 서리 대학교는  런던 서남쪽에서 약 43km 떨어진 고도 길퍼드(Guildford)시에 있었는데, 큰 사형이 밴(Van)으로 짐을 실은 채 나를 학교까지 태워주겠다고 했다. 나는 감사한 마음으로 그의 밴을 타고 학교로 향 했는데, 차가 시내에 진입하자마자 고장이 나고 말았다.

큰 사형은 당황해서 차의 보닛(Bonnet)을 열고 이것저것 만져보았으 나 원인을 찾지 못한 듯했다. 나는 우선 차를 밀어서 도로변에 주차시켜 놓고, "자동차 정비공장에 연락해 보는 게 어떻겠냐?"고 건의했다. 그는 생각 끝에 "차를 고치는 데 시간이 얼마나 걸릴지 모르니까 나 혼자 학교로 가는 것이 어떻겠냐?"라고 제의했다.

나도 "그게 좋겠다"라고 답하고, 하는 수 없이 낯선 대로에서 큰 사형과 작별하였다. 그곳에서 나는 약 4km나 떨어진 학교까지 무거운 가방 두 개를 짊어진 채 도보로 걸어가야만 했다.

따가운 8월의 햇빛과 이에 반사된 아스팔트의 열을 동시에 받으며 더위도 잊은 채 나는 위치를 물어 가면서 학교를 찾아갔다. 책이 든 가방은 생각보다 더 무거웠는데, 학교가 있는 언덕길을 올라갈 때 나는 십자가를 짊어지고 골고다로 올라가는 예수를 연상했다.

이것은 분명히 피할 수 없는 또 하나의 시련이리라는 생각과 함께 이에 대한 도전의 각오를 단단히 다졌다. 이국 만 리 먼 땅에서 희망을 가지고 온 나로서는 학교로 가는 초행길이 마치 앞으로의 고난을 예고라도 해주듯이 이토록 힘들고 어려웠던 것이다.

기숙사에 방을 배정받은 후 나는 짐을 풀어 정리한 뒤 바로 관광경영학과(Department of Tourism and Hotel Industries) 사무실로 갔다. 나는 게이(Gaye)라는 여비서를 만나 용건을 말하고 아처(Archer) 학과장과의 면담을 요청했다. 여비서로부터 나는 내일 오전 9시에 오면 학과장과의 면담이 가능하다는 약속을 받아낸 후 학교 시설을 둘러보았다.

서리 대학교는 길퍼드 기차역과 비교적 가까운 거리에 있었지만 독립된 캠퍼스(Campus)촌으로 형성되어 있었다. 따라서 도심지와는 완전히 다른 분위기를 자아내고 있어 마치 전원 속의 연구단지처럼 별천지 같은 느낌을 주었다.

약 30헥타르(300,000평방미터) 가까운 푸른 초원 위에 본관과 도서관, 강의동, 실험실, 연구실, 그리고 각종 편의시설과 주위에 있는 기숙사들이 잔디와 나무 그리고 호수에 어우러져 마치 한 폭의 자연을 배경으로 한 그림과도 같았다.

그리고 제일 높은 곳에는 길퍼드 성당(Guildford Cathedral)이 우뚝 서 있었는데, 이 건물은 1976년 그레고리 펙(Gregory Peck)이 주연한 명화 오멘(Omen)의 촬영 장소로도 널리 알려져 있었다. 특이한 것은 건물 꼭대기에 천성을 향한 천사가 풍향을 알려줄 뿐만 아니라 밤에는 야광으로 좋은 이정표가 되어준다는 사실이었다.

캠퍼스의 잔디 위를 뛰어다니는 야생 토끼들과 짐승들 그리고 호숫가에서 평화롭게 어미를 따라다니며 먹이를 찾는 어린 야생 오리 떼들을 보면서 나는 자연을 사랑하는 이들의 국민성을 이해할 수 있을 것 같았다. 나는 호숫가의 벤치에 앉아 시간 가는 줄 모르고 학교의 분위기와 자연 속에 묻혀 한동안 사색에 잠겼다.

어느 사이에 까마귀 한 마리가 어미 오리의 사생동고적인 방어에도 아랑곳하지 않고 새끼오리 한 마리를 낚아채 가지고는 유유히 사라졌다. 나는 동물의 세계와 마찬가지로 인간 사회에서도 약육강식의 논리가 엄연히 적용되고 있으며, 또한 현실로 나타나고 있다는 생각을 하면서 일말의 위기의식 같은 것을 느꼈다.

아니, 어떻게 보면 인간 사회가 동물 세계보다 오히려 더욱 잔인하다는 생각이 들었다. 동물들 사이에는 동종끼리 죽이고 죽임을 당하는 일이 극히 드물지만, 인간은 동족끼리도 살생을 예사로 감행하고 있지 않은가!

이곳 여름의 해는 밤 9시가 넘어야 지는 것 같았지만, 텅 빈 기숙사에서의 첫날 밤은 왜 그리도 길게 느껴지는지 나는 잠을 이룰 수가 없었다. 이런저런 생각을 하다가 어느 틈에 잠이 들었는데 갑자기 천장에서 빗방울 떨어지는 소리에 나는 다시 잠에서 깨었다. 이곳은 햇빛이 귀해서 천장에 유리문을 설치해 놓은 사실을 나는 뒤늦게 알게 되었다.

이렇게 해서 앞으로 한 학기 동안 거주하게 될 스택힐 코트 1동 4호실에서의 첫날밤을 나는 다소 긴장되고 불안한 마음속에서도 새로운 도전을 위한 각오와 자세를 재차 확인하면서 지샜다. 그리고 아침이 되자마자 내가 간밤에 이곳에 도착해서 처음으로 아내에게 보내는 글, 즉 기숙사에 입사하여 정착되었다는 사실과 연락처 그리고 안부 등을 담은 편지를 대학우체국에 가서 송부했다.

관광경영학 대학원 과정

서리 대학교 관광경영학과장인 아처 교수는 명성에 걸맞게 외모가 출중할 뿐 아니라 매우 인자하신 분이었다. 나는 그에게 도착신고를 하고 비서의 안내로 지도교수(Personal tutor)로 지정된 완힐(Wanhill) 박사를 만났다. 지도교수는 40대 초반의 전형적인 영국 신사로 관광경제학을 전공한 그 분야의 권위자였다.

나는 지도교수와 약 40분간 면담을 했는데, 이것이 결국 입학 면접전형이었음을 나중에 알게 되었다. 그는 나의 학문적 배경과 경력 그리고 관심 분야를 묻고 확인했으며, 그 외에도 여러 가지 참고사항을 질문했다.

그는 조심스럽게 "준박사과정에 입학하는 것보다 석사과정에 입학하여 공부하면 도움이 될 텐데 어떻게 생각하느냐"고 물었다. 나는 그의 조언을 듣고 처음에는 다소 당황했으나 곰곰이 생각해 보니 기왕 공부하는 김에 확실히 하는 것이 좋겠다는 생각으로 그의 제의에 따르기로 했다.

그는 나에게 10월 1일부터 시작되는 첫 학기의 강의 시간표와 강좌계획서(Syllabus) 등 필요한 서류를 주면서 "개학 때까지 가능하면 도서관에서 많은 시간을 보내는 게 도움이 될 거"라고 말했다.

학교는 아직도 여름 방학 중이라 특별과정이나 각종 세미나(Seminar) 참석자들을 제외하고는 한산한 편이었기 때문에 도서관 활용이 매우 용이했다. 나는 본격적으로 거의 매일 도서관에 가서 필요한 책을 대여받기도 하고 자료를 수집하면서 공부를 시작했다. 그렇게 하는 동안 캠퍼스에 혹시 나와 같은 과정을 이수할 동기나 한국에서 온 유학생이 있는지 살펴보았지만 한국사람은커녕 동양인들조차 보기가 드물었다.

여름 해가 긴 탓인지 아니면 캠퍼스가 텅 비어서인지는 몰라도 기숙사 생활이 불과 2주밖에 지나지 않았는데 나는 마치 새장 속에 갇힌 새와 같이 답답하고 외로운 마음에 빠져 있었다. 이와 같은 외로움과 향수병(Home sick)은 문화의 상징인 모국어와 음식을 제대로 접할 수 없을 때 더욱 심해지는 것 같았다.

아침은 빵 한 조각과 차 한잔으로 때우기도 하고 거르기도 했으며, 점심과 저녁은 학교 식당에서 식사하는데, 2주일을 버티고 나니 더 이상 입맛이 당기지 않았다. 나는 어떻게 해서든지 이 문제를 시급히 해결해야겠다는 생각을 가지고 얼마 전에 개설한 런던의 한국관광공사 지사(KTO London Office)에 들렀다. Y 초대 지사장과 C차장은 나를 반갑게 맞아주었으며, 인근에 있는 한국음식점에 가서 식사도 대접해 주었다.

나는 속으로 '역시 한국사람은 밥과 김치라야 된다'라고 생각하면서 C차장의 도움으로 차이나타운(China town)에 가서 전기밥솥을 우선 구입했다. C차장은 그때까지 미혼으로 있었지만 Y지사장은 얼마 전부터 가족이 모두 와 있었다. 그래서 그날 저녁 나는 그의 집으로 가서 식사도 하고 김치도 한 병 얻어서 기쁜 마음으로 기숙사로 왔다.

이것을 계기로 용기를 얻은 나는 다음날부터 점심과 저녁식사를 손수 지어 먹기 시작했다. 나는 가끔 과거 하와이 유학시절 동서문화센터(EWC) 기숙사에서 코옵(Co-op)하던 때를 회상했으며, 그때가 좋았다는 생각이 들었다. 그러나 이곳에서는 한국사람이라고 볼 수조차 없으니 그 같은 생각은 다만 꿈에 지나지 않았다.

내가 편지를 보낸 지 약 3주일이 지나서야 집에서 답장이 왔다. 영국에서 처음 받아보는 편지라 얼마나 반갑고 또 귀중했던지 고향소식을 접한 나는 흐르는 눈물을 참을 수가 없었다. 나는 그 편지를 일주일 후 두 번째 서신을 받을 때까지 주머니에 넣고 다니면서 하루에도 몇 번씩 읽으면서 위로를 받곤 했다.

약 한 달이 지날 무렵 나는 Y지사장에게 윔블던(Wimbledon)에 있는 한인교회를 알려달라고 해서 주일예배에 참석했다. 그 후부터 거의 매주 나는 윔블던 한인교회에 나갔는데, BK목사님이 나이 든 유학생이라고 무척 챙겨주셨다.

특히, 그 당시 대한항공 런던지사(KAL London Office)에 파견 온 WJ과장 내외가 얼마나 고맙게 해주었는지 그들의 은혜는 평생을 두고 잊을 수가 없다. 그리고 교회에서 나는 YY군을 만날 수 있었는데, 그는 대구가 고향이었고 K대학에 근무하는 HS와는 절친한 터여서 우리는 금방 친구 사이로 발전하였다.

개학을 2주 앞두고 뜻하지 않게 이번 학기에 입학한 모든 외국인 신입생에게 논술고사(Essay test)가 있었다. 나는 전혀 준비도 안 된 상태에서 180분간 논술시험을 치렀는데, 결과는 에세이 과제물 작성을 위해 별도의 영작문 지도를 한 학기 동안 받아야만 한다는 것이었다. 다행히 나는 파키스탄(Pakistan)과 나이지리아(Nigeria) 그리고 멕시코(Mexico)에서 온 동기생들과 함께 그 과정을 이수하게 되어 덜 외로웠다.

어느덧 10월 1일이 닥쳐와 신학기가 시작되었는데, 이곳에서는 10주가 한 학기였으며, 그동안 중간 또는 기말고사는 학기 중에 치르지 않았다. 우리 과정에 입학한 학생은 모두 12명이었는데, 수업방식이 우리나라와는 전혀 달라서 예습과 과제물 준비 및 발표에 애를 먹었다.

이곳에서는 공부를 하지 않고는 도저히 수업을 이해할 수 없었고 또 진도를 따라갈 수가 없었는데, 멕시코에서 온 학생과 바레인(Bahrain)에서 유학 온 동기생은 중간에 탈락하고 말았다. 나는 과거 쓰라린 경험을 회상하고 동시에 대학에서 살아남으려면 최종학위가 반드시 있어야 한다는 집념과 굳은 신념을 가지고 죽을 힘을 다해 공부에 매달렸다.

시간 가는 줄도 모르고 예습과 복습 그리고 과제물 준비를 하다 보면 새벽 2~3시를 넘기기가 일쑤였는데, 나는 가끔 잠을 쫓기 위해 그 시간에 호수를 한 바퀴 구보로 뛰기도 했다. 그리고 우중에 고향이 그립거나 집 생각이 날 때면 카세트로 흘러간 옛노래를 들으며 따라 부르면서 좁은 방안을 서성대곤 했다. 이것은 마치 우리 안에 갇힌 맹수의 절규와도 같은 모습처럼 느껴질 때가 있었다.

무슨 일이든 제때 해야 효율도 높아지고 성과도 좋게 나타나는 법인데, 특히 공부는 젊을수록 효과적이라는 것을 나는 실감할 수 있었다.

그것은 두말할 것 없이 체력과 암기력에서 나이 먹은 사람이 뒤지기 때문이다.

나는 이 두 가지 요소를 항상 하나님께 기도로 간구했으며, 아울러 매일 성경 한 장씩을 읽고 조용히 묵상하며 상고하는 시간을 가졌다. 특히, 출국할 때 형수님이 말한 대로 시편 103편의 말씀을 암기하면서 나는 항상 용기와 힘을 얻어 학업에 전력했다.

그리고 매주 교회에 나가 신령한 마음으로 예배를 드렸으며 간절한 심정으로 소망을 이룰 수 있도록 기도드렸고, 예배 후에는 목사님 댁에 가서 식사하고 저녁 예배를 보고 학교로 돌아오곤 했다. BK목사님의 부인은 영국인이었으며 한국에서 아이 둘을 입양해서 기르고 있었는데, 교인들이 목사님에게 갖다 드린 한국음식들을 나한테 가끔 주시기도 했다.

하루는 예배가 끝난 후 광고시간에 목사님이 "나이 들어 혼자 고생하면서 공부하는 K교수께 관심을 가지면 그 은혜는 하나님이 갚아주실 것"이라고 말씀하셨다. 이 일이 있은 후부터 나는 교인들로부터 거의 매주 초청을 받아 예배시간이 끝난 후 한국음식을 맛볼 수 있게 되었다. 그중에서도 BU어머니는 지성으로 나에게 식사는 물론이고 가끔 반찬까지 만들어주면서 친절을 베풀었기에, 나는 그 집의 소원이기도 한 아들을 가지게 해달라고 하나님께 기도했다. 하나님이 기도에 응답하셨는지 1년 후 그에게 바울(Paul)이라는 아들을 주셨는데, 나는 이 소식을 듣고 기뻐서 미역을 한 두루미 싸서 보내주었다.

교인들과 지인들로부터 얻은 반찬들을 나는 공용 냉장고에 보관했는데, 김치 냄새 때문에 같은 기숙사에서 생활하는 외국인 학생들이 매우 싫어하는 눈치였다. 그래서 가능하면 밥은 내 방에서 짓고 반찬은 소시지나 참치 통조림 같은 것으로 대치해서 식사를 해결하려고 했다. 그러나 된장이나 라면 같은 것을 끓일 때 김치국물이라도 조금 넣으면 냄새가 온통 진동해서 다른 학생들이 코를 싸매고 도망가곤 했다.

런던지사는 이미 본사로부터 내가 이곳에 유학 와서 공부하게 되었으니 서로 협조하면 도움이 될 것이라는 전언을 받은 바 있었다. 그리고 J차장은 한국에서부터 서로가 이곳에서 만날 것을 기대하고 있었던 터였다. 따라서 그 당시 관광공사 H사장은 지인으로서 내가 선배처럼 따랐었기에 많은 협조를 받을 수 있었다.

내가 영국 유학 생활을 하면서 Y지사장과 J차장으로부터 받은 도움과 격려는 말할 수 없을 정도로 컸다. 특히, Y지사장의 부인은 심성이 좋았을 뿐 아니라 음식솜씨가 훌륭해서 많은 신세를 졌었다. 또한 귀한 책이나 자료가 있으면 나는 주저하지 않고 지사에 가서 알리고 복사도 하였기에 공부하는 데 많은 도움이 되었다.

그리고 지사에는 질리안(Gillian)과 쟈넨(Jannen)이라는 현지인 직원 2명이 근무를 했는데, 질리안은 마케팅 담당관으로, 쟈넨은 여비서로 일하고 있었다. 특히, 쟈넨은 런던대학에서 불어를 전공한 아가씨로 나에게 매우 친절하였으며, 가끔 타자 치는 일도 도와줘서 학업에 도움을 주었다.

서울올림픽 반대운동

한 학기가 중반에 접어들 무렵 나는 지도교수와 면담을 했는데, 그는 나에게 "다음번 올림픽(Olympic) 개최지로 서울이 결정된 사실을 아느냐?"고 물은 후 "한국이 전 세계인의  문화적 축제인 올림픽을 개최하기에는 아직 좀 이르지 않느냐?"고 조심스럽게 말했다. 나는 "서울이 차기 올림픽 개최지로 결정되었다면 다행이고, 따라서 한국은 올림픽을 훌륭히 치를 수 있을 것"이라고 자신있게 힘주어 대답했다.

이튿날 나는 관광공사 Y런던지사장으로부터 전화를 받았는데, "큰일 났으니 의논 좀 하게 급히 와달라"는 것이었다. 나는 수업을 마치고 런던지사로 갔는데, Y지사장은 "이곳에서 발행되는 신문을 보았느냐?"면서 '서울 올림픽 개최 반대운동'에 관한 기사를 보여주었다.

그것은 다름 아닌 영국 동물애호가들이 우리나라 사람들이 개를 즐겨 잡아먹는다는 사실을 알고 이에 대한 반발로 서울올림픽 개최 반대 운동을 펴고 있다는 것이다. Y지사장은 "이 문제 때문에 오늘 아침 주영 한국대사관에서 K대사님 주재로 관계관 대책회의를 했다"라고 말했다.

이들 반대운동원들은 한국사람이 개울가에서 개를 나무에 매달아 때려잡는 장면과 이를 즉석에서 요리해 먹는 모습을 담은 비디오를 증거물로 제시했다는 것이다. 그리고 이들은 '비디오 필름을 여러 개 복사해 놓았기 때문에 전 세계적으로 동물애호가들의 지원을 받아 반대운동을 펼칠 것이다'라고 협박까지 하더라는 것이다.

나는 그제서야 어저께 완힐(Wanhill) 교수가 나한테 왜 '우리나라가 차기 올림픽을 개최하기에는 아직 시기상조'라고 했는지 그 뜻을 짐작할 수 있을 것 같았다.

나로서도 뾰족한 수가 떠오르지 않아 같이 고민만 하다가, "서양사람들이 비록 야생마이기는 하지만 말고기를 먹는 것과 같이 우리나라 사람들이 먹는 개는 애완용이 아닌 한국 토종의 식용 개라고 설명하고 이것은 특히 전통 민간요법으로서 필요한 사람만이 때에 따라 먹고 있다고 이해시키는 것이 어떠냐?"고 원망 섞인 제의를 해보았다.

'다 된 밥에 코 빠뜨린다'는 속담과 같이 자칫하다가는 수년 동안 애써 성사시킨 올림픽 개최의 꿈이 깨어질까 봐 나는 무척 걱정스러웠다. 그 후 여러 차례 이 문제로 영국인들로부터 질문을 받기도 했는데, 그때마다 나는 열을 올려 오해가 풀릴 수 있도록 설명해 주었다. 이들은 반신반의하면서도 그러나 '개라는 동종의 동물인 이상 모두가 애완용이 될 수 있기 때문에 이의 구별에 대한 이해가 안 간다'는 것이다.

어쨌든 이러한 반대운동원들을 이해시키고 무마시키는 데는 많은 어려움이 따랐다. 특히, 올림픽 개최가 관광 입국을 실현할 수 있는 계기가 될 것이며, 관광산업 발전에도 분명히 기폭적인 역할을 할 것이라는 기대와 희망을 가지고 있는 관광인들에게는 여간 곤혹스러운 고민거리가 아닐 수 없었다.

정부와 관계자들의 끈질긴 노력 끝에 반대운동이 조금 수그러질 무렵, 우리 학과에서는 총장(Chancellor)인 켄트 공(Duke of Kent)의 방문이 곧 있을 것이라고 했다. 영국 대학에서의 행정체계는 우리나라와 다른데, 총장은 명예직으로 일 년에 한두 번씩 졸업식과 같은 공식행사에 참석하기 위해 학교에 나오는 것이 고작이었다. 그리고 대학 행정은 완전히 부총장(Vice Chancellor)에게 위임되어 있어 부총장이 실질적인 책임을 맡고 있다.

이곳의 대학 총장은 평소에 본인의 일상적인 사회활동과 더불어 외부에서 대학 발전을 위한 정치적 역량을 발휘함으로써 학교를 지원해 주고 있었다. 서리 대학교 총장인 켄트 공은 엘리자베스 여왕(Queen Elizabeth)의 사촌동생인데 정치적으로도 막강한 위치에 있으며 학교 발전에 실질적인 도움을 많이 주고 있었다.

예정된 화요일 오후 2시경 우리가 완힐 교수로부터 관광개발론(Tourism development) 수업을 받고 있을 때, 총장이 수행원 및 기자들을 대동하고 강의실에 들어왔다. 학과장인 아처 교수가 강의실을 안내하면서 "총장님이십니다"라고 하자 총장은 들어서면서 "계속하시오"라고 완힐 교수에게 말했다. 완힐 교수는 하던 말을 마친 후 공손히 인사를 하였는데, 여기서 나는 영국 왕실에 대한 권위와 국민들의 존경심을 엿볼 수 있었다.

완힐 교수는 우리 동급생 10명의 학생들을 총장에게 일일이 소개하였는데, 학생들은 순서대로 앞에 가서 경의를 표하고 악수를 하였다. 학생 거의가 외국인인데 총장은 특히 관심을 표하였으며, 교수가 나를 소개하자 "아! 차기 올림픽 개최지로 결정된 서울 말인가?" 하면서, 이어 "축하합니다"라며 악수해 주었다. 나는 올림픽의 상징성이 얼마나 크고 위대한가를 실감하면서 모처럼 한국인으로서의 보람과 긍지를 느꼈다.

재영 유학생회

학기 후반에 접어들 때 나는 대학 후배인 SK를 만났는데, 그는 런던대학 도시개발학 석사과정을 마치고 박사과정을 이수하고 있었다. SK는 부인과 함께 살고 있었으며, 그들은 3살 된 아들도 하나 기르고 있었다. 부인은 한국에서 중등학교 영어교사로 근무하다가 왔는데, 이곳에서는 외환은행 지점에서 일하고 있었다.

SK는 재영 유학생회 회장일도 맡아보고 있었는데, 총회 때마다 나에게 연락해서 참석해 달라고 했다. 그는 나한테 선배 대접을 한다고 유학생회 고문으로 추대했고, 나도 그의 요청에 응해 몇 차례 모임에 참석한 바 있다.

그 당시 주영 한국대사로 계시던 K박사님은 원래 학문을 사랑하는 분이기도 했지만 유학생회에 많은 관심을 가지고 가끔 참석하셔서 위로와 격려의 말씀을 해주셨다. 나는 그런 기회에 K대사님을 만나 뵙고 대화를 나눌 수 있었던 것에 대해 영광으로 생각했고 또 인격적으로도 많은 감화를 받았다.

특히, 킹스턴(Kingston)에서 한국식품점을 경영하고 있는 친구 YY는 만날 때마다 K대사의 인품에 대한 찬사를 아끼지 않았다. 그는 대학 다닐 때 태권도를 한 운동선수이기도 했지만, 한때는 사업가로서 성공도 했다. 그러나 결혼 후 첫 아이가 불행하게도 뇌성마비로 태어나서 갖은 고생을 하면서 병원엘 다니다가 결국은 그 애 때문에 이곳 영국으로 이민을 오게 되었다.

'요람에서 무덤까지'란 말과 같이 영국의 사회복지제도는 가히 세계적이었다. 장애인(Disabled child)인 아들이 이곳에선 특수학교에 다니는데, 학교에서 차로 등하교를 해주어 편의를 보아주고 있었다. 그리고 장애인을 위한 편리한 시설과 지도하는 교사들의 성의가 한국에선 상상조차 힘들 만큼 훌륭했다. 그래서 그들 부부는 비록 이민생활이 고달프고 고생이 되더라도 그 애를 생각하면 위로가 될 뿐 아니라 보람을 느낀다고 했다.

이런 사실을 잘 알고 있는 K대사님은 기회 있을 때마다 만나는 사람들에게 이토록 애틋한 사연을 설명하고 도움과 자비를 베푸는 것이 마땅하다고 하셨다. 특히, 부인께서도 직접 관심을 가지시고 친구 집에 자주 들려 위로와 격려를 해주신다는 것이다.

나는 이런 사실을 듣고 '바로 이와 같이 어려운 처지에 있는 교민에게 관심과 용기를 북돋아줄 수 있는 분이야말로 진정한 의미에서 나라를 대표할 수 있는 외교관 자격이 있다'는 생각을 해보았다. 나는 '작은 일도 대수롭게 보아 넘기지 않은 사람이 큰일도 대범하게 잘 처리해 낼 수 있다'는 격언을 되새기면서 그분의 자상하고 고매한 인품에 다시 한 번 머리가 숙어졌다.

후배인 SK는 런던의 북쪽에 살고 있었는데, 나를 가끔 집에 초대해서 부인의 김치 솜씨도 맛보이곤 했다. 나는 그로부터 매우 중요한 정보를 얻었는데, 그것은 석사과정 코스워크(Course work)를 마친 후 치르는 종합시험(Final Examination)에 관한 것이었다. 물론 나도 학과의 영국 학생들로부터 들어서 대강은 알고 있었는데, 그것을 가볍게 생각하다가는 큰코다친다는 것이었다.

그의 말에 의하면 종합시험에 실패해서 보따리를 싼 유학생들이 적지 않다는 것이다. 그러기에 지금부터 준비를 단단히 하는 것이 좋다고 조언해 주었다. 나는 그가 경험한 것을 바탕으로 한 과목당 12개의 예상문제를 선정하고 이에 대한 답안을 준비하여 암기하는 방법이 좋다고 생각했다.

12월 초순 토요일 나는 급한 자료 때문에 관광공사 런던지사에 들렀는데, 일을 하다 보니 J차장과 둘이서 늦게까지 사무실에 있게 되었다. 오후 약 6시경에 히드로공항의 이민국 사무실(Immigration Office)에서 전화가 왔는데, 내용인즉 '한국인 한 사람이 입국에 문제가 있어 영어로 통역할 사람이 필요하니 누군가 와서 협조를 좀 해주면 좋겠다'는 것이었다.

나는 J차장한테 "수고스럽지만 가서 좀 도와주어야 하지 않겠느냐?"고 권고했다. 약 4시간 후인 밤 10시경이 되어서야 J차장이 돌아왔는데, 내용을 묻는 나에게 그는 우선 "창피해서 혼났다"는 말부터 했다.

그의 말에 의하면, 서울에 살고 있는 아가씨 한 사람이 어학공부를 런던에서 하겠다고 왔는데, 문제는 입국비자를 위한 인터뷰 때 거짓말을 한 것이 탄로가 났기 때문이라는 것이었다. 이 아가씨는 이민국 직원이 방문목적과 체재 경비를 물었는데, 목적은 이해가 되었지만 체재 경비를 확인하는 과정에서 '가진 돈이 없다'고 했다는 것이었다.

"체재 경비가 없으면 이곳에서 어떻게 생활할 것인가?"라고 이민국 직원이 따지자 그녀는 대답하지 못했다는 것이다. J차장이 가서 정확히 이해시키니 그제야 아가씨는 울음을 그치고 트랜지스터라디오(Transistor radio)를 끄집어내더니 전지약이 들어가는 곳에서 미화 3천 불을 꺼내 보이더라는 것이다.

이것을 본 이민국 직원은 도저히 이해가 안 된다는 표정을 지으면서 "이것은 웬 돈이냐?"라고 물은 뒤, "정직하지 못한 사람은 우리나라에 들어올 수 없으니 다음 비행기로 한국으로 귀국하라"고 단호하게 말하더라는 것이다.

아가씨는 울면서 애원하였고 J차장은 담당직원에게 "혹시 귀중한 돈을 잘못해서 잃어버릴까 봐 이곳에 넣어 가지고 왔으니 이해해 달라"고 사정을 했다는 것이다. 이민국 직원은 한참 고민을 하다가 J차장의 간곡한 부탁과 설득에 못 이겨 "당신이 보증한다는 조건으로 2주간의 입국 허가를 해주겠다"고 하면서 "그러나 그 후에는 반드시 돌아가야 한다"라고 하더라는 것이다.

J차장이 고맙다는 인사를 하고 나오려는데, 이민국 직원이 서류에 서명을 요구하고 통역 수고료 조로 40파운드를 주더라는 것이다. 그가 한사코 사양을 했는데도 공과 사가 분명한 영국인이 받으라고 해서 그냥 받아왔다고 했다.

J차장은 나한테 "이렇듯 나라 망신은 물론 국위를 손상시키는 사람들 때문에 부끄러워 얼굴을 들고 다닐 수가 없다"라며 계속 흥분을 참지 못하는 것 같았다. 나도 그의 말에 공감하면서 '언제쯤 우리의 민도가 선진국 수준에 달할 수 있을까?' 하고 한심스런 생각을 떨쳐버릴 수가 없었다.

학기가 끝나는 날은 12월 22일이었는데, 나는 마지막 에세이(Essay) 등 과제물 준비에 매우 바빴다. 지도교수인 완힐(Wanhill)은 종강시간에 우리 과정 동기생들을 크리스마스 휴일(Christmas holiday) 기간에 본인의 집에 초청하고 싶다고 했다. 일정을 조정한 끝에 우리는 성탄절 다음날인 26일이 좋다고 합의했으며, 동기생 10명은 점심 때까지 그곳에 가기로 약속하고 헤어졌다.

마노 하우스

나는 약 5개월 동안 먹는 것도 부실했지만 신경을 많이 쓴 탓인지 건강이 좋지 않았다. 궁리 끝에 할 수 없이 아내에게 "어렵지만 이곳에 와서 내 뒷바라지를 좀 해달라"고 부탁했다. 그 당시만 해도 외국에 나오는 것이 쉽지 않았기 때문에 아내는 복잡한 서류를 갖추어 제출한 후 12월 중순경에야 겨우 여권을 발급받을 수 있었다.

아내는 학교에 다니는 아이들을 모두 할머니에게 맡기고 12월 24일 크리스마스 전날 새벽 6시에 개트윅공항(Gatwick airport)에 도착한다는 연락을 해왔다. 나는 학기가 끝나는 날 기숙사 방을 비워주어야 했기 때문에 임시로 J차장댁에 가 있기로 했다. 그리고 2학기가 시작되는 1월 3일부터는 부부용 기숙사 방을 얻을 수 있도록 신청해 놓았다.

J차장은 결혼한 지 얼마 되지 않았는데, 런던 시내 킹스 로드(Kings road)에 방 두 칸짜리 집을 얻어 신혼살림을 차리고 있었다.

첼시(Chelsea) 지역에 있는 킹스 로드는 세계 최초로 미니스커트(Mini-skirt)를 유행시킨 곳으로 잘 알려져 있었다. 그들 부부는 아내가 온다고 나에게 큰방을 내주었다.

아내가 도착하는 날 나는 마중 시간을 맞추려고 새벽 4시에 일어나 차를 타고 개트윅공항으로 갔다. 6시 30분경 공항의 국제선 여객 출구에 도착했는데, 벌써 아내

가 나와서 나를 기다리고 있었다. 나는 좀 늦게 도착해서 미안하다는 생각보다 너무 반가워서 무슨 말부터 어떻게 해야 할지 떠오르지 않았다.

J차장 부인은 아내와 내가 도착하자 미리 아침식사 준비를 해놓고 있었다. 헤어진 지 불과 5개월 만에 다시 만났는데도 아주 오랫동안 떨어졌다 만난 것 같은 기분이었다. 그날 저녁 아내는 나의 초라한 모습과 목적 달성을 위해 건강까지 해치면서 공부하려는 의지가 너무도 안타까웠는지 눈물을 흘렸다.

아내는 그날 밤 울면서 "당신이 공부하느라고 이토록 고생을 하는데 별 도움을 주지 못해서 미안하다"라고 정말 하기 어려운 말을 했다. 나는 아내에게 "이제 당신이 나를 도와주기 위해서 이렇게 오지 않았느냐!"고 위로하면서 그녀를 달랬다. 그러나 나는 속으로 '내 모습이 그토록 초라하고 불쌍하게 비추어지는가?'라는 생각과 함께 다시 한번 도전을 위한 용기를 하나님께 간구했다.

그해 성탄절에는 런던에서 보기 드문 눈이 얼마나 많이 왔는지 온 천지를 하얗게 덮고 있어 화이트 크리스마스(White Christmas)를 실감나게 했다. 완힐 교수댁은 학교가 있는 길퍼드에서 남쪽으로 약 30km

떨어진 헤즐메어(Haslemare)라는 마을에 있었는데 나는 아내를 데리고 동기생들과 함께 그곳엘 갔다.

완힐 교수 부부는 영국의 전통적인 크리스마스 음식을 차려 놓고 우리를 친절히 맞았다. 우리는 그 집에서 점심식사를 즐겁게 하고 모처럼 모든 것을 잊은 채 환담하면서 놀다가 오후 늦은 시간에 집으로 돌아왔다. 우리 부부는 약 8일간 J차장댁에서 함께 지냈는데, 그들이 얼마나 친절히 해주었는지 매우 편안한 생활을 했다.

나는 J차장과 함께 매일 지사에 나가서 1학기에 공부한 것을 복습하고 동시에 2학기 때 이수해야 될 과목에 대한 예습을 하면서 바쁜 시간을 보냈다. 따라서 종합시험에 대비하여 예상 문제를 선정하고 이에 대한 답안지 작성도 준비했다.

특히, 개학과 더불어 제출해야 할 컴퓨터(Computer) 과목의 과제물 준비를 위해 나는 매우 신경을 써야 했다. 컴퓨터에 관한 기초 지식이 없는데다 죽도록 대학 컴퓨터 실습실에서 키보드(Key board)를 두들겨도 뜻대로 되지 않아 나는 실의와 고민에 빠져 있었다. 나는 이곳저곳에 수소문을 한 결과 대구 출신인 IY라는 컴퓨터 전공 후배가 있다는 것을 알아냈다.

나는 마치 구세주를 만난 기분으로 IY를 찾았는데, 그는 컴퓨터로 이곳 영국 대학에서 석사과정을 마친 후 영국 전화통신공사(British Telecom)에 취업이 되어 근무하고 있었다. 무조건 만나달라고 요구하고 나는 그에게 밤이 새도록 매달려서야 겨우 과제물 준비를 위한 틀과 지식을 습득할 수 있었다. 나는 지금도 가끔 그때의 상황을 생각하면

'인간에게 불가능이란 없다'라는 것을 몸소 체험한 순간으로 기억하고 있다.

나는 학교 기숙사 관리실에 가서 부부용 방을 배정받았는데 그것은 교외에 있는 숙사였다. 우리가 들어갈 학외 숙사는 대학에서 약 15km 떨어진 판콤(Farncombe)이라는 곳에 있었으며, 대학 소유 '마노 하우스(Manor house)'라는 대형 건물이었다.

서리 대학교에서는 학부 1학년과 4학년 재학생들이 의무적으로 기숙사 생활을 해야 하기 때문에 그 당시 캠퍼스 내에 있는 기숙사 시설로는 부족했던 것이다. 따라서 교외 소재 기숙사가 판콤 외에 학교에서 5km 떨어진 헤즐 팜(Hazel farm)이라는 곳에도 있었는데, 이곳에서는 주로 대학원 학생들이 생활했다.

우리 부부는 개학 전날 Y지사장의 차로 판콤에 있는 부부용 숙사인 마노 하우스로 이사를 갔는데, 말이 기숙사지 그것은 매우 오래된 낡은 대저택이었다. 주위가 온통 나무와 숲으로 둘러싸인 이 집은 3층의 목조건물로 계단을 오르내리면 삐꺽 삐꺽하는 무섭고 음침한 소리가 났다.

그 집에는 방이 모두 12개쯤 있었는데 우리를 포함한 네 쌍의 부부가 큰방들을 하나씩 쓰고 나머지는 독신 학생들이 기거하고 있었다. 부엌과 화장실 그리고 욕실 등은 공동으로 쓰도록 되어 있어 여간 불편하지가 않았다.

나는 그곳에서 학교를 기차로 통학하였는데, 판콤역에서 길퍼드역까지는 기차로 불과 5분밖에 걸리지 않았다. 그러나 기숙사에서 역까지 걸어가는 시간과 기차에서 내려 학교로 걸어가는 시간이 꽤 소요되었기 때문에 나는 매일 아침 일찍 집을 나서야만 했다.

영국의 겨울은 오전 10시경쯤 되어야 해가 뜨는 것 같았으며, 오후 3시경이면 벌써 어둑어둑해져서 밤을 연상케 했다. 그래서 나는 '별 보고 나가서 별 보고 들어온다'는 말과 같이 매일 어두워서 나가고 깜깜할 때 집으로 돌아오는 신세가 되었다. 그렇지만 아내가 옆에서 먹을 것도 챙겨주고 용기도 북돋아주며 뒷바라지를 잘 해주어서 건강이 좋아졌을 뿐 아니라 공부에도 많은 도움이 되었다.

Farncombe역에서
기다린 마지막 열차

판콤에 있는 부부용 기숙 사로 들어와서 맞은 첫째 일 요일, 우리는 윔블던에 있는 한인 교회에 나가서 예배를 드렸고 하나님께 감사했다. 그리고 그동안 나한테 친절  을 베푼 목사님과 모든 분들에게도 아내를 소개하고 '고맙다'는 인사를 드렸으며, 작지만 감사의 뜻도 전했다. 그런데 재미있는 현상은 아내가 온 이후 나를 식사에 초청하는 사람은 아무도 없었다.

아내는 천성이 원래 내성적인 데다 부끄럼을 많이 타기 때문에 다른 사람 앞에서 본인에 대한 이야기를 잘 하지 못했다. 그래서 내가 아는 사람들에게 아내의 미용기술을 선전했다. 물론 그것은 꼭 돈을 벌어보 겠다는 목적이 아니고 아내가 혼자 기숙사에 있으니 지루하기도 하고, 또 하루가 무료하다고 해서 일거리를 만들어보자는 뜻에서였다.

그리고 한편으로는 서리 대학교 후문 앞에 있는 '리차드 헤링턴 헤어 아티스트(Richard Herington Hair Artist)'에 가서 아내의 경력을 설명하고, 한국에서 공증해 온 미용사 자격증을 보이면서 일할 수 있도록 해달라고 부탁했다. 주인이자 미용예술가인 헤링턴(Herington)씨는 처음에 난색을 표했다.

그러나 나는 무급이라도 봉사할 수 있도록 해주면 아내에게 좋은 경험이 될 것이라고 사정을 했다. 헤링턴 씨는 결국 못 이긴 듯이 승낙해 주었으며, 아내는 그 이튿날부터 나와 함께 그곳으로 출근할 수 있게 되었다.

아내가 헤링턴 미용실에 출근하자 고객들이 처음 보는 한국인이라고 매우 신기해했으며, 이것저것 물어와서 영어회화를 익히는 데도 많은 도움이 되었던 것 같았다. 때로는 고객들로부터 약간의 팁도 받았는데, 아내는 처음 겪는 일이라 당황스러웠다는 것이다.

그들은 중요한 일 외에 주로 일상적이고 단순한 일만 맡겼지만 아내는 좋은 경험이라고 인내하며 꾸준히 다녔다. 따라서 헤링턴 씨는 무보수로 일해주는 아내에게 미안했는지 "시간에 구애받지 말고 바쁘면 언제든지 볼일을 봐도 된다"고 하면서 출퇴근의 자유를 보장해 주었다.

그 무렵 교회에서 알게 된 사람들의 구전으로 미용사라는 사실이 알려지자 아내는 가끔씩 고객의 요구에 의해 한인들이 많이 사는 킹스턴으로 가서 소위 '출장 미용사'로 일을 했다. 평소에는 길퍼드에 있는 헤링턴 헤어 아티스트 미용실에 나갔고 방문 요구가 있을 땐 킹스턴이나 윔블던으로 가서 일했기 때문에 아내는 항상 바쁜 생활을 해야만 했다.

한 가정에 불려 가면 하루 종일 부인과 아이들을 포함해서 온 집안 식구들의 머리를 모두 손질 해주고 밤늦은 시간에야 돌아올 수 있었다. 돌아올 때는 주로 고객들로부터 얻은 찬거리와 한국식품을 한 보따리 싸들고 오기 때문에 나는 매번 기차역까지 마중을 나가야 했다. 나는 '아내가 이곳까지 와서 나 때문에 고생한다'고 생각하면 가슴이 아팠으며, 그랬기에 기차역에서 그를 기다리는 순간에도 나는 책을 놓지 않았다.

2학기도 중반에 접어든 2월 초 목요일 아내는 뉴몰던 지역에 살고 있는 회사 주재원 가정의 요구로 출장을 갔다. 새벽에 같이 판콤역을 출발하여 나는 학교가 있는 길퍼드역에서 내리고 아내는 곧장 목적지인 뉴몰던으로 가면서 "일이 끝나면 전화로 기숙사에 연락하겠다"고 했다.

나는 수업을 마치고 도서관에 가서 에세이 준비를 위해 자료를 찾아 챙긴 후 기숙사로 돌아왔다. 나는 밥을 지은 후 '아내가 좀 늦더라도 오면 같이 먹어야지' 하는 생각으로 방에서 공부하면서 전화를 기다렸다. 시간이 어느덧 밤 10시가 되었는데도 아무 소식이 없자 나는 불안한 마음과 함께 점점 걱정되기 시작했다. '혹시 무슨 사고라도 나지 않았는지?' 또는 '기차를 잘못 타서 다른 곳으로 가지나 않았는지?' 하고 별생각이 다 들었다.

판콤 기숙사인 마노 하우스 겨울밤의 적막함이 가끔 바람에 흔들리는 나뭇잎 소리 외에 벌레 기어가는 소리가 들릴 정도로 고요와 함께 엄습해 왔다. 시계가 밤 11시를 가리키는데도 아무런 소식이 없기에 다급한 나머지 나는 늦은 시간에 실례를 무릅쓰고 알 만한 곳에 전화를 해보았다. 연락이 닿을 만한 모든 집에 전화해 보았지만 모두들 "잘 모른다"고 답했다.

나는 '더 이상 방에서만 기다릴 수 없다'는 생각으로 어둠을 헤치고 기차역으로 나갔다. 뿌연 안개비가 바람에 휘날리면서 우산 밑으로 스며들어 음산한 영국 겨울밤을 실감케 했다. 시야로 얼굴조차 구별할 수 없는 희미하고 노오란 불빛의 가로등이 가끔 서 있기는 하지만 맞은 편에서 오는 사람은 아무도 없었다.

나는 가끔 '이처럼 으스스한 분위기 때문에 드라큘라(Dracula)와 같은 영화가 이 고장에서 제작될 수 있었을 것이라'고 생각하던 것이 마치 현실로 다가오는 것 같은 느낌에 온몸이 오싹해졌다. 그것은 아내도 고달밍(Godalming)에 있는 슈퍼마켓에 가끔 장 보러 갔다 오는 도중, 길 옆 오래된 교회 마당에 뚜껑이 반쯤 깨진 석묘들을 보면서 그렇게 느끼곤 했다. 이런 음산하고 무서운 생각을 하면서 나는 쫓기는 듯한 걸음으로 판콤 기차역(Farncombe station)에 도착했다.

판콤역은 마을의 규모에 걸맞게 평소에도 작게 보였는데 그날 밤 따라 더 조용하고 초라해 보였다. 얼씬거리는 사람이라고는 그림자조차 찾아볼 수 없었으며 역무원들은 일찌감치 퇴근해서 개표구도 제멋대로 열려 있었다. 나는 플랫폼(Platform)의 의자에 앉아 희미한 전등 아래 기차를 기다리면서 책을 펴 들었으나 머리에 들어오지 않았다.

'왜 이런 늦은 시간까지 연락도 없이 사람 애를 이렇게 태울까!' 하고 나는 아내를 원망하기 시작했다. 11시 35분 기차가 도착했지만 한 사람 의 젊은이가 내렸을 뿐 아내의 그림자는 찾아볼 수 없었다. 나는 마지막

11시 50분 기차에 희망을 걸고 기다렸는데 그 시간이 얼마나 지루했던지 플랫폼 양끝을 수십 번이나 왔다 갔다 했다.

막차는 5분간 연착해서 11시 55분에 도착했는데 거의 모든 객차가 텅텅 비어 있었다. 나는 불안한 마음으로 우선 내리는 승객이 있는지를 살펴보았다. 맨 뒤쪽 객차에서 아내가 짐을 한 보따리 들고 내리는 것을 확인한 순간 나는 추운 겨울 날씨에도 불구하고 안도의 한숨과 더불어 온 전신이 땀으로 흠뻑 젖은 것을 느낄 수 있었다.

나는 아내를 원망했으나 그녀는 "뉴몰던에 사는 은행 주재원 댁에서 아이들을 포함한 5명의 식구 머리를 모두 손질해 주다 보니 11시가 되어서야 일을 마칠 수 있었다"고 했다. 그리고는 곧장 기차역으로 와서 막차를 타면서 "그 집 부인에게 전화를 부탁했는데 연락을 못 받았느냐?"고 반문했다. 나는 짐을 받아 들고 작은 우산 밑에 아내와 같이 몸을 의지하면서 밤 12시가 훨씬 넘은 시간에야 기숙사인 마노 하우스에 도착할 수 있었다.

아내는 저녁식사도 못한 채 계속 일을 한 탓인지 몹시 지쳐 있었고 나 또한 워낙 애를 태우면서 기다렸기 때문에 밥 생각이 없었다. 나는 아내에게 먼저 잠자리에 들 것을 권한 후, '이런 고생한 보람을 찾기 위해서라도 꼭 종합시험에 합격해야지' 하는 각오로 이른 새벽까지 공부를 계속했다. 따라서 이것이 내 인생 열차에서 공부할 수 있는 마지막 기회이기도 했기 때문이었다.

종합시험

학년말이 다가오자 과제물 및 에세이 제출과 종합시험(Final examination) 준비 등으로 공부할 분량은 점점 더 많아졌다. 나는 식사할 때도 밥이 코로 들어가는지 입으로 들어가는지 분간하지 못할 정도로 공부에 전념해야 했다.

특히, 종합시험 대비를 위해 본격적으로 공부를 하기 시작했는데, 한 과목당 180분에 걸쳐 4문제를 풀어야 했기 때문에 시간 조정을 위한 예습에 치중했다. 나는 과목당 12개의 예상문제를 선정해서 한 문제당 평균 45분씩 걸려 풀 수 있도록 모범 답안지를 작성하였다. 그리고는 계속 시간에 맞추어 완전한 답을 쓸 수 있도록 암기하면서 반복해서 연습했다.

내가 치러야 할 종합시험은 모두 6과목이 있었는데 2주에 걸쳐 치르도록 시간표가 짜여 있었다. 나는 3월 초순부터 있을 종합시험에 생사를 걸 수밖에 없다는 각오로 밤낮을 가리지 않고 오직 시험 준비에만 매달렸다. 잠자는 시간은 하루 평균 2~3시간 정도였는데, 시험 첫날부터는 제한된 취침 시간도 아까웠다.

나는 부끄럽게도 학교에 다니
는 동안 대학 정문 옆에 있는 체
육관(Gymnasium)에 한번도 가볼
기회가 없었다. 기껏해야 캠퍼
스 동편에 있는 호수를 서너 바
퀴 구보로 도는 것을 유일한 운

동으로 생각했던 것이다. 그런데 드디어 체육관을 구경할 수 있는 기회
가 나에게 온 것이었다. 왜냐하면 대학 당국에서 우리 과정 학생들의
종합시험 장소를 체육관으로 결정했기 때문이다.

종합시험을 치르는 첫날 나는 아침 7시에 학교에 가서 체육관 입구를
확인한 후 입실 시간인 7시 50분까지 도서관에 가서 최종 정리를 했다.
오전시험은 8시에 시작해서 11시에 그리고 오후시험은 2시부터 5시까
지 치르도록 시간표가 짜여 있었다.

시험시작 10분 전에 입실을 하여 장소를 확인하는 순간 나는 깜짝
놀라지 않을 수 없었다. 그 넓은 실내 농구장에 우리 학과 수험생 10명
의 의자가 약 10m 간격으로 놓여 있었다. 입구에서는 소지품에 대한
검사를 철저히 하였으며, 일체의 불필요한 행동을 했다가는 퇴장당한
다는 주의도 있었다. 나는 지정된 책걸상에 앉아 잠시 동안 '내가 최선
을 다할 수 있도록 능력을 주십사' 하고 하나님께 간절히 기도드렸다.

시험시작 2분 전에 4명의 해당과목 담당교수가 학생들에게 노트를
한 권씩 나누어주었다. 나는 시험문제지가 안 보이기에 당황해서 손을
들었는데, 감독교수가 황급히 와서 귀엣말로 "무엇이 잘못되었는가?"

라고 놀란 표정으로 물었다. 나는 "왜 시험문제가 없느냐?"고 했더니, 그제야 그는 "조금 더 기다려보라"고 하면서 안도의 빛을 보였다.

처음 나누어준 노트는 A4용지로 26페이지에 달하는 답안지였으며, 추가로 4장의 답안지가 더 있는 것을 나는 알게 되었다. 긴장된 분위기가 고조된 가운데 시험시작 15초 전에 감독교수들이 3페이지에 달하는 문제지를 배부해 주었는데, 7문제 중에 4문제를 골라서 답하라는 것이었다.

다행히 내가 예상하고 준비했던 문제들이 눈에 띄기에 나는 최선을 다해 답안을 작성했다. 답안의 내용도 중요하지만 그것을 논리적으로 전개해 나가는 요령과 분량이 매우 중요시되었기 때문에 여간 어렵지가 않았다. 특히 모국어가 아닌 외국인으로서 가장 힘든 일은 역시 어휘의 선택과 제한된 단어 실력 때문에 효과적인 문장표현이 매우 어렵게 느껴졌다.

시험이 시작되던 첫날은 다행히 오전 한 과목뿐이었기 때문에 나는 곧바로 다음날 시험준비에 전념할 수 있었다. 나는 평생을 통해 이때 시험기간만큼 하루 24시간이 짧게 느껴진 때가 없었던 것 같았다.

하루에 두 과목을 치러야 하는 목요일에는 얼마나 바빴던지 시험준비를 할 수 있는 점심식사 시간마저 고맙게 느껴질 정도였다. 한번은 기차 안에서 책을 보다가 내가 하차해야 할 판콤역을 지나 고달밍역까지 갔다가 도로 돌아온 경우도 있었다.

마지막 시험을 둘째 주 금요일 오전에 치르고 난 후 답안지를 제출하면서 나는 하나님께 '이제는 당신의 뜻대로 하옵소서'라고 기도했으며,

결과를 전적으로 주님께 맡겼다.

시험장에서 나오는 순간 나는 모든 기력이 한꺼번에 몸으로부터 다 빠져나간 듯한 느낌이 들었으며, 더 이상 도저히 발걸음을 옮길 수가 없었다. 몸을 지탱해야 할 하체가 힘을 못 쓰는 것 같았으며, 나는 불과 20m도 안 되는 곳에 있는 인근 벤치(Bench)까지도 비틀거리면서 겨우 다가갈 수 있었다.

온몸은 식은땀으로 흠뻑 젖었고 지난 2주간 복용한 각성제 약 때문인지 머리가 어지러워서 구토가 날 것 같았다. 초봄의 차가운 바람을 맞으며 벤치에 비스듬히 몸을 기댄 채 나는 같은 대학 문헌정보학과 Y교수의 말을 떠올렸다.

그는 내가 본인의 영국 유학 체험을 물었을 때 "종합시험을 치른 마지막날 일곱 발자국도 못 걷고 주저앉고 말았다"고 했다. 나는 그 당시 그의 말을 듣고 '과장이 좀 심하다'는 생각을 했는데, 지금 돌이켜 보니 '그의 말이 근거 있는 사실이었을 것'이라고 믿을 수 있었다. 나는 정말 시험다운 시험을 치렀다는 생각과 함께 영국 교육의 진수를 맛본 기분이었다.

시험합격 통지서

　이곳 석사학위과정은 일단 종합시험에 합격한 자에 한해서 학위논문을 쓸 수 있는 자격이 주어지도록 되어 있다. 그렇지만 나는 빨리 복직해서 강의를 해야 했기 때문에 지도교수에게 양해를 구하고 논문계획서를 제출한 후 바로 귀국준비를 했다.

　지도교수는 반농담조로 "종합시험에 합격할 자신이 있느냐?"고 물으면서 "시험결과가 나오는 즉시 연락할 테니, 결과에 따라 결정하자"고 했다. 그는 제출한 논문계획서를 검토하면서 몇 가지 질문과 더불어 수정사항을 지시했다.

　신학기가 시작된 지 3주가 될 무렵 나는 극도로 쇠약한 몸으로 귀국했다. 학생들은 내가 수업에 들어가자 박수로 환영과 격려를 해주었는데, 이들의 따뜻한 인정에 가슴이 뭉클해짐을 느꼈다. 그렇지만 몸이 얼마나 허약했던지 내가 말을 했을 때 학생들이 알아들을 수 없을 정도로 목소리가 작아서 마치 '모기소리처럼 들린다'고 했다.

　아니나 다를까 귀국 후 일주일도 채 안 돼서 나는 병원신세를 져야 했으며, 약 열흘간 입원해서 치료를 받았다. 원기를 완전히 회복하지 못하고 출근을 하는데, H학장이 면담을 요청했다. H학장은 다른 사람과 마찬가지로 다소의 약점도 있었지만 인정이 많고 소탈한 점 등은 그의 인간적인 매력을 더해주는 장점이기도 했다.

제5공화국 탄생과 더불어 국보위가 우리 대학교를 대상으로 소위 '정화작업'을 할 때 학부와 전문대학을 실질적으로 구분 운영하도록 하면서 관선 이사회에서 H교수를 학장으로 선임하게 된 것이다.

H학장은 나에게 위로의 말씀과 함께 대학의 산업기술연구소 소장 보직을 맡아달라고 했다. 나는 분명한 이유 몇 가지를 들어 사양했지만 고집이 센 분이라 결국 내가 지고 말았다. 나는 그것으로 인해 같은 학과의 동료교수로부터 오해를 받기도 했기에 입장이 매우 난처했던 적도 있었다.

그동안 나는 마음을 졸이면서 종합시험 결과를 기다렸는데, 약 2개월이 지나서야 지도교수로부터 결과를 통보받을 수 있었다. 영국의 종합시험 답안 채점제도는 과목 담당교수를 포함한 내부 채점관(2~3명)과 외부채점관(2~3명)의 채점을 합산하여 평점으로 성적을 산출해 내기 때문에 시간도 걸릴 뿐 아니라 매우 합리적이고 공정하기로 소문이 나 있다.

완힐 교수는 서신에서 '우선 종합시험 합격을 축하한다'라는 말과 더불어 '훌륭한 석사학위논문을 기대한다'라고 했다. 나는 종합시험 합격통지서를 받고 말로 표현할 수 없을 정도로 기뻤으며, 그간 애쓴 데 대해 큰 보람을 느꼈다.

가족들도 매우 기뻐했는데, 특히 아내의 기쁨은 말할 수 없이 컸기에 영국에서 힘들었던 생활이 오히려 값지고 자랑스럽다는 표정을 감출 수가 없었다.

공식적인 시험합격 통지서를 받은 즉시 나는 그동안 수집해 온 자료를 근거로 논문을 쓰기 시작했으며, 실증적 조사를 위해 설문지에 대한 설계도 착수했다.

논문제목이 "한국관광 개발에 있어서 불교문화의 역할에 관한 연구(Role of Buddhism in the Development of Tourism in Korea)"였기 때문에 현지 조사와 연구가 인정되었던 것이다.

논문학기

학기말고사가 끝나자마자 나는 서둘러 교무과에 성적을 제출하고 곧바로 영국으로 떠났다. 지난번과 마찬가지로 이번에도 홀트 입양아를 에스코트해 갔는데 목적지는 벨기에(Belgium)의 브뤼셀(Brussels)공항이었다.

브뤼셀 국제공항에서 입양아들을 인계한 후 나는 너무 피곤해서 계속 여행을 할 수 없을 정도로 지쳐 있었다. 공항에 마중 나온 홀트아동복지 봉사원에게 나는 "몇 시간이라도 좋으니 좀 쉬었다 갈 수 있도록 숙소를 한 군데 안내해 달라"고 부탁했다.

그는 알아들었다는 듯이 "잠깐 기다리라"고 하면서 동료들과 의논한 후 나에게 "봉사회원 한 사람이 당신을 이곳에서 하룻밤 쉴 수 있도록 도와주기로 했으니 염려하지 말고 따라오라"고 했다. 나는 봉사회원인 중년부인 한 사람을 따라 그의 집으로 갔으며, 그곳에서 샤워(Shower)를 한 후 정신없이 잠에 곯아떨어졌다.

누군가 내 옆에서 무슨 말을 중얼거리기에 나는 깜짝 놀라 잠에서 깨었다. 침대 옆에는 약 12세가량 되는 동양 어린애가 서 있었는데,

그는 벨기에말로 나를 내려다 보면서 혼자 중얼거리고 있었다. 내가 침대에서 일어나자 부인이 그 애에게 "왜 잠자는 분을 깨우느냐?"고 야단하는 듯했다.

나는 "이제 피로가 많이 회복되었으니 괜찮다"고 하자, 그녀는 "이 애가 김(Kim)이라는 우리 아들인데 한국에서 11년 전에 입양해 왔다"고 자랑을 했다. 그 말을 듣고 내가 영어로 그 애에게 말을 걸자 부인은 "애는 초등학교에 다니기 때문에 영어는 잘 모른다"고 했다.

그 애가 나보고 무슨 말을 하기에 내가 "뭐라고 하느냐"고 묻자 부인은 이 애가 "당신이 중국사람이냐?"고 물었다면서 "내가 너의 고국인 한국에서 온 사람이라고 했는데도 이해를 잘 못 하는 것 같다"고 설명해 주었다. 나는 이 비극적인 현실을 사실로 받아들이지 않을 수 없는 상황이 부끄러웠다.

저녁 때가 되자 중등학교에 다니는 딸과 전기회사에 다니는 남편이 연이어 집으로 돌아왔다. 그 집의 딸도 14살 먹은 한국애였는데, 그들은 "여자 아이를 먼저 입양하고 나니까 좀 외로운 것 같아 보여 그 후에 남자 아이도 한 사람 더 입양하게 되었다"고 설명해 주었다.

저녁식사가 끝난 후 그들은 친절하게도 내게 브뤼셀 시내를 구경시켜 주었다. 구라파의 작은 파리라고 불릴 정도로 시내도 깨끗하고 아름다웠으며, 특히 시청광장은 매우 인상적이었다.

그래도 피로가 완전히 가시지 않아 쉬고 싶은 나의 심정을 읽었는지 그들은 자동차로 대충 시내를 돌면서 구경시켜 주고는 곧장 집으로 돌아왔다.

이튿날 아침 나는 고맙다는 인사와 함께 만약을 위해 준비해 간 한국 목각인형 하나를 선물로 주면서 그들의 호의에 대한 감사를 표했다. 남편과 아이들을 직장과 학교로 보낸 후 부인은 내가 오전 9시 비행기로 런던에 갈 수 있도록 공항까지 배웅해 주었다.

나는 피로도 많이 회복되어서 기뻤지만, 지난 24시간 동안 이곳에 체재하면서 겪은 경험도 매우 유익했다고 생각했다.

그러나 어제 이곳 공항에 도착해서 짐을 찾았을 때, 가방 하나가 수화물 취급자들의 부주의로 끈이 떨어져서 나를 불쾌하게 만들었다.

내가 카운터(Counter)에 가서 항의하자 그들은 '대단히 미안하다'라는 사과와 함께 나의 목적지를 물은 후 런던에서 무료로 가방을 수선할 수 있도록 조치해 주었다. 나는 이와 같이 직무에 대한 전문성과 강한 책임의식을 가지고 일하는 항공사 직원들을 보면서 '바로 저런 의식을 우리가 본받아야 된다'고 느꼈다.

런던 히드로공항에 도착한 나는 처음과 달리 익숙한 지하철로 워털루역(Waterloo station)까지 와서 다시 길퍼드행 기차로 바꿔 타고 학교까지 쉽게 올 수 있었다. 히드로공항의 교통시설은 매우 편리하게 설계되어 있는데 택시 외에 대중 교통수단으로 지하철과 버스가 공항과 바로 연결되어 있어 영국 어디든지 편리하게 갈 수가 있다.

나는 이미 예약된 캠퍼스 내의 커시드럴 코트(Cathedral court) 기숙사에 들어갈 수 있었는데, 무엇보다 도서관이 가까워서 공부하는 데 많은 도움이 되었다. 그 이튿날 바로 나는 학과에 가서 입교신고를 하고 지도교수를 만나서 그간 작성한 논문 일부(1~3장)를 제출했다. 그는 제출한 논문을 검토한 후 목차와 내용에 관해서 질문을 하였으며, 수정해야 할 사항에 대한 지적도 해주었다.

약 10주간을 대학 기숙사에 머물면서 나는 일주일에 3번 이상 지도교수와 만나서 논문에 관한 지도를 받았다. 주로 제출한 부분에 대한 수정작업과 문헌연구를 통한 본론부분을 써 나가는 일에 전력했다. 그 당시에는 컴퓨터가 귀하기도 했지만 살 엄두를 못 내었기 때문에 나는 휴대용 수동 타자기(Portable Typewriter)로 밤새도록 논문을 써야만 했다.

내가 정성들여 밤새껏 타자로 쳐서 제출한 논문의 일부를 지도교수는 무심하게도 빨간 사인펜으로 싹싹 그어 버리는 경우가 허다했다. 철자 하나가 틀렸다는 이유 때문에 그 페이지 전체를 다시 타자로 쳐서 제출해야 하는 번거로움이 비일비재했다.

식사 해결은 여전히 큰 고민거리였는데, 주로 집에서 가져온 고추장에 참치 통조림을 섞어서 밥을 비벼 먹거나 버터와 간장으로 밥을 비벼 먹기도 했지만 혼자서 밥을 먹는 것이 가장 서글프게 느껴졌다. 세탁도 동전 몇 푼이 아까워서 샤워할 때 손으로 대강 빨아서 말려 입곤 했다.

실증적 연구를 위한 설문지 설계와 내용에 관해서 지도교수와 토론하고 승낙을 받은 후, 나는 다시 학교 강의와 연구를 위해 예정대로 8월 말에 귀국하였다.

석사학위 취득

　신학기 준비를 위한 별도의 시간도 갖지 못한 채 나는 곧바로 강의와 연구에 매달려야만 했다. 다른 교직원들은 모두 하기방학에 산과 바다에서 심신의 휴식을 충분히 취한 탓인지 얼굴이 검게 타 있었으며 더욱 건강미가 넘쳐 보였다. 따라서 이들은 신학기에 대한 마음의 준비와 기대가 충만해 있는 것같이 보였다. 그러나 나는 이와 반대로 핼쑥한 모습으로 돌아오자마자 건강이 좋지 않아 며칠을 앓아 누워서 고생을 해야만 했다.

　경주 지역을 대상으로 실증적 조사를 해야 했기 때문에 나는 약 2개월 동안 학생들을 데리고 현장에 가서 설문조사를 실시했다. 조사결과에 대한 통계적 분석을 위해 나는 당시 우리 지역에서 유일하게 대형 컴퓨터를 보유하고 있는 대구 정보연구원의 L원장님께 부탁하여 협조를 구했다. 수작업으로 데이터를 코딩해서 직원에게 입력을 의뢰했고 그 결과를 토대로 연구 대상의 특징과 문항 간의 상관관계를 도출해 낼 수 있었다. L원장님은 내 연구의 통계적 분석을 한 자료가 담긴 영화필름과 같은 테이프 한 통을 나에게 건네주면서 격려해 주었다.

따라서 나는 이러한 통계분석과 문제점을 근거로 논문의 결론 부분을 써 나갔으며, 학기말이 되기 전에 마무리를 지을 수 있었다. 그리고 완성된 논문의 영어 문장상 문제가 없는지를 검정받기 위해 같은 대학 미국인 교수에게 의뢰해 보았지만 전문용어나 학술적인 면에서는 그도 크게 손대지 못하는 것 같았다.

12월 초 학기말고사가 끝나기가 무섭게 나는 성적을 교무과에 제출하고 곧바로 영국으로 떠났다. 이번에도 L부회장의 주선으로 입양아를 에스코트할 수 있게 되었다. 서울 홀트아동복지회에서는 내가 지난번 2차례에 걸쳐 에스코트를 훌륭히 수행했기 때문에 나에게 사전교육은 더 이상 받지 않아도 된다는 특전을 주었다.

나는 3번째로 다시 3명의 불쌍한 생명을 불란서 파리로 데려다 주는 일을 맡았는데, 겨울철이라 옷을 두껍게 입은 탓으로 기저귀를 갈아주는 일은 더욱 힘이 들었다. 나는 이제 이 일에 제법 익숙해졌기 때문에 애들을 다루는 솜씨가 좋아 보였는지 어떤 탑승객은 "나이 든 사람이 어째서 이제야 아기들을 갖게 되었느냐?"고 동정 섞인 말을 건네오곤 했다. 그는 이 아이들을 내 자식으로 오해하는 것 같았지만 나는 굳이 변명이나 설명하기가 번거로워서 "어쩌다 보니 그렇게 되었다"고 답하고 말았다.

이 무렵 관광공사 런던지사의 J차장은 회사를 휴직하고 한국인으로서는 두 번째로 내가 이수한 과정을 밟고 있었다. 그는 유능한 관광전문인으로 내가 추천해서 서리 대학교 관광경영학 대학원 과정에 입학하게 되었다. 이번 학기부터 그는 부인과 함께 대학 근처 길퍼드에 방을 얻어 생활하면서 공부를 하고 있었다.

그가 대학원과정에 입학허가를 받자 Y지사장은 나보고 "공연히 근무 잘하는 사람에게 바람을 넣어 일도 못하게 만든다"고 원망했지만 나는 "후배들을 키워주고 또 인재 양성에 투자를 해야 우리나라가 발전할 것 아니냐?"고 그를 설득시켰다.

특히, 본사에서는 "당장 소환하라"는 소리가 높았는데, 나는 H사장을 만나서 "공사도 이제 국제경쟁에서 살아남으려면 인재 양성에 투자를 아끼지 말아야 한다"고 설득하였다. 그리고 H사장에게 J차장이 공부를 할 수 있도록 선처해 줄 것을 간곡히 부탁했다. 그 결과 다행히 J차장은 공사 창설 후 처음으로 휴직하여 외국에서 공부할 수 있는 첫 번째 경우가 되었다.

이것을 계기로 공사에서는 유능한 직원에게 유학의 기회를 부여하는 것을 제도화하여 현재까지 실시하고 있는 것으로 알고 있다.

런던에 도착하자마자 나는 곧바로 학교에 가서 학과에 도착신고를 한 후 지도교수(Supervisor)를 만나 완성된 논문을 제출했다. 그리고는 J차장 댁에서 공간을 얻어 신세를 지면서 그와 함께 학교에 다녔다. 빵과 우유를 먹어도 J차장 식구와 같이 먹을 수 있어 훨씬 좋았으며, 연구하는 일에도 서로 도움이 되어 매우 효과적이었다. J차장과 부인의 따뜻한 배려로 나는 겨울학기를 그곳에서 편안하게 보낼 수 있었다.

나는 지도교수의 지적사항을 수정 보완하여 논문을 완성시켜 제출한 후 구술시험을 보았다. 구술시험은 지도교수를 중심으로 약 3시간에 걸쳐 문답한 후 결과를 평가하는데 이의 준비를 위해 나는 많은 시간을 도서관에서 보내야 했다. 그리고 논문 성적은 내부심사위원과 외부심사위원들의 평가를 받아야 하는데, 그 결과는 약 2개월 후에 알 수 있다는 것이다.

예정대로 나는 10주간의 논문을 위한 공부를 마치고 2월 말에 귀국하여 다시 강의와 연구소 일을 보았다. 나는 논문평가 결과를 애타게 기다리면서도 지도교수가 지시한 대로 박사학위 연구계획서를 준비하였다. 대학에서는 3월 초 신학기에 보직 발령이 있었는데 H학장은 나를 학생부장에 임명했다. 나는 극구 사양했지만 결국 두 번째로 학생부장 직을 맡게 되었다.

내가 학생부장 일을 맡고 있을 때 대학에서는 불행한 일을 세 가지 겪었다. 그중 하나는 제주도 졸업여행 때 경영과 모 교수가 여학생을 희롱했다고 학생들이 데모하는 바람에 그 교수를 징계해야 했던 사실이었다.

그 다음은 식품과 모 교수의 재계약 탈락으로 이것이 문제되어 법정소송으로까지 번져 학교가 여간 시끄럽지가 않았다. 결국 이 문제로 학장도 해임되고 마는 불행을 겪어야 했다. 그리고 엎친 데 덮친 격으로 영어과에서도 모 교수가 여학생을 농락했다고 투서하는 바람에 본인이 사직해야 하는 불운을 겪었다. 나는 보직을 맡고 있는 교수로서 어떻게 하던지 일을 원만하게 처리하려 노력했으나 뜻대로 되지 않아 가슴이 매우 아팠다.

드디어 4월 셋째 주 월요일 나는 서리 대학교 시험총괄 처장으로부터 '관광경영학 석사학위과정 이수와 졸업시험 합격 그리고 논문통과로 석사학위(관광개발학 전공)를 5월 23일자로 수여한다'라는 공식적인 공문을 받았다. 따라서 학위수여식은 12월 첫째 주 금요일인 5일 오후 2시에 있을 예정인데, 본인과 2명(친지)의 초청인사에 대한 참석여부를 동봉한 회신용 카드로 알려달라고 했다.

　이 공문을 받아들자 나보다 아내가 더 기뻐했는데, 나는 그녀의 심정을 충분히 헤아릴 수 있을 것 같았다. 그러나 이것이 전적인 나의 최종 목표가 아니고 다만 목적 달성을 위한 과정에 불과하다고 생각하고 나는 또 다른 도전에 임할 준비를 해야만 했다.

지울 수 없는
꿈을 향한 여정

제10부

또 다른 명분을 위한 도전

박사과정 진학

석사학위를 취득한 나는 곧바로 박사학위과정 연구 계획서(Proposal)와 입학지원서를 영국 서리 대학교에 제출했는데, 현재 여건과 논문 주제의 특성상 파트 타임 스  튜던트(Part-time Student)로 입학허가를 해줄 것을 요청했다.

서리 대학교에서는 박사과정 학생을 두 가지 유형으로 선발하는데, 그중 하나는 소위 풀 타임 스튜던트(Full-time Student)라고 해서 전적으로 연구에만 매달려야 하며 매일 학과 연구실에 나와서 공부를 해야 하는 유형의 학생을 말한다. 그리고 이들은 학생 이외의 직업은 절대 허용되지 않고 최소 수학연한은 3년으로 되어 있다.

다른 하나는 파트 타임 스튜던트(Part-time Student)라고 해서 우리나라의 경우 대학전임으로 적을 두고 있으면서 타 대학에서 박사과정을 이수하는 유형을 말한다. 이들은 주로 본업이 학자이거나 연구원으로 동종의 학문분야에 종사하면서 공부하는 학생인데 평균 수학연한은 6년이었다.

박사과정을 이수하고자 하는 외국인 학생은 주로 풀 타임 스튜던트로 입학이 허용되고 있었으며, 파트 타임 스튜던트로 입학 허가를 받으려면 타당한 사유가 있어야 했다. 나는 그 당시 대학에서 관광학 교수로 재직하고 있다는 증명서와 석사학위를 두 개 이상 보유하고 있으며, 아울러 서리 대학교에서 석사과정을 성공적으로 이수했다는 사실들을 근거로 지도교수와 학과장의 추천을 받았다.

따라서 박사학위논문 주제가 '한국 관광목적지로서 불국사와 해인사 지역의 비교연구(A Comparative Study of Pulguk-sa and Haein-sa Temples as Tourist Destinations in Korea)'로 한국 관광개발에 관한 것이기 때문에 파트 타임 스튜던트로 과정 이수가 가능하다는 지도교수의 강력한 소견서가 뒷받침이 되어 입학에 유리했다.

서리 대학교 입학심의위원회에서는 내가 석사과정에 등록할 때 부터 박사과정 이수를 전제로 했기 때문에 매우 호의적이었다. 약 1개월 후 외국인으로서는 드물게 나는 파트 타임 스튜던트로 박사과정 입학 허가서를 받을 수 있었다. 그런데 조건은 1년에 20주 이상 대학에 상주하면서 연구하고 지도교수의 지도를 받아야 하며, 준박사(MPhil: Master of Philosophy)과정을 일단 이수하라는 것이었다.

그래서 나는 그해 여름 방학부터 준박사과정을 이수하기 위해 영국에 가야 했다. 장마가 시작되는 6월 말에 나는 네 번째로 3명의 홀트 입양아를 에스코트해 갔는데, 이번에는 목적지가 노르웨이(Norway)의 수도인 오슬로(Oslo)였다. 파리에서 다시 오슬로행 비행기를 갈아 타야 했는데, 공항 대기실에서 탑승시간을 기다리는 동안에 애들의 기저귀를 갈아줄 때가 가장 어려웠다. 한꺼번에 짐과 유아들 3명을 화장실에 데리고 갈 수 없었기 때문에 나는 지나가는 사람들을 붙잡고 도움을 요청했지만 다섯 번이나 실패했다.

다행히 불란서 중년부인을 만나 애원한 끝에 도움을 받아 무사히 이들의 기저귀를 갈아줄 수 있었다. 대구 집에서 떠난 지 약 30시간 만에 나는 입양아 에스코트 목적지인 오슬로공항에 겨우 도착할 수 있었다. 기진맥진한 상태로 양부모들에게 아이들을 인계한 후 나는 그곳에서 조금 쉬었다가 런던으로 가려고 했다. 그러나 그곳 숙박시설의 요금이 너무 비싸서 엄두도 못 내고 피곤한 몸을 이끌고 런던행 비행기에 탑승해야만 했다.

관광공사에 근무하던 J차장은 이미 코스 워크(Course work)를 끝내고 귀국해서 복직하여 논문준비를 하고 있었다. 그래서 나는 학교에 있는 길퍼드 코트(Guildford court) 기숙사에 방을 하나 얻어, 그곳에서 10주 동안 자취생활을 하면서 공부를 해야 했다. 나는 지도교수의 지시에 따라 준박사과정 연구를 위한 공부를 했는데, 그해 여름은 유난히 더워서 능률이 좀처럼 오르지가 않았다.

관광공사 Y런던지사장은 나에게 "김 교수는 이제 입양아 에스코트 전문가가 되었으니까 박사학위논문도 이에 관한 것을 주제로 쓰면 좋을 것 같다"고 농담하곤 했다. 그러나 나는 가정을 돌보면서 공부해야 하는 입장이어서 경제적으로 여간 어렵지 않았기 때문에 이런 수모(?)는 감수해야만 했다. 따라서 방학 때마다 편의를 봐주는 홀트아동복지회와 L부회장, 그리고 대학 당국에 감사한 마음과 더불어 성의껏 봉사해야 한다는 생각으로 항상 최선을 다했다.

학장 경질과 교무부장

나는 8월 말 2학기 개학을 앞둔 직전 귀국하여 학교에 나갔는데, 재단 이사회에서는 학장을 경질했다. 신임 학장은 그 당시 학부 신학과 교수로 재직하고 있던 C목사님이었다. 신임 학장님은 신학교를 졸업하고 우리 대학교 대학원에서 영어교육학석사와 교육학박사 과정을 이수하신 분으로 인품이 훌륭하셨다. 따라서 내가 대학원에서 영문학을 전공할 때 같은 과목을 수강한 바도 있으며, 수년 전에도 우리 대학에 재직하셨기 때문에 생소하지 않은 분이었다.

그러나 학교문제가 시끄러워서 H학장이 해임될 때까지 학생부장으로 보필하던 나로서는 다소의 책임도 느꼈으며, 아울러 새로 시작한 박사과정 이수 때문에 보직에 대한 사의를 표명했다.

신임 학장에게 보직 사표를 제출하고 나니 한결 마음이 홀가분했고 학위를 위한 연구에만 전념할 수 있을 것 같아 기분도 좋았다. 그런데 C학장은 나를 부르더니 "교무부장직을 맡아달라"고 했다. 나는 맡을 수 없는 이유를 설명했지만 내 뜻을 관철시킬 수 없었다. 그래서 교무부장직을 수락하고 말았는데, 신임 학장과 학교일을 하면서 많은 것을 배우고 느낄 수 있었다.

영국 서리 대학교에서 관광경영학 석사학위를 받고 나는 학위증과 논문을 가지고 은사이신 K총장님께 인사를 드렸다. 총장님은 깊은 관심을 표명하시면서 그 당시 교무처장이신 P교수님에게도 인사를 드리라고 하셨다. 교무처장님도 은사이시기에 나는 인사를 드리고 관광산업의 성장추세와 전망에 대해서도 설명드렸다. 따라서 학부과정 개설의 필요성을 역설했는데, 워낙 두뇌가 뛰어난 분이라 금방 알아들으셨다.

나의 은사이신 총장님과 교무처장님의 배려와 노력으로 드디어 관광경영학과 학부과정이 경영대학 내에 개설되었다. 학문적 발전을 위해 정말 오랜 기간 동안 노력한 결과로 이루어진 것이기에 나는 두 분 은사님께 감사드리지 않을 수 없었다. 그리고 '심은 대로 거둔다'는 성경 말씀과 같이 세상에는 그냥 되는 것이 없음을 절실히 느꼈다.

두 분은 모두 내가 하와이 대학 유학시절 그곳에 오셔서 직접 공부하고 실습하는 현장을 목격하신 분들이기 때문에 관광을 학문적으로 인정해 주셨던 것이다. 그렇지만 학과 설립 당시 사전에 충분한 논의가 없었다는 일부 교수들의 반발로 신임 교수 선발문제는 일단 보류되었던 것이다. 따라서 임시로 경영대 P교학부장이 학과장 업무를 겸임하게 되었는데, 이러한 학교 당국의 처사에 학생들이 다소 불만을 가졌던 것이 사실이다.

그래서 학생들은 교수채용 문제를 가지고 총장과의 면담을 요청하는 가 하면 그들의 뜻을 관철시키기 위해 시위도 벌이고 하여 당국이 곤혹을 치러야 했다. 우유부단하고 마음씨 좋기로 소문난 K총장님은 나만 보면 "C교수는 대학 동기생이고 K교수는 같은 장로이며, 또 자네는 제자이기 때문에 입장이 매우 난처하다"고 고충을 털어놓으셨다.

그러나 나는 총장님에게 "인정에 끌려 대학 발전에 저해되는 인사를 해서는 안 될 것"이라고 말씀드리고 "빨리 공정하고 합리적인 인사로 학생들에게 더 이상의 불이익을 주지 않도록 하는 것이 좋겠다"고 진언했다.

관광경영학과가 학부에 개설된 지 1년이 되자 그 당시 경영대학장이던 S교수와 P교학부장이 나를 포함한 우리 학과 C 및 K교수와 함께 만나자고 했다. 면담 내용은 주로 신임교수 영입에 관한 것이었는데, 나는 경영대 학장과 더불어 C교수가 제일 연장자이기 때문에 먼저 모시고 가는 것이 좋겠다고 했다. 그 자리에 참석한 모든 사람들은 이에 찬성하였고 대화 내용에 만족하였으며 앞으로 협조할 것을 약속하고 헤어졌다.

그러나 교무위원회와 인사위원회에서 이 문제를 다룰 때 어떻게 된 영문인지 C교수가 탈락되고 K교수를 임용하기로 결정했다는 것이다. 이러한 사실 때문에 인사가 결정된 후에도 말들이 많았는데, 결국 세상에는 비밀이 없다는 것을 알 수 있었다. 이와 같은 결정에 C교수는 노골적으로 불쾌감을 표시하기도 했다. 나는 C교수를 위로하고 "다음 기회가 있으니 기다려보자"고 격려했다.

그해 여름 C교수는 회갑을 맞게 되었는데, 그는 나보고 "하나님이 회갑선물로 학부 전근을 주실 줄 알았다"고 눈물을 글썽이면서 말했다. 나는 노 교수의 심정을 이해할 수 있을 것 같았으며, 그 대신 졸업생들이 회갑 축하연을 베풀어주도록 내가 나서서 주선했다. 그는 나의 뜻을 헤아린 듯 고마워했으나, 그래도 섭섭한 마음은 가시지 않아 축하연에 대한 답사를 할 때 기대만큼 밝은 얼굴을 볼 수 없었다. C교수는 "평생을 두고 그 사건을 잊을 수 없다"고 볼 때마다 말씀하셨는데 나도 입장이 매우 난처했다.

K교수가 학부로 발령을 받자 학과 학생들이 인사 내용에 다소 불만을 품고 있는 듯 나에게 찾아와서 그 내막을 물었다. 나는 그들에게 "학생들이 교수인사에 관여하는 것은 어떤 이유에서건 바람직하지 않다"고 엄하게 꾸짖어 돌려보냈다. 그들이 기대했던 것과 달리 내가 소신을 가지고 교육적으로 지도하자 다소 불만을 품은 채 돌아가서는 다시 나타나지 않았다.

그해 여름방학을 맞아 나는 다섯 번째로 입양아 에스코트로 출국했는데, 목적지는 불란서 파리였다. 이번에는 6명의 입양아를 서울 모대학에서 불어교육을 담당하고 있는 불란서인과 같이 데리고 가야 했는데, 내가 총책임을 맡게 되었다.

동행한 불란서인은 비행기 탑승과 함께 아이들은 내 몰라라 한 채 잠만 자고 있었다. 나는 그가 얄밉기도 하고 한편으로는 억울한 생각도 들었지만 '불쌍한 아이들이 같은 민족인데 어떻게 나마저 무심할 수 있겠는가?'라는 생각으로 모두를 돌보느라 정신이 없었다.

기진맥진한 채 런던에 도착한 나는 또다시 킹스턴에 있는 친구한테 가서 내가 사용하던 전기밥솥과 생활필수품들을 챙겨서 대학 기숙사로 들어갔다. 배당받은 숙사는 서리 코트(Surrey court) 기숙사였는데 공동 취사장이 좁아서 다소 불편했다. 그러나 다행히 학부과정 학생들이 방학 중이라 조용해서 공부하는 데는 많은 도움이 되었다.

더운 날씨에도 불구하고 나는 10주 동안 기숙사 자취생활을 하면서 지도교수로부터 지도를 받으며 연구에 전념했다. 그 결과로 나는 준박사과정에서 박사과정으로 진학하는 데 요구되는 진급시험에 통과할 수 있었다. 박사과정 진급시험에 합격한 나의 기쁨은 이루 말로 표현할 수 없을 만큼 컸었다. 이 소식을 접한 킹스턴의 친구는 "정말 축하한다"는 말과 함께 나를 템스(Thames)강변의 전통적인 영국 선술집 팝(Pub)으로 데리고 가서 맥주 한 잔으로 기쁨을 나눌 수 있는 기회를 만들어 주었다.

그는 나에게 "몸이 허약해서 공부하는 데 힘들 것"이라고 하면서 웅담이라는 한약을 먹으라며 조금 주었다. 그것은 맛이 매우 쓰기 때문에 먹기가 힘들었지만 나는 눈 하나 깜짝하지 않고 먹었는데, 이것을 본 친구는 "나도 독한 놈이지만 너는 더 지독하다"며 혀를 내둘렀다.

그는 원래 스포츠맨이었지만 공부하는 사람을 매우 좋아했으며, 또 이들을 도와주기를 무척 좋아했다. 특히, 그는 의리의 사나이로 어려운 상황에 있는 사람을 보면 본인 일을 제쳐 놓고라도 앞장서서 도와주는 성품을 지니고 있었다. 그는 나에게도 정신적으로나 물질적으로 많은 도움을 주었으며, 항상 위로와 격려로 용기를 심어주었다. 비록 이국만리에서 하찮은 야채장사를 하지만 뇌성마비로 고생하는 아들을 사랑으로 돌보는 그를 나는 무척 존경하고 있었으며, 그로부터 많은 것을 깨닫고 배울 수 있었다.

속으로 나도 미흡하지만 '친구를 도울 수 있는 길이 없을까?' 하고 생각한 끝에 매번 영국에 갈 때마다 우리나라 토종 고춧가루를 8~10kg씩을 갖다주기로 했다. 이것이 그의 야채 및 식품점 경영에 다소의 도움이 되었던 것을 알고 나는 보람을 느꼈고 매우 기뻤다.

그래서 영국행 나의 가방 속에는 항상 고춧가루와 책뿐이었는데, 기숙사에 와서 짐을 풀 때면 고춧가루 냄새가 온 실내에 진동했다. 따라서 매운 냄새에 익숙지 못한 영국 학생들이 영문도 모르고 재채기를 할 땐 미안한 생각과 더불어 속으로 웃음이 절로 나왔다.

나는 이제 '또 하나의 명분과 꿈을 위한 도전'을 해야 한다는 생각으로 각오를 굳게 다졌다. 그리고는 다시 사용하던 밥솥과 필수품들을 킹스턴의 친구집에 맡기고 2학기 강의와 연구를 위해 8월 말 귀국길에 올랐다.

학부로의 전근

경영대학장이던 S교수의 권유로 나는 영국으로 출발하기 전에 학부 관광경영학과에 지원 서류를 제출해 놓았다. 나는 그것이 궁금해서 영국에 체재하면서도 전화로 상황을 자주 확인했다. 그 당시 우리대학교에서는 K총장이 임기를 마침에 따라 후임 총장을 선임해야 하는데 여러 가지 문제로 연기되고 있었다. 따라서 교원 인사도 정상적으로 이루어지기가 좀 어렵게 되었다.

내가 귀국해서 경영대학장과 교학부장을 만나자 그들은 "어떻게 해서든지 본부 인사권자와 K교수를 만나보는 것이 좋겠다"는 말을 했다. 나는 "필요한 서류를 모두 제출해 놓았기 때문에 일단 기다려보겠다"고 우회적으로 자존심을 굽히지 않았다.

얼마 지나지 않아 전번학기에 학부로 자리를 옮긴 K교수가 나에게 만나자고 했다. 그 당시 나는 그와 본의 아니게 사이가 좀 어색했었기 때문에 선뜻 마음이 내키지 않았지만 응할 수밖에 없었다.

그는 "이번에 대학에서 교수를 한 사람 더 충원한다고 학생들과 약속 했기 때문에 지원자 가운데 누구든지 채용해야 한다"고 상황을 설명한 후 나한테 "경영대학 모모 교수들에게 인사하는 것이 좋겠다"고 제의했다. 나는 그의 입장을 충분히 이해할 수 있었으나 자존심이 허락지 않아 그냥 기다리고만 있었다.

그리고 더 중요한 것은 C교수가 나만 보면 "우리는 여기서 봉직하면서 보람을 찾자"고 항상 말해 왔으며, 이번에도 내가 "학부에 지원서를 내보지 않겠느냐?"고 권했을 때, 본인은 "나는 싫으니 내고 싶으면 김교수나 내보라"고 역정을 내었다는 사실이다. S학장의 권유에 따라 지원서를 내기는 했지만 C교수와의 의리를 생각해서 나는 적극적으로 나서지 않고 있었다.

"오늘 오전 경영대학 교수회의에서 신규임용 교수에 대한 논의가 있을 예정인데 그 사람들을 만나보았느냐?"고 K교수는 전화를 걸어왔다. 내가 핑계를 대자 "지금이라도 연구실에 가서 잠시 인사만 하라"고 사정했다.

복잡한 상황을 분석한 결과 '내가 이번에 학부로 옮기는 것이 최선의 방안'이라고 판단하고 그의 말에 응하기로 했다. 그러나 C교수에게 미안한 생각과 자의에 의하지 않은 행동을 해야 한다는 사실 때문에 마음은 한없이 괴로웠다.

나는 평생을 통해 그때처럼 나의 처신에 대해 고민을 한 적은 없었던 것으로 기억된다. 이럴 줄 알았더라면 차라리 2년 전 서울 모대학에서 스카우트 제의를 했을 때 응할걸, 아니더라도 지난번 대구 모 대학교에서 채용 결정이 났을 때 옮길걸, 혹은 내가 괜히 무리하게 욕을 얻어 먹으면서까지 학부과정 개설에 앞장섰었나? 하는 별의별 생각이 다 들었다.

나는 지금도 그 당시 왜 내가 학부 타과 교수들에게 사과의 뜻이 담긴 인사를 해야 했는지 이해가 가지 않는다. 그들은 나를 마치 '분수도 모르고 날뛰는 망난이'로 보고 있는 듯했으며, 심지어는 점잖은 말로 충고까지 해주었다. 다만 그 대답은 K교수가 할 수 있을 것으로 짐작하고 있다.

본부에서 나의 채용에 대한 인사가 확정되자, 많은 사람들이 생색을 내며 축하해 주었다. 그날 밤 K교수가 식사를 같이하자고 해서 같은 학과 L교수와 자리를 함께했는데, 그 자리에서 그는 생색을 내면서 나한테 '더 이상 까불지 마라'는 뜻으로 심한 모욕까지 주었다.

나는 그 자리에서 참기는 했지만, 식사 후 그날 밤 '세상을 꼭 이렇게 살아야만 하는가?'라는 생각을 하면서 한없는 슬픔에 잠겼었다. 나는 극단적으로 학부로 옮기는 것을 포기하고 양심에 따라 살아볼까 하는 생각도 했다.

인사 결과에 대한 공식적인 통보를 받고 나는 제일 먼저 C학장에게 "그동안 교무부장으로 보필도 제대로 못 하고 옮기게 되어서 미안하다"는 인사말을 했다. 그리고는 C교수에게 "내가 의리를 저버리는 것 같아 미안하지만 최선을 다해서 당신도 영입하도록 노력하겠다"고 말했다. 그러자 그는 "이미 들어서 알고 있는데, 정말 당신이 가는 데 대해서는 진심으로 축하해 주고 싶다"고 섭섭함을 금치 못했다.

이로써 교직원과 관광과 교수 및 학생들의 환송을 받으며 나는 약 12년간 몸담고 있던 전문대학 교수직을 떠나 1986년 9월 1일자로 학부 경영대학 관광경영학과 교수로 자리를 옮기게 되었다.

신임 총장과 비서실장

C학장에게 이임 인사를 한 그 다음날 뉴스 보도를 접하고 나는 깜짝 놀라지 않을 수 없었다. 정말 뜻밖에도 C학장이 신임 총장으로 선임되었다는 소식이었다. 어찌된 영문인지 몰라 그에게 전화로 확인한 결과 '그것이 사실이라는 것'과 '나를 좀 만나자'고 했다.

당황해하는 나를 보더니 C학장은 "내가 고사했는데도 이사회에서 그렇게 결정했기 때문에 따를 수밖에 없었다"고 했으며, 아울러 나한테 "수고스럽지만 앞으로 나를 좀 도와주어야겠다"고 했다.

나는 처음에 그 뜻을 잘 이해하지 못했는데, 며칠 후 신임 총장인 C박사가 불렀다. 그는 나보고 "어렵겠지만 비서실장일을 맡아달라"고 했다. 나는 진심으로 나의 입장을 헤아려줄 것을 애원하였지만, 목사님답게 기도로써 나의 마음을 감화시키셨다.

뜻하지 않은 신임 총장의 취임을 맞아 그 당시 대학의 교직원들 간에는 불필요한 말들이 많았다. 특히, 설익은 자칭 학자들의 신임 총장 자격에 대한 시비와 반발(?)은 끊이지 않았다. 나는 새로 맡은 학부 교수직과 동시에 박사과정 연구에 전력을 기울이려고 노력했지만 생각지도 않은 비서실장이라는 보직 때문에 많은 제약이 따랐다.

특히, 재단과의 마찰로 학교운영에 어려움이 많았기 때문에 총장님과 보직교수들이 고생을 많이 했다. 이와 더불어 학내에서는 계속해서 C총장 제거를 위한 노력(?)들이 끊이지 않고 있어 나로서도 역부족이었다. 나는 최선을 다해서 학교발전에 모든 것을 우선한다는 원칙 아래 일을 했지만 각종 시기와 모함도 피할 수 없었다.

그 당시 서리 대학교 석사과정에서 호텔경영학을 가르치던 코타스 (R. Kotas) 교수가 실라 인터내셔널 대학(Schilla International University) 영국 워털루캠퍼스에 호텔경영학부장으로 영전해서 근무하고 있었다. 코타스 교수는 처음부터 나를 교수로서 예우해 주었는데, 과정 이수 기간에도 공식 행사 때 나를 교수자격으로 초청해 주었다. 특히, 학부 학생들의 조리실습 시간에 초청해서 다른 교수들과 함께 시식할 수 있는 기회가 가끔 있었는데, 그때 나는 식음료에 관해 많은 것을 배울 수 있었으며 또 좋은 공부가 되었다.

코타스 교수는 평소에 나의 향학열과 연구활동에 많은 관심을 가지고 있었는데, 내가 준박사과정 종합시험을 통과해서 박사과정에 진학하여 연구하게 되자 가끔 본인의 강의시간에 초청해서 학생들에게 특강할 수 있는 기회도 주었다.

그는 나에게 그동안의 학술활동과 연구실적물 그리고 필요한 자료를 요청했는데, 이것을 근거로 명예학위를 신청했던 것이다. 실라 인터내셔널 대학은 미국 대학으로 미국, 독일, 불란서, 스위스, 영국 등에 캠퍼스를 가지고 있었으며, 학사 및 석사과정이 개설되어 있었다.

이 대학은 명문대학에 속하지는 않지만 미국 교육부로부터 공식적으로 학력인정을 받고 있는 고등교육기관이었다. 코타스 교수의 강력한 추천과 학술활동 및 연구실적물 등을 근거로 그 학교에서는 절차를 거쳐 나에게 명예 상학박사학위(Honorary Degree of Doctor of Commercial Science)를 수여했다.

그런데 이것을 가지고 말이 많아 결국 대학 당국에서 나도 모르게 그 대학에 조회까지 한 사실이 있었다. 나는 이것을 계기로 '모든 것이 내가 부덕한 탓에서 비롯된 것'이라고 생각하면서 '더욱 자제하고 겸손하게 살아야겠다'고 다짐했다.

어떤 교수는 노골적으로 '개인적으로 김 교수에게는 아무런 감정이 없다'는 것을 전제하고 '앞으로 조심하라'고 협박하기도 했다. 나는 속으로 '교수라면 가르치고 연구하고 또 사회에 봉사하는 일에 충실해야 하는데, 이런 사람들은 능력이 얼마나 있기에 본분을 다하고도 시간이 남아돌아 다른 일에 관심을 가지고 관여하기를 좋아할까?' 하고 감탄하지 않을 수 없었다.

내가 교무부장직에 있을 때 본의 아니게 전문대학 사택인 대명동 아파트로 들어가 살게 되었는데, 누가 어떤 경로로 구매했는지 그 집은 영 쓸모가 없었을 뿐 아니라 부동산적 투자 가치도 전혀 없었다. 나는 속으로 '학교 재정관리를 이렇게 무책임하게 한다는 것은 큰 실책'이라고 원망했다.

그런데 내가 학부로 전근되자 이사한 지 6개월도 안 된 시점에서 집을 비워달라는 것이었다. 그때 나는 '사람 인심이 이처럼 야박할 수도 있구나' 하고 느꼈으며, 더 이상 애걸하기 싫어서 바로 비워주었다. 나는 또한 '개구리 올챙이 적 생각은 못 하고, 은혜를 원수로 갚는다'더니 그 말이 맞다는 생각을 해봤다.

그해 겨울방학 때도 나는 학교의 배려로 영국에 가서 10주간 연구생활과 지도교수의 지도를 받았다. 이번에도 마찬가지로 입양아를 불란서까지 에스코트해 갔는데, 이로써 여섯 번째가 되는 셈이었다. 이번에는 배터시 코트(Battersea Court)라는 기숙사에 방을 배정받고 킹스턴에 있는 친구로부터 보관해 둔 밥솥과 생활필수품들을 도로 찾아 또다시 자취생활을 시작하였다.

영국 대학에서 이 기간은 학기 중이기 때문에 나는 지도교수의 지시대로 필요한 과목들을 추가로 수강할 수 있었다. 지도교수는 나의 연구실적에 크게 만족하는 것 같아 보이지 않았는데, 그것은 결국 내가 보직을 맡았기 때문에 연구에 다소 소홀했다는 것이 여실히 증명된 셈이었다.

이 시점에서 무엇이 나에게 최우선시되어야 한다는 것을 분명히 깨달은 한 더 이상 보직을 수행할 수 없다는 사실을 재확인했다. 따라서 나는 기회를 봐서 총장에게 처지를 설명하고 보직에서 벗어날 수 있도록 해야겠다는 마음을 굳혔다.

지도교수는 여름학기 때 검토할 과제들을 힘에 겨울 정도로 많이 내주었다. 나는 2월 말 또다시 한국 대학에서 기다리고 있을 과업들을 수행하기 위해 그 많고 어려운 과제들을 무겁게 안은 채 귀국길에 올랐다.

일곱 번째 에스코트

귀국하자마자 나는 또 병이 나서 일주일간 병원신세를 져야 했는데, 주위 사람들은 나보고 '영국만 다녀오면 꼭 병 치레를 한다'고 걱정을 했다. 그러나 내 자신은 그 원인이 기숙사 자취생활에 의한 부실한 식사와 무리한 공부 그리고 지도교수로부터 받은 각종 스트레스에 있다는 것을 잘 알고 있었다.

나는 속으로 '내가 서리 대학교에서 학위과정을 마치고 박사학위를 받는 그날이 오면 비로소 이런 병마로부터 해방될 수 있을 것'이라는 생각을 해보았지만, 근본적으로 '명분을 위한 도전'을 포기하지 않고서는 항상 무리가 따를 수밖에 없음은 누구보다 자신이 더 잘 아는 사실이었다.

나는 가끔 혼자서 '내가 욕심 많은 사람이라서 무리하는 것일까?' 하고 자문해 보았지만 그것은 사실이 아니라는 것을 금방 알 수 있었다. 그것은 하나님이 나에게 생명을 주셨을 때 특별한 이유가 있었음이요, 나는 다만 그 목적을 달성하고 이에 대한 명분을 위해 끊임없는 도전을 해야만 할 의무와 책임이 있다고 믿었다. 이러한 명분을 위한 도전만이 내가 크게는 하나님으로부
터 빚진 자로서, 그리고 작게
는 주위의 많은 은혜를 준 분
들에게 그 빚을 갚아 나가는
길이라는 것을 확신하고 있
기 때문에 최선을 다하고 있을 따름이었다.

내가 총장님에게 간곡한 보직사임의 뜻을 표하자, "그렇지 않아도 말들이 많은데, 그동안 수고했으니 이제 가르치는 일과 연구에만 몰두하라"고 비서실장의 짐을 벗겨주었다.

신임 비서실장인 미술대학 B교수에게 업무를 인계한 후, 나는 정말 감사한 마음으로 연구실로 돌아와서 강의와 학생지도 그리고 연구에 전념했다. 나는 그동안 부족한 점을 감싸주고 이끌어주신 총장님께 진심으로 감사를 드렸고, 다만 나의 능력이 미진해서 충분히 보필하지 못한 데 대해 죄송한 마음 금할 길 없었다.

그해 여름방학 때는 내용 있는 연구실적물을 가지고 출국할 수 있게 되어 마음이 한결 가벼웠다. 특히, 관광개발에 따른 관광목적지의 영향 분석 가운데 경제적 분석에서 지도교수의 의도대로 지역산업연관 분석을 위한 모델을 개발할 수 있게 되어 매우 기뻤다.

나는 이 방법을 개발하기 위해 많은 관련 서적과 논문을 탐독해야 했고 전문가들로부터 가르침도 받았으며 서울을 포함한 외지 출장도 수없이 다녔다. 특히, 경주시와 가야면 그리고 국립공원 사무소 등을 비롯한 관계기관에 근무하는 직원들로부터 자료를 수집할 때 이들에게 자료의 특성과 내용을 이해시키는 데 대단히 어려움을 겪었다.

이것을 공부하면서 때로는 말할 수 없는 수모도 겪었는데, 사실은 여러 번 '그만둘까' 하는 생각도 가졌음을 솔직히 고백하지 않을 수 없다. 그리고 극단적으로 '이런 수모와 고생을 하느니 차라리 교직생활을 그만두고 다른 일자리를 구해서 가정을 돌볼까' 하는 생각도 수없이 가졌었다. 그러나 그럴 때마다 나는 에이브러햄 링컨의 생애를 떠올리며 용기를 얻어 인내하고 최선을 다해서 명분을 위한 도전의 자세를 새롭게 가다듬었다.

학기말 시험이 끝나자 제빨리 성적을 제출하고 나는 일곱 번째 영국 길에 올랐는데, 이번에는 연구의 내용상 힘이 더 들 것 같아서 아내에게 동행할 것을 요구했다. 다행히 홀트아동복지회에서는 6명의 아이들을 불란서까지 아내와 내가 에스코트할 수 있도록 배려해 주었다. 집에 있는 아이들은 할머니에게 맡기고 아내는 말만 들은 입양아 에스코트를 나와 같이 할 수 있게 된 데 대해 큰 관심과 기대를 가지고 떠날 준비를 했다.

공항에서 아내와 나는 각각 3명의 아이들을 안고, 업고 또 걸리면서 파리행 비행기에 탑승했다. 많은 사람들의 시선을 의식한 듯 처음에 아내는 부끄러워하는 눈치였으나 아이들이 울음을 떠뜨리자 달래느라 정신을 차릴 겨를도 없었다. 약 12시간가량 6명의 아이들과 씨름하는 동안 비행기는 어느덧 알래스카(Alaska) 앵커리지(Anchorage)공항에 도착했다.

비행기 내부 청소와 급유 등으로 모든 승객이 일단 내렸지만, 우리는

6명의 아이들을 데리고 꼼짝없이 기내에 머물러 있어야 했다. 아내는 기진맥진한 상태로 나에게 "어떻게 이런 일을 한 번도 아닌 여섯 번씩이나 할 수 있었느냐?"고 신기해하면서도 한편으로는 원망스런 눈빛으로 말했다.

나는 "좋은 일 하려면 이만한 고생은 감수해야 하지 않겠느냐?"고 웃으면서 가볍게 받아 넘겼다. 파리의 드골 국제공항에서 아이들을 인계하는데, 아내는 애들이 떨어지지 않으려고 발버둥치는 것을 보고 눈물을 글썽였다.

불과 30여 시간밖에 안 되었지만 그래도 얼굴에 익숙한 애들은 전혀 다른 모습을 한 이국인에게 가기를 매우 꺼려서 우리는 혼이 났다. 사실은 나도 그때까지 애들을 공항에서 인계할 때가 제일 마음이 아팠었다.

무엇보다 애들이 떨어지지 않으려고 하는 몸부림과 울음소리가 높아지기 전에 빨리 인계를 끝내고 작별하는 것이 상책이라는 것을 나는 경험을 통해 잘 알고 있었다. 그런데 아내는 애들의 울음을 달랜 후 양부모에게 인계하려 하니 자연히 시간만 지연되고 주위는 더욱 울음바다로 시끄러워질 수밖에 없었다.

아픈 가슴을 안은 채 아내와 나는, 그러나 이들의 앞날에 하나님의 인도하심으로 행복한 삶이 펼쳐질 것을 기원하면서 드골공항을 뒤로하고 런던으로 향했다.

18일간의 유럽여행

우리는 거의 파김치가 되어 런던에 도착했는데, 우선 어디에 가서 좀 쉬어야겠기에 킹스턴에 있는 친구집으로 갔다. 그곳에서 또 가지고 간 고춧가루를 친구에게 주고 쉬는데, 우연히 대한항공 런던지사에 파견 근무하게 된 Y과장을 만나게 되었다. 그는 런던에 온 지 일주일밖에 안 되었는데, 앞으로 3년 동안 있을 예정이라고 했다.

Y과장은 현재 혼자서 집을 세 내어 살고 있으면서 부인과 가족을 기다리고 있었다. 대화 도중에 우리 부부가 '대학 기숙사에 들어갈 예정이라'고 하자 그는 '본인의 집에 방이 여러 개 있는데 괜찮다면 같이 있어도 된다'고 했다.

우리는 경비를 절약할 수 있는 좋은 기회라고 생각하고 당장 그의 제의에 응했다. 특히, 아내에게는 생활비 절약효과뿐만 아니라 한국음식을 조리하는 데 다른 사람의 눈치도 볼 필요가 없게 되어 다행스럽고 매우 좋은 조건이 아닐 수 없었다.

우리가 톨워스(Tolworth)에 있는 그의 집에서 생활하는 동안 아침과 저녁식사를 그와 같이했는데, 그것이 일종의 방세 형식이었다. 쉽게

말해서 아내가 두 끼 식사를 그에
게 제공해 주고 우리는 방 한 칸을
얻어 쓰게 된 셈이었다. 이제까지
내가 영국에서 공부할 동안 그때
가 가장 자유롭고 편안한 생활
이었던 것으로 기억하고 있다.

생활에 다소의 여유가 있고 또 편안해서인지 공부하는 데 능률도
많이 올랐다. 그리고 지도교수집에 초청받은 데 대한 보답으로 우리도
그들을 초청해서 한국음식을 대접할 수 있는 기회도 가질 수 있었다.

연구기간 동안 예정보다 진도가 빨리 나가자 지도교수는 본인의 재
량으로 '20일간의 자유시간을 줄 테니 구라파 유명관광지를 답사하고
와서 개발에 관한 실질적인 문제점을 논의해 보자'고 했다.

나는 아내의 노력으로 절약한 생활비와 아내의 미용기술로 번 돈으
로 여행에 나설 것을 결심했다. 아내를 설득시킨 후 나는 Y과장에게도
이 사실을 설명하고 코스모스 관광여행사의 '18일간 유럽여행'이란 패
키지 관광상품을 구매하기로 했다.

다행히 출발일은 7월 25일이었고 도착일은 8월 12일로 내가 귀국
전에 지도교수로부터 차기 과제를 받을 수 있는 시간도 충분했으며,
일정이 매우 이상적이었다. 정말 뜻하지도 않게 아내 덕분에 유럽 유명
관광지를 답사할 수 있는 기회를 가지게 된 데 대해 나는 하나님께
감사드렸다.

우리는 7월 25일 새벽에 일어나 집결지인 빅토리아역으로 8시까지

갔는데, 놀란 것은 이들의 시간 관념이었다. 일정표에 나타난 그대로 모든 것이 빈틈없이 진행되었는데, 우리는 기차로 도버까지 가서 그곳에서 선편으로 불란서 칼레까지 갔다.

불란서 칼레항구에 도착하니 코스모스 관광여행사의 전속버스가 대기해 있었고 우리를 태운 버스는 바로 벨기에의 브뤼셀로 갔다. 일행은 모두 38명이 있었는데, 동양인으로는 싱가포르 학생 2명과 우리 내외뿐이었으며, 호주인이 두 가족에 6명, 그리고 나머지 대부분은 미국인 관광객들이었다. 브뤼셀에서는 그랑 플라스와 시청, 왕의 저택 그리고 '오줌누는 아이' 등을 관광했다.

브뤼셀 관광을 마친 우리는 네덜란드로 갔는데, 네덜란드에서는 암스테르담을 중심으로 낙농과 풍차, 그리고 화훼단지 등을 둘러볼 수 있었으며 인상적인 것은 치즈공장 견학이었다. 우리는 치즈의 생산과정을 처음부터 끝까지 관람할 수 있었으며, 마지막에는 수십 종류의 치즈가 전시된 직판장에서 도매가격으로 구입할 수 있도록 일정이 짜여 있었다.

암스테르담은 지면이 바다보다 낮아서인지 운하가 많은 것이 특징이었고 운하에는 보트를 주거용으로 활용하는 것이 이색적으로 보였다. 그리고 시내에 위치한 다이아몬드 공장에서도 관광객에게 생산과정을 관람시킨 후 도매가격으로 구매가 가능하도록 전시장을 마련해 놓고 있었다. 또한 고호 미술관과 국립 미술관도 빼놓을 수 없는 관광자원이자 매력물이었다.

우리가 탑승한 버스 기사는 이태리인이었으며 안내원은 케롤이라는 독일 아가씨였다. 케롤은 독일 뮌헨 대학에서 경제학을 전공하는 학생인데 방학 때 아르바이트로 관광안내원직을 맡아 일하고 있었다. 그는 4년째 관광안내원의 경력을 가지고 있었는데, 거의 전문인에 가까운 수준으로 업무를 처리하였다.

놀란 것은 38명의 회원 모두가 일사불란하게 안내원의 말에 잘 따라줄 뿐만 아니라 매우 친절하고 협조적이었다. 버스좌석도 매일 돌아가면서 앉아서 아무도 불이익을 당하지 않도록 하였고, 애연가들도 승차 시에는 금연수칙을 잘 지켜서 모두가 유쾌한 여행이 되도록 노력했다.

나는 이들의 높은 공중도덕심과 질서의식에 감탄을 금할 수 없었는데, 특히 노약자와 어린이 그리고 여성들에 대한 양보와 아량은 정말 우리가 본받아야 된다고 생각했다.

우리는 독일의 쾰른과 라인강 그리고 하이델베르크를 거쳐 오스트리아로 갔는데, 깨끗하고 잘 가꾸어진 도시와 오래된 성당건축물, 그리고 황태자의 첫사랑으로 유명한 고도 하이델베르크의 낭만 등은 또 다른 관광 매력물로서의 특징을 지니고 있었다.

특히, 라인강의 유람선 관광은 무에서 유를 창출할 수 있는 관광자원의 특징을 잘 보여주고 있었다. 라인강변 언덕에서 볼 수 있는 고성과 전설이 담겨 있는 로렐라이 언덕은 안내원의 설득력 있는 설명과 더불어 좋은 관광매력물이 되고 있었다.

오스트리아의 인스브루크는 두 번씩이나 동계올림픽을 개최한 도시답게 아름다운 산과 조화를 잘 이루고 있었다. 번화가 입구에 있는 개선문과 왕궁, 초상화 화랑, 그리고 저녁식사와 함께 즐길 수 있는 요들송과 민속춤 등은 이곳에서만 체험할 수 있는 관광상품이었다.

오스트리아에서 알프스산맥을 넘어 이탈리아 베니스로 갔는데, 과연 세계에서 가장 아름다운 도시다운 면모를 지니고 있었다. 그러나 13세기에서 15세기에 걸쳐 동서무역의 중심지로 전성기를 맞았던 때와 달리 현재는 관광지로의 명성만 더할 뿐인 것 같았다. 산 마르코 교회와 글라스 박물관, 두칼레 궁전 그리고 곤돌라승선 등은 베니스만이 줄 수 있는 낭만인 것 같았다.

이탈리아의 관광자원과 매력물이 세계에서 가장 다양하고 아름답다는 것은 잘 알려져 있지만 피렌체의 두오모성당과 메디치가 예배당, 산타 크로체 교회, 피티궁전, 미켈란젤로 광장 등에서 우리는 불후의 예술적 가치를 느낄 수 있었다. 피사의 사탑과 아시시의 산 디미아노 수도원 등지를 관광하고 로마로 갔다.

로마는 인간이 자랑할 수 있는 위대한 역사적 유산을 모두 집결시켜 놓은 듯한 느낌을 주었다. 종교 및 예술적으로 세계 최소의 독립국인 바티칸 시국에서는 산 피에트로 광장과 사원, 바티칸 미술관과 시스티나 예배당 등에서 인간이 이룩한 예술의 극치를 직접 확인할 수 있었다.

말로만 듣던 원형경기장인 콜로세움, 모든 신의 신전인 판테온, 트레비 샘, 명화 로마의 휴일에서 보았던 스페인 계단, 진실의 입, 베네치아 광장, 그리스도 신자들의 집회소였으며 지하묘지인 카타콤베, 산 클레멘데 사원 등은 명성만큼이나 관광매력의 요체였다.

나폴리와 소렌토로 그리고 카프리섬을 관광한 후 우리는 돌아오는 길에 모나코에 들렀다. 모나코는 카지노로도 유명하지만 궁전과 전리

품이 진열되어 있는 박물관도 볼 만했다. 우리는 세계의 자연공원이라 불리는 스위스로 갔는데, 국제기구의 본부가 많기로 이름난 즈네브에 도착했다.

훌륭한 시계가 그득한 시계 박물관과 미술사 박물관 그리고 국제연합 유럽본부와 영국공원 자르댕 앙그레 등을 돌아보면서 정밀기계공업의 발달과 기술에 감탄했다.

이탈리아의 지저분한 환경에 비해 깨끗한 거리와 예쁜 꽃들로 잘 가꾸어진 도시와 공원이 매우 인상적이었다. 레만호에 있는 140m의 대분수를 보노라면 속이 후련해짐을 느낄 수 있었고, 유람선을 타고 호수를 돌면서 세계 저명인사들의 별장을 감상하는 것도 유익한 체험이 되었다.

아름다운 스위스에서 우리는 불란서 전원 풍경을 감상하면서 리용을 거처 파리로 들어왔다. 예술과 유행의 도시 파리는 볼거리, 들을거리, 할 거리, 먹거리, 살 거리 등 소위 관광의 5대 요소라고 할 수 있는 모든 것들을 미련없이 제공하고 있음을 알 수 있었다.

특히, 세계적인 루브르 박물관은 몇 달을 보아도 한이 차지 않을 정도의 빼어난 작품들을 소장하고 있었다. 루이 14세가 정성을 기울여 지은 베르사유 궁전은 화려함이 극에 달했는데, 그 당시 왕족들의 호화로운 생활을 짐작하고도 남음이 있었다. 아무리 정선해서 최상의 것들만을 골라 관광적 체험을 한다고 해도 3박 4일로는 도저히 만족할 수가 없다는 것은 자명한 사실이다.

아쉬움을 뒤로한 채 18일간 유럽여행의 종착지라고 할 수 있는 런던

빅토리아역으로 돌아오기 위해 칼레항구로 왔다. 이로써 실질적인 코치투어는 끝난 셈인데, 버스 안에서 안내양 케롤이 관광객들에게 설문지를 배부해 주었다.

이 설문지는 안내원과 버스기사에게 매우 중요한데, 이것을 근거로 이들의 수당 및 급료가 결정된다는 것이었다. 따라서 각종 관광 프린서플(주된 상품)에 대한 고객들의 평가는 다음 패키지 구성 때 반영된다는 사실이었다.

설문지는 모두 회수되어 버스기사와 안내원의 입회하에 그 자리에서 밀봉되었다. 우리 일행 중 리드 격에 해당하는 호주의 비행기 조종사 찰리는 '버스기사와 안내원의 수고비(Tips)를 어떤 형식으로 주는 것이 좋으냐'고 말을 꺼냈다. 일행들은 '현찰로 성의를 표시하자'고 동의했으며, 모두가 기꺼이 얼마간의 현금을 내놓았다.

그리고 별도로 몇몇 사람들 특히, 이탈리아에서 복통을 일으켜 안내원을 고생시켰던 사람과 나이 많은 노 부부들은 추가로 미리 준비한 선물을 개인적으로 전달하기도 했다. 모두는 18일 동안 한가족처럼 서로 돕고 보살피면서 지냈기에 작별할 때 이별의 서운함을 감추지 못했다. 호주에서 온 8세 된 어린 소년 존은 울기까지 했다.

나는 이번 여행을 통해 유럽의 특색있는 유·무형적 관광자원과 자연 및 인공적 관광매력물 등을 직접 체험하고 다른 지역과 비교·분석할 수 있었다는 점 외에도 많은 것을 느꼈으며 또 배웠다.

고객 본위로 짜인 일정과 계획, 조직적이고 합리적으로 진행되는 투어, 고객의 안전과 편의를 우선으로 하는 직원들의 자세, 그리고 내용과 알맹이가 충실한 관광적 체험 등을 여행사가 책임의식을 가지고 기본적으로 제공하고 있음을 감지했을 때 우리나라와는 너무 대조적이라는 생각이 들었다.

따라서 '예절 바른 관광객이 훌륭한 관광상품을 창출하고, 의식수준이 높은 관광객일수록 관광체험의 질을 높일 수 있다'는 사실을 직접 체험했다. 이러한 민도가 바로 문화국민의 바로미터가 된다고 생각할 때, 우리나라 국민의 관광에 대한 인식 제고와 이에 대한 개선이 절실히 요구되고 있음을 느꼈다.

나는 지도교수와도 주로 위의 사항들을 바탕으로 관광자원의 효과적인 보존과 개발, 공해유발요인과 환경보호, 그리고 수요와 공급 간의 균형을 위한 방안 등에 관해서 논쟁을 벌였다.

지도교수는 내가 연구해 온 업적에 만족을 표하였는데, 특히 경제적 영향분석에서는 약간의 수정과 보완만 이루어지면 매우 인상적인 논문이 될 것이라고 했다. 나는 겨울방학 때까지 해야 할 과제들을 지도교수로부터 지시받고 정리한 후 그와 작별했다. 그리고 친절하게도 우리를 공항까지 배웅해 준 Y과장에게도 또다시 만날 날을 기약하면서 귀국길에 올랐다.

재단 분규와 총장 경질

나는 '87년 겨울방학 때도 영국에 갔었는데, 아내가 극구 말리는 바람에 입양아 에스코트는 그만두기로 했다. 아내는 '고생도 되지만 다른 사람들에게 너무 초라하게 보인다는 점과 애들을 양부모에게 인계할 때 마음의 아픔을 겪어야 한다는 점 때문에 그 일을 이제 그만하라'는 것이었다. 나도 '이미 일곱 번씩이나 했으니 이제 그만둘 때도 되었다'는 생각에서 아내의 의견에 따르기로 했다.

아내 덕분에 모처럼 편안하게 영국에 도착한 나는 다시 서리 대학교 캠퍼스에 있는 길퍼드 코트(Guildford Court) 기숙사에 방을 배정 받았다. 사람은 편하게 지내다가 불편을 겪으면 더욱 견디기 힘든 법이라는 것을 나는 절실히 깨달았다.

지난번 아내와 같이 왔을 때 편하게 공부하던 생각을 하니 자취생활이 더욱 힘든 것같이 느껴져서 애를 먹었다. 그리고 집에서 가지고 온 고추장이 가방 안에서 터져버리는 바람에 모든 옷과 책이 온통 고추장으로 물들어 있었고 냄새가 고약하게 나서 그것을 지우느라 애를 먹었다.

처음 겪는 것도 아닌데 그해의 어둠침침한 겨울은 유난히 으스스하고 밤이 길게 느껴졌다. 나는 뼛속까지 파고드는 추위와 고독을 이기기 위해 침대를 방구석에 있는 라디에이터에 바짝 붙여서 그것을 껴안고 잠을 청하곤 했다.

나는 지도교수에게 준비해 간 과제물을 제출한 후, 그것을 중심으로 질의응답과 논쟁을 벌였다. 날카로운 질문과 지적에 대해 방어를 했지만 지도교수는 '다음번 여름방학 때 현장을 직접 답사하고 특히, 관광의 경제적 영향분석에 관한 연구를 검토해 보자'고 했다.

나도 그의 제의에 동의했으며, '그럴 바에는 서울올림픽이 개최되는 기간에 방한하는 것이 좋겠다'는 의견을 제시했다. 그의 동의를 받아낸 후 나는 10주간의 연구생활을 마치고 또 다른 과제물을 안고 2월 말 귀국길에 올랐다.

신학기가 시작되자 학교는 의외로 복잡하고 미묘한 상황 속으로 휘말려 들어가고 있었다. 재단 측에서는 대학행정에 사사건건 간섭을 하려고 하였으며, 특히 성서 캠퍼스 조성을 위한 사업에 제동을 걸기 시작했다. 따라서 재단 이사회와 대학행정 보직자들 간에 마찰이 일기 시작했으며, 되는 일이 없을 정도로 행정력이 약해지고 있었다.

목회자로 정직하게 살아가려는 C총장은 모든 일을 순리대로 하나님의 뜻에 따라 풀어 나가려 애썼고, 대학 발전에 초점을 두려고 노력했지만 역부족이었다. 결국 재단 이사들 간에도 불화가 일기 시작했으며 학교는 미궁으로 빠져들었다.

대학발전에 관심을 가진 일부 교수와 학생들이 재단 분규와 행정력의 약화에 대해 반발하기 시작했다. 학생들은 재단의 처사에 불만을 품고 시위를 벌였으며, 재단의 해산까지 요구했다. 입장이 난처해진 것은 두말할 나위 없이 재단 이사장과 총장이었다. 결국 재단 이사장의 교체로 일단 분규가 마무리되는 것같이 보였다.

그러나 그 당시 체육학과에서는 체육관 건립과 학과발전에 관련된 문제들을 대학당국에 강력히 요구하면서 시위를 벌였는데, 이 과정에서 컴퓨터를 포함한 귀중한 실습기자재들을 파괴시켰다. 이것은 대학의 재정상 막대한 손실을 가져왔을 뿐 아니라 교육에도 크나큰 피해를 초래하게 되었다.

양심적인 총장은 이에 대한 책임을 통감하고 재단에 사표를 제출했는데, 주위의 만류에도 불구하고 두 번째 사표를 제출함으로써 결국 수리되고 말았다. 이로써 C박사는 취임한 지 2년 만에 총장직에서 물러나게 된 셈이었다.

C총장의 직무 수행을 힘들게 만들었던 또 다른 요인은 그 당시 민주화 바람을 타고 등장한 교수협의회였다. 교수협의회는 공식적인 기구로 인정해 줄 것과 대학운영에 참여할 권한을 요구했기 때문에 행정당국에서는 어려움이 많았다.

총장이 해임되자 교수협의회에서는 전국에서 사상 처음으로 총장을 교수협의회에서 선출하겠다는 의사를 재단 측에 통보하고 협조를 구했다. 이에 따라 재단에서는 교수들의 의사를 최대한 반영하겠다는 뜻으로 총장후보를 추천하도록 허락했다.

교수협의회에서는 총장후보 희망자를 접수하였는데 그 당시 영문학과 교수인 P박사와 독문학과 교수인 S박사가 등록하였다. 출마자 소견 발표 등 일련의 과정을 거친 후 투표에서 S박사가 과반수 이상의 득표로 선출되었다. 따라서 재단에서는 이것을 근거로 S박사를 신임 총장에 임명했다.

나는 평소에 민주주의가 매우 합리적이고 현존하는 제도 중 최선의 방법이라고 생각하는 사람 중에 하나였지만, 대학에서 민주화라는 미명으로 교수들이 모든 사항을 투표로 결정해야 한다는 데는 다소의 이견을 가지고 있다. 따라서 보다 합리적인 방법으로 총장후보 선출에도 교수들의 의견이 반영될 수 있는 방안이 강구되어야 한다고 믿고 있다.

그 이유는 대학사회에서 교수들이 정치적인 이슈나 선거에 신경을 쓰다 보면 본업인 교수와 연구 그리고 봉사하는 일에 자칫 소홀해지기 쉽기 때문이기도 하지만 구성원들 간의 불필요한 오해로 갈등이 심화되어 학문적 교류와 화합에 좋지 못한 영향을 미칠 수도 있기 때문이다.

전임 총장이었던 C박사는 관사를 비워준 후 거처할 곳이 없어서 연구년으로 일본에 가 있던 교육학과 P교수의 집에 임시로 방을 빌려 생활하고 있었다. C박사는 교목실이나 신학과에 복직할 것을 기대하고 있었는데, 일이 여의치 않자 매우 당황하였으며 대단히 어려움을 겪고 있었다.

그가 복직을 기대하면서 기다리는 동안 형편이 어려워 경제적으로 무척 곤란을 당했던 것 같았다. 내 자신도 그 당시 형편이 어려워 충분히 도와드리지 못해서 매우 미안했었지만 별다른 방도가 없었기에 다만 안타까운 심정뿐이었다.

기다리다 지친 C박사는 대학 복직을 포기하고 다시 미국 로스앤젤레스에 있는 한마음교회 당회장직을 수락할 수밖에 없었다. 남은 생을 못 다한 효도로 팔순에 접어든 어머니를 봉양하겠다던 그는 꿈을 이루지 못한 채 결국 출국하고 말았다.

서울올림픽과
지도교수 방한

1988년 9월 중순 지도교수는 약속대로 서울로 왔는데, 나는 그가 4일간 서울에 체재할 동안 한국관광공사와 학회 그리고 유관기관을 방문할 수 있도록 주선했다. 그리고 하키를 비롯한 올림픽 경기종목도 몇 개 참관할 수 있었으며, 동시에 올림픽 선수촌과 숙식시설 등도 시찰할 수 있었다.

이로써 그가 '82년 서울올림픽 개최 확정 당시 염려하던 점들이 한낱 기우였음을 확인시켜 준 셈이 되었다. 그는 서울 인근의 한국민속촌과 유명 관광지도 둘러볼 수 있는 기회를 가졌으며, 우리 국악연주도 관람할 수 있어서 한국문화를 이해하는 데도 많은 도움이 되었다.

그가 서울에 체재할 동안 나는 지인들로부터 적극적인 협조를 받았는데, 특히 한국토지개발공사 K사장과 한국관광학회 J회장 그리고 한국관광공사 Y진흥본부장으로부터 많은 도움을 받았다.

아울러 서울에서 근무하는 제자들도 많이 협조해 주었는데, 그 가운데 TY 팔레스호텔 프런트 주임과 SK군 그리고 워커힐의 SW군 등으로부터 많은 은혜를 입었다.

나는 하루 24시간 동안 지도교수와 같이 생활하면서 연구와 관련된 것들을 주제로 토론과 논쟁을 벌일 수 있어 매우 유익했다. 특히, 저녁 식사 후에는 매일 밤 12시까지 책상에서 머리를 맞대고 직접 지도를 받을 수 있어 정말 다행이었다.

서울에서 4일간을 보낸 후 나는 지도교수와 함께 대구로 내려왔는데, 그때가 마침 추석 전이라 열차를 타는 데 전쟁 중 피난길을 방불케 했다. 대구에 도착해서 나는 SY형의 협조로 대구 파크호텔에 지도교수를 투숙시킬 수 있었다.

나는 그를 우리 대학에 안내하여 S총장에게 인사도 시키고 캠퍼스도 둘러볼 수 있게 했다. 그리고 우리 학과 학생들에게 특강할 수 있는 기회도 가졌었는데, 그의 특강에 대한 학생들의 반응이 매우 좋았다.

대구 체재 시 지도교수와 나는 본격적으로 실증적 연구에 관한 현장 답사를 실시했다. 나는 먼저 그를 가야산 국립공원과 해인사 그리고 가야면 등지로 안내하고 관계관들과도 만났으며 실태분석에 관한 내용에 대해 확인과 검정을 거쳤다. 따라서 내용 중 일부는 그의 지도에 의해 수정·보완할 수 있었다.

대구에서 해인사로 가는 도중 많은 사람들이 한복을 입고 산에 올라가 성묘하는 광경을 보고 그는 "왜 한국사람들은 등산할 때 저런 불편한 옷을 입고 하느냐?"고 묻는 바람에 나를 크게 웃긴 일이 있었다. 다른 나라의 문화를 이해하는 데 따른 어려움이 얼마나 큰가를 단적으로 나타내주는 경우가 아니었나 싶다.

그해 추석에 나는 지도교수와 같이 행동해야 했기 때문에 중추절 감사예배도 제대로 드릴 수가 없었다. 그러나 아내는 집에서 장만해 놓은 음식도 있으니 지도교수를 집으로 초청하라고 해서 나는 우리가 살고 있는 31평짜리 아파트로 그를 데려왔다.

그는 우리의 거처를 보고서야 '왜 내가 그를 우리집에서 숙식할 수 있도록 주선하지 않았는가' 하는 이유를 알게 되었다. 그는 5명의 우리 식구가 실평수 20평밖에 안 되는 아파트에서 비좁게 생활하고 있는 데 대해 약간은 놀라면서도 동정하는 눈빛을 보였다.

영국에서는 가까운 사이일수록 친구를 호텔에 안내하는 것보다 본인의 집에 초청해서 같이 지내는 것이 더욱 정중하고 예의있는 접대가 되는 것이다. 따라서 나도 영국에서 공부할 때, 특히 성탄절 휴일기간에는 지도교수의 집에 초청되어 그의 집에서 3~4일을 지낼 때가 종종 있었다.

지도교수는 아이들이 없고 부인과 둘이서만 생활하고 있는데 침실이 두 개 있는 작은 단독 주택이라서 내가 그들과 같이 지내기에도 불편함이 없었다. 그들 부부는 매우 사려깊은 분들로 연말연시에 내가 외국에서 혼자 외롭게 지내는 것이 보기가 안타깝고, 또 휴일 기간에는 많은 상점들이 문을 닫기 때문에 혼자서 생활하기에 여간 불편하지 않다는 것을 알고 나를 그들의 집에 불러 같이 생활하면서 집중적으로 연구에 대한 지도도 해주었던 것이다.

따라서 내가 살고 있는 대구로 그가 왔을 때 우리집에서 숙식을 같이 하기를 기대했던 것은 무리가 아니었던 것이다. 그러나 우리가 사는 현장을 직접 목격하고 확인한 이상 더 구체적인 해명은 필요하지 않을 것 같아 나는 침묵했다.

해인사 지역을 조사·확인한 후 나는 지도교수를 경주국립공원과 불국사 그리고 경주시를 안내했다. 경주에서는 OH지배인의 배려로 코오롱 호텔에 투숙해서 2일간을 실증적 분석에 대해 확인과 검정을 했으며 관계관들과의 면담도 가졌다.

그는 특히 신라 불교문화에 대해 깊은 관심을 보이면서, 흩어져 있는 문화유적들의 철저한 보호를 위해 체계적이고 보다 과학적인 관리방안이 요구된다고 지적했다.

그는 우리나라 관광사업체들의 영세성에도 염려를 표했지만, 각종 자료 확보가 어렵다는 점과 이의 정확성이 결여되고 있음을 매우 안타깝게 생각하고 있었다. 따라서 정확한 자료가 있어야 이를 근거로 수요예측이 가능할 뿐 아니라 실현 가능한 계획이 수립될 수 있다는 점을 강조하면서 이의 개선을 기대했다.

지도교수가 떠나기 바로 전날 다행히 대한관광경영학회에서는 '관광 개발 추세와 전망'이란 주제로 완힐 교수 초청 세미나를 대구 금호호텔에서 개최할 수 있도록 주선했다. 비록 학기 중이었지만 이 자리에는 대구·경북 지역 관광학 관련 교수 다수가 참석하여 의미있는 학술세미나를 가질 수 있었다.

완힐 교수는 "이번 방한 목적이 비록 나의 연구지도를 위한 것이었지만 본인도 한국에 관한 것을 많이 배울 수 있어서 대단히 유익했다"고 방한 소감을 털어놓았다. 그러나 "한국사람을 개인적으로 만나면 예절바르고 매우 친절하며 양보심이 강한 데 반해 자동차만 타면 전혀 다른 모습을 하는 점은 잘 이해되지 않는다"고 말했다.

지도교수의 2주간 방한은 나의 학위논문 완성에도 도움이 되었을 뿐 아니라 선진국 관광분야 학자에게 우리나라의 참모습을 보여줄 수 있는 기회를 제공했다는 점에서도 큰 의미를 부여할 수 있었던 것 같았다. 그 자신도 도착할 때와는 전혀 다른 소위 '친한파적' 자세로 모든 것을 긍정적인 시각으로 이해하려고 해서 나도 큰 보람을 느꼈다.

나는 겨울방학 때까지 450여 페이지에 달하는 논문을 완성해서 제출할 것을 약속하고 그를 김포공항에서 떠나 보냈다.

박사학위논문
제출과 구두시험

지도교수를 보낸 후 나는 모든 일을 뒤로하고 전적으로 논문 마무리에 매달렸는데 다행히 11월 말까지 초고를 완성시킬 수 있었다. 학기말 시험과 성적 제출 등을 재빨리 끝내고 나는 아내에게 유학의 결실을 위한 마지막 내조를 부탁했다.

마치 전쟁터에 나가는 병사처럼 나는 아내와 함께 만반의 준비를 한 후 9번째 영국행 비행기에 올랐다. 도착 즉시 대학 캠퍼스에 있는 본 하우스(Boum House) 부부용 기숙사에 배정을 받은 우리는 피난살이와도 같은 생활을 다시 시작했다.

완성된 논문의 초고를 지도교수에게 제출하였지만, 그의 지시대로 다시 수정·보완하는 데 약 1개월이 더 소요되었다. 밤낮을 가리지 않고 지도교수에게 매달린 덕분으로 1월 말에는 그와 내가 만족할 만한 450페이지의 방대한 학위논문을 완성시킬 수 있었다.

영국의 박사학위논문은 내용도 중요하지만 일정한 분량 이상을 요구하기 때문에 외국인으로서는 어려움이 더 컸던 것이다. 따라서 10장이

나 되는 방대한 논문은 각 장(Chapter)마다 한 편의 독립된 논문으로서 가치가 있도록 내용에 충실하면서도 논리적인 전개로 연결을 요구하고 있기 때문에 이를 작성하는 데 더욱 힘이 들었던 것이다.

나는 '지난 8년 동안 도전한 보람과 결실을 이번에는 꼭 찾아서 맺고야 말겠다'는 다부진 각오로 덤볐기 때문에 지도교수도 감명을 받고 기꺼이 응해주었던 것이다. 아내는 밤낮으로 논문 완성에 매달리는 나의 건강을 위해 한약을 달여 대느라 정신이 없을 정도였다.

킹스턴에 있는 친구는 우리가 영국에 도착하여 맡겨둔 살림살이를 찾아간 후 소식이 끊기자 '어떻게 된 영문인가?' 하고 무작정 학교로 찾아왔다. 그는 내가 어두운 방 구석의 전등 밑에서 책상머리에 앉아 논문완성을 위해 매달려 있는 것을 보고 '굴속 같은 이곳에서 이런 고생을 하다니 정말 지독한 친구로구나!' 하면서 '더 이상 시간 뺏기가 미안하다'고 그냥 가버렸다.

학교에 다녀간 지 삼일이 지난 후 킹스턴 친구가 전화를 걸어 왔는데, 내용은 '계명대학교 철학과 출신인 JH목사가 런던 한인교회에 부흥집회를 하러 왔다'는 것이었다. 친구는 한인교회 목사님에게 뇌성 소아마비로 불구가 된 본인의 아들에게 JH목사가 안수기도를 해달라고 부탁했는데 시간이 여의치 않아 곤란하다고 했다는 것이다. 그는 내가 만약 '그와 친분이 있으면 한번 부탁해 달라'고 했다.

나는 불구가 된 아들을 향한 그의 애틋하고도 깊은 사랑을 누구보다 잘 알고 있었기에 모든 것을 뿌리치고 당장 달려가서 JH목사를 찾았다. 그는 마침 재영 한국대사관 H공사의 댁에서 저녁식사를 대접 받고 있음을 알아내고 나는 친구와 같이 그곳으로 쳐들어갔다.

누구보다 당황한 것은 JH목사였는데, 그는 나를 보자 놀라움과 반가움에 어쩔 줄을 몰라했다. H공사는 우리에게 식사를 같이하자고 권했는데, 나는 그것보다 우선 JH목사에게 '친구의 소원을 들어달라'고 했다. 그는 '집회가 끝나는 즉시 친구의 집으로 가서 안수기도를 해주겠다'고 약속했다. 친구는 나의 성의에 감격했는지 고마움으로 눈물을 글썽였다.

나는 촌음을 다투는 논문 마무리 작업도 미룬 채 아내와 함께 그날 밤 JH목사의 부흥집회에 참석한 후 그를 데리고 친구집에 가서 불구인 아들에게 안수기도를 받도록 해주었다. JH목사도 나와 친구의 간절한 요청에 감명을 받았던지 정성을 다해 하나님께 기도드려 주었다.

JH목사의 애절하고 간곡한 기도가 끝나고 밤 12시가 되어 우리는 그들과 작별 인사를 나눈 뒤 평소에는 요금이 비싸서 생각지도 못하던 택시를 대절해서 학교 기숙사까지 왔다. 그러나 내가 그날 친구의 소원을 들어주기 위해 소비한 시간과 노력에 대해서는 지금도 큰 보람과 더불어 좋은 일을 했다고 생각하면서 자랑스럽게 여기고 있다.

드디어 완성된 논문 4부가 심사교수들의 평가용으로 제본되어 나왔다. 지도교수와 학과장은 나의 편의를 최대한 봐주려고 재빨리 심사교수의 선정을 본부에 요청했으며, 그들에게 논문 심사를 의뢰했다.

원칙적으로는 학위 구두시험인 바이버(Viva)는 심사용 논문을 제출하고 약 3개월 후에 치르도록 되어 있다. 그런데 내가 2월 말에는 또 대학 강의를 위해 귀국해야 한다는 실정을 헤아려 이번 귀국 전에 구두시험인 바이버를 볼 수 있도록 주선해 주었다. 논문 심사교수들은 다소 불만이 있었지만 모두가 기꺼이 응해주었다.

구두시험관은 내부교수로 브라이언 아처(Brian Archer) 학과장과 스티브 완힐(Steve Wanhill) 교수였으며, 외부교수로는 웨일스 대학의 피터 새들러(Peter Sadler) 교수였다. 그런데 내부시험관인 아처와 완힐 교수는 지난주에 이미 구두시험을 보게 해주어서 과정을 마친 셈이었다. 다만 외부시험관인 새들러 교수가 그때 사정이 여의치 않아 별도로 특정장소에서 시험을 치러야 했다.

그날따라 날씨도 전형적인 영국의 늦겨울답게 으스스 춥고 비가 부슬부슬 내리는 2월 25일 오전 9시, 나는 드디어 학위 취득의 마지막 관문인 바이버를 치르기 위해 구두시험장으로 가야 했다.

며칠밤을 마지막 시험 준비에 뜬 눈으로 지새었기 때문에 얼굴꼴이 말이 아닌 나를 보고 그동안 논문 원고를 타자로 정리해 주던 여비서 게이는 '행운을 빈다'는 말과 함께 그림 그린 엽서를 주면서 격려해 주었다.

엽서를 펴보니 시험장에 들어갈 때는 근심 가득한 입모양이 그려져 있었으나 나올 때는 활짝 웃는 입모양을 그려 놓았다. 나는 그에게 감사하면서 그의 격려에 용기를 얻어 시험장에 들어갔다.

지도교수인 완힐 박사의 안내로 구두시험장에 들어가 시험관교수들과 마주했다. 약 4시간을 극도로 긴장한 가운데 구두시험을 치렀는데 수많은 날카로운 질문에 나는 무엇을 어떻게 디펜스(답)했는지 모를 정도로 기억이 나지 않았다. 말로만 듣던 바이버를 마친 나는 몽롱한 정신으로 시험장을 나오는데 눈물이 한없이 흘러내렸다. 곧바로 기숙사로 간 나는 아내의 부축을 받으며 방까지 와서 쓰러지고 말았다.

나는 한참 후에야 정신을 차리고 아내가 주는 미음을 한 모금 마실 수 있었는데, '과연 H선생의 말대로 박사학위 바이버(구두시험)가 힘이 들기는 드는구나!' 하고 느꼈다.

후배인 H선생은 '한국 유학생 중 어떤 이는 바이버를 세 번씩이나 보았지만 실패해서 결국에는 포기하고 말았다'고 했으며, 또 다른 경우는 '바이버를 보다가 정신이 좀 이상하게 된 친구도 있었다'고 했다. 그 당시 나는 그의 말에 반신반의했는데 실제로 내가 당해보니 사실일 수도 있다는 생각이 들었다.

나는 건강 회복을 생각할 겨를도 없이 그 이튿날 학과에 가서 학과장과 지도교수 그리고 관계관에게 그동안의 협조에 감사하면서 출국 인사를 하였다. 지도교수는 나보고 "4월 중으로 결과가 나오면 즉시 연락해 주겠다"고 하면서 "그간 고생 많이 했다"고 처음으로 격려의 말로 인사를 해주었다.

나는 학생으로서는 이번이 마지막 기숙사 생활이 되기를 하나님께 간절히 기도드리면서 킹스턴 친구집에 들려 사용하던 살림살이를 맡겼다. 친구는 나의 건강을 염려한 나머지 런던 차이나타운에 가서 웅담이라는 한약을 한 개 구해주면서 복용하라고 했다.

그리고는 부인에게 생선 매운탕을 끓이게 해서 우리를 대접해 주면서 "이 친구야, 공부도 중요하지만 몸 생각도 좀 해야지!" 하고는 본인의 고달픈 생활도 뒤로한 채 나를 염려해 주었다. 그는 평소에 뇌성 소아마비로 고생하는 아들을 내 몸같이 돌보아줌으로써 참된 사랑이 무엇인 가를 몸소 나에게 보여주었다.

　나는 진실한 우정과 성의에 감동해서 눈시울이 뜨거워짐을 의식하면 서 '좀 쉬었다가 떠나라'는 그의 만류에도 불구하고 아내의 부축을 받으 면서 서울행 비행기에 몸을 실었다.

학위 취득 축하연

지칠 대로 지쳐서 허약해진 몸으로 귀국한 나는 쓰러지지 않고 무사히 학교에 출근할 수 있게 해준 하나님께 감사드렸다. 항상 그렇듯이 며칠을 앓고 난 후 나는 초조한 마음으로 논문 심사와 구두시험 결과를 기다리면서 학교일에 매달렸다.

드디어 4월 중순경 지도교수로부터 '논문심사 결과 수정 없이 통과되었고 구두시험도 합격되었음을 축하한다'는 내용의 서신을 받고 나는 기쁨의 눈물이 앞을 가려 나머지 부분을 읽을 수가 없었다. 이 기쁜 소식을 가장 애타게 기다리던 아내는 좋아서 어쩔 줄을 몰라 했으며 그동안 주위에서 염려해 주고 기도해 주던 친지들 특히, 팔순의 노모와 예순에 접어든 누님은 말할 수 없이 기뻐하셨다.

나는 실질적으로 8년간의 도전에 대한 결실을 보았기에 그동안 협조해 주고 도와준 분들에게 감사의 뜻을 전했다. 특히, 한국은행 산업연관분석과 J과장과 C선생, K교수 그리고 관광공사 Y본부장 등 제씨들의 은혜는 잊을 수가 없었다. 또한 수많은 제자들과 동료들의 도움에도 깊은 감사의 뜻을 전했다.

나는 지금까지 살아 오면서 은혜를 입은 분들로부터 빚을 갚기는커녕 오히려 더 무거운 빚진 자가 되었음을 인지할 때 앞으로는 그 빚을 조금이라도 갚아 나갈 수 있는 능력과 기회를 하나님께 간구했다.

계절의 여왕 5월 초순 연이어 서리 대학교 시험총괄처장으로부터 '서리 대학교는 1989년 5월 22일자로 귀하에게 철학박사(PhD: 관광경영학 전공) 학위를 수여하게 됨을 기쁘게 생각하고 아울러 축하한다'는 공식적인 통보의 공문이 왔다. 나는 주저하지 않고 소지하고 있던 원본에 논문심사 통과증과 학위수여 결정서를 첨부해서 정밀인쇄업을 경영하는 YS의 도움으로 450페이지에 달하는 논문 100부을 만들어 우리 대학 도서관에 배부용으로 기증했다.

나는 서리 대학교에서 보내온 공문을 교무처에 논문과 함께 신고하고 접수시켰으며, 대학에서는 이 사실을 교육부에 신고하였다. 교육부에서는 서류와 논문을 접수하고 검토한 후 학위증 사본을 요구해 왔다.

영국 서리 대학교에서는 석·박사학위 수여식을 1년에 한번씩 거행하는데, 비록 5월에 학위수여가 결정되었더라도 학위증은 당해연도 12월 첫째 금요일 오후 2시 수여식장에서 총장에게 인사하고 받도록 규정되어 있다. 교육부에 이러한 사실을 설명했지만 통할 리가 없었다.

부끄러움을 무릅쓰고 나는 시험총괄처장에게 이러한 사정을 설명하고 교육부장관 앞으로 공문을 보내줄 것을 요청했다. 서리 대학교에서는 총장 경유 교육부장관 수신 공문을 보내왔으며, 이로써 나의 학위취득은 5월 22일자로 인정받을 수 있게 되었다.

평소 나에게 많은 관심과 성원을 보내준 제자들은 8년간의 도전에 대한 결실을 그냥 보고 넘어갈 수 없다면서 학위 취득 축하연을 베풀어 준다고 했다. 나는 사양했지만 그중에서도 특히, '77학번인 SH가 적극적으로 나서서 일이 본격적으로 추진되었다.

1989년 7월 8일 11시 제자들은 대구 수성관광호텔 은하수홀에서 대학교수님들과 관광업체 관계자들 그리고 가족을 포함한 친지들을 초청한 가운데 '철학박사 학위 취득 축하연'을 베풀어주었다. 약 400여 명의 선배 및 동료교수님들과 관광업체 대표들을 포함한 축하객들을 모신 가운데 졸업생 MY양의 사회로 축하연이 진행되었다.

평소에 존경하던 대학원장 J박사님에게 격려의 말씀을 부탁드렸는데, 그분은 선배로서 어느 누구보다 나의 학위과정 이수에 많은 관심과 격려를 해주셨기 때문에 의미가 컸던 것이다. 나는 J박사님을 모시고 아내와 함께 단상에 앉았는데 그때 노모와 장모님을 단상에 모시지 못한 것이 지금도 후회된다.

나는 진심으로 그날의 기쁨과 영광을 그곳에 참석해 준 모든 분들에게 돌리고 싶었으며, 그랬기 때문에 더운 날씨 탓도 있었지만 나는 오히려 송구스럽고 어깨가 무거워서 땀을 한없이 흘렸었다. 졸업생 대표인 DK군의 인사에 이어 J박사님의 격려사가 있었다. J박사님은 내가 어려운 입장에 처해 있었기 때문에 파트 타임 스튜던트로 학위과정을 이수할 수밖에 없었고, 그래서 더욱 오랜 시간이 걸렸을 뿐 아니라 고생도 많았다고 말씀해 주셨다.

그리고는 유머로 "미국에서는 학위를 취득한 사람에게 PhD(철학박사)라고 부르지만 부인에게는 PHT(Push Him Through: 남편이 학위를 받도록 밀어준 사람)란 칭호를 붙여준다"고 했다. 따라서 "오늘이 있기까지는 부인의 노고가 컸음을 잊지 말아야 할 것"이라고 말했다.

J박사님의 말씀이 얼마나 나의 마음에 와닿았는지 '가슴이 찡'함을 느낌과 동시에 지난 8년간의 기억될 만한 주요 장면들이 순간적으로 뇌리를 스치면서 눈에 이슬이 맺혀 오는 것을 억제할 수 없었다.

나는 빚진 자로서 죄송스럽고 떨리는 가슴을 안고 인사말을 했는데, 그때의 솔직한 심정으로는 단상에서 내려와 참석해 주신 모든 분들에게 감사의 표현으로 큰 절을 드리고 싶었다.

나의 인사에 이어 재학생들의 '사랑' 및 '스승의 은혜'라는 사중창과 기념품 전달로 1부 순서가 막을 내렸고, 2부에서는 케이크 커팅과 뷔페식 중식 그리고 환담과 사진촬영 등이 있었다.

특별히 감사한 것은 타지에 계시는 많은 분들이 축전으로 축하의 뜻을 전해 왔는데 국무총리이신 K박사님도 친히 축전을 보내주셔서 그 행사를 더욱 의미있는 자리로 승화시켰다. K총리는 내가 영국에서 유학할 때 주영 한국대사로 계시면서 나에게 관심을 가져주셨고 격려도 해주시던 분으로 평소에 선배학자로서 내가 존경해 오던 분이었다.

포항에 있는 YH, DC, YS 등의 친구들이 짬을 내어 참석해 주었을 뿐 아니라 여러 이유로 불참한 친구들의 축하까지 함께 안겨주었다.

그리고 초·중등학교 동기들인 대구 포우회의 회우들과 대학 친구들인 올페회 회우들 모두가 바쁜 가운데 참석해 주어서 기쁨을 그들과 함께 나눌 수 있게 됨을 하나님께 감사했다. 또한 대구관광협회와 경북관광협회 그리고 지배인협회 및 시·도 관광과 등에서도 참석하여 화환과 함께 축하의 말씀을 해주었다.

나는 갑자기 과거 내무부에서 근무할 때 친하게 지내던 SB형의 "김형! 학자의 길로 들어서겠다고 작정했으면 해당 전공분야에서는 적어도 제일인자가 된다는 각오가 되어 있어야 합니다. 만약 그럴 자신이 없으면 지금이라도 늦지 않으니 이 분야에서 나하고 같이 지냅시다"라던 말이 떠올랐다. 나는 후회 없는 삶을 살기 위해 그의 충고를 항상 마음속 깊이 간직하면서 가끔씩 확인하곤 했다.

그날 나는 7월의 뜨거운 태양 아래 지난 8년 동안 흘린 땀 못지않게 많은 양의 땀을 흘렸다. 그리고 축하받는 기쁨보다 오히려 빚진 자로서의 책임감과 함께 어깨가 더 무거워짐을 느끼면서 축하객들의 손을 굳게 잡았다.

도전의 결실

실로 오랜만에 1989년의 여름 방학은 나도 다른 교수들과 마찬 가지로 개인적인 시간과 가족을 위한 봉사를 할 수 있는 기회를 가지게 되었다. 우성관광 여행사 를 경영하는 제자 KT군은 후배  인 HM선생과 같이 새로 개발한 '알래스카 관광상품'에 나를 초청해 주어서 짧은 기간이었지만 모처럼 휴식과 즐거운 여행을 할 수 있었다.

그리고 그동안 무척이나 그리워하던 여름의 동해바다를 보기 위해 나는 도구에도 갔으며, 죽마고우들과의 회포도 풀 수 있는 시간도 가졌 었다. 포항 종합제철공장으로 인해 다소 오염된 듯한 느낌은 들었지만 그래도 동해의 넓고 푸르고 맑은 바다는 나에게 변함없는 위로와 희망, 그리고 꿈을 안겨주는 것 같았다.

푸른 해송과 해당화를 어머니의 팔로 포근히 감싸안고 있던 영일만 과 백사장은 과거와 같이 마냥 넓고 깨끗하지만은 않았지만, 그래도 약간의 옛 모습을 간직하고 있어 어렴풋하게나마 옛날을 회상할 수 있음을 나는 고맙게 생각했다.

나에게 제2의 운명을 안겨주었던 동해초등학교는 교사의 위치가 바뀌어 있었고 교장관사도 자취를 감춘 지 오래였다. 할머니께서 가끔 음식을 차려 놓고 자손들의 명복을 빌던 뒷산의 고인돌도 지금은 온데간데없이 사라졌으며, 그 자리조차 확인할 수 없게 되었다. 마치 잃어버린 사색을 주워담으며 확인이라도 하듯이 멍하니 사방을 두리번거리며 돌아보는 나에게 누군가 갑자기 "누구를 찾으십니까?" 하고 묻는 소리에 나는 정신을 차려 "아! 예, 참 많이 변했군요"라고 대꾸하면서 천천히 친구집으로 내려왔다.

내가 그렇게도 기뻐하며 이사 와서 청소년 시절의 온갖 희로애락을 겪었던 작은 도구 개울가의 옛집은 다만 형태를 조금 개조한 채 초라한 모습 그대로 서 있었다. 그러나 옆집 SB네는 그 집터에 빌딩을 지어 여관과 목욕탕을 경영하고 있었으며, 그 옛날 우리 조무래기들이 옹기종기 모여 장난치며 놀던 골방은 온데간데없이 사라져 버렸다.

늘 푸르고 울창하기만 하여 우리들을 나무꾼으로 만들기에 부족함이 없었던 '하시모도산'은 이전보다 더 가까운 곳으로 다가와 앉아 있었다. 우리는 그곳에 몰래 가서 땔감나무를 하다가 고자인 산지기에게 붙잡혀 낫과 지게를 빼앗기고 혼이 난 적이 한두 번이 아니었다.

그 당시 키도 작고 몸도 약했던 나는 가끔 산지기의 밥이 되어 고난을 겪기가 일쑤였다. 힘 좋은 친구인 YK와 YW는 산지기에게 "고자야! 고자야! 나 잡아봐라!"라고 약을 올리면서 달아났기 때문에 잡힌 내가 그의 화풀이 대상이 되어 온갖 수난과 고통을 당해야만 했다.

나는 짬을 내어 출생지인 장기읍 임중에 가서 생가와 과거 피난시절 신세졌던 집도 찾아보기로 했다. 장기읍에는 제자인 BJ군의 고향이기도 한데 그는 당시 서울 라마다 르네상스 호텔에 당직 지배인으로 근무하고 있었다. 숙박업을 경영하고 있는 그의 부모를 뵙고 나는 방문 목적과 관심사를 말씀드렸다. 그들은 임중으로 나를 안내했지만 울창하던 소나무와 대나무숲은 더 이상 찾아볼 수 없었다.

그 유서 깊고 아름다운 지역을 '농산물 증대'라는 목적으로 없애버리고 농경지로 만들었다니 얼마나 무모하고 미련한 인간의 발상이란 말인가! 이와 같이 흐르는 세월과 더불어 많은 생태계와 자연경관들이 인간의 개발이란 미명 아래 파괴되고 사라져 가고 있음은 매우 안타까운 일이 아닐 수 없었다. 결국 그 피해는 도로 인간에게 돌아온다는 사실도 모른 채 말이다!

노모는 가끔 나에게 "너를 잉태하였을 때 노승이 지나가다 들려 물한 모금 마시면서 뱃속에 아이가 장성하면 말깨나 하겠다"고 했으며, "네가 태어나고부터는 재수가 좋아서 우리가 집도 사고 생각지도 않던 농지도 소유할 수 있었다"고 말씀하셨다.

그리고 "네가 태어난 임중의 생가는 그 지역에서 물맛이 가장 좋았을 뿐 아니라 겨울에는 따뜻하고 여름에는 시원한 우물을 가지고 있어서 동네 사람들이 모두 그 물을 즐겨 마셨다"고 하셨다. 또한 '그 우물은 아무리 가물어도 마르지 않아 신비의 우물로 알려져 있었다'는 것이다.

나는 "이 신비의 우물이 있던 곳을 가르쳐달라"고 BJ군의 부모에게 부탁했는데, 그들도 "그런 말을 듣긴 했어도 지금은 보는 바와 같이 지역 일대가 경지로 변했으니 아마 땅속에 묻혔을 거"라고 했다. 그러나 그들은 "임중에는 지금까지 많은 명사들을 배출했는데, 지금도 판검사가 둘이나 되고 거기에다 교수님도 이곳 태생이니 과연 명당은 명당임이 확실하다"라고 말했다. 나는 그들의 안내로 인근 우물에서 물을 한 모금 얻어 마신 후 허전한 마음으로 그 자리를 뜨고 말았다.

어느덧 2학기가 시작되고 대구의 짧은 가을을 맞았을 때 서리 대학교에서는 학위증 수여식에 관한 초청장과 안내서를 보내왔다. 초청장에는 '귀하에게 서리 대학교는 총장 켄트 공을 모신 가운데 12월 첫째 주 금요일 오후 2시 길퍼드 커시드럴(성당)에서 거행되는 1989년도 석·박사학위 수여식에서 학위증을 수여할 예정이니 참석하라'는 것이었다. 동시에 '본인의 참석 여부와 학위복 구입 및 대여 안내 그리고 친지 2명에 대한 참석 여부를 10월 말까지 통보해 달라'는 내용의 안내문과 회신용 엽서가 동봉되어 있었다.

나는 무리를 해서라도 꼭 참석하여 8년간의 도전에 대한 결실을 맛보고 싶었으며, 아울러 아내도 같이 가서 그 기쁨을 함께했으면 하고 바랐다. 그래서 나는 아내의 동의도 구하지 않은 채 본인과 친지 2명에 대한 참석 통보를 바로 보냈다. 연이어 지도교수로부터 '학위복을 맞추지 않겠느냐?'라는 서신을 받고 나는 맞추기로 하고 필요한 치수를 적어 보냈다.

1989년 12월 초순 나는 총장에게 학위수여식에 참석하기 위한 출국 허락을 받고, 아내에게 동행할 것을 권했지만 고 3인 둘째아이의 뒷바라지를 이유로 극구 사양했다. 그러나 그것은 형식적인 변명에 불과했으며, 실제로는 경비가 부담스러웠기 때문이란 것을 내가 모를 리 없었다. 지난 8년간 학위과정 이수를 위해 들어간 학비와 경비 때문에 우리는 두산동에 있던 집도 헐값에 팔고 비좁은 아파트로 주거공간을 줄여야 했던 것이다.

나는 될 수 있으면 경비를 절약하기 위해 여러 곳의 항공요금을 확인한 결과 다행히 여행사에 근무하는 제자로부터 헐값에 비행기표를 구입할 수 있었다. '이럴 땐 돈을 아끼지 말아야 하는 건데' 하는 생각을 하면서도 '결국 나도 접장이긴 마찬가지구나!'라고 자인하고 말았다.

나는 '접장이란 매번 대접만 받기 때문에 공짜를 좋아하고 동시에 남을 대접하는 데 인색할 뿐 아니라 돈 쓰는 데 익숙하지 않다'는 것과 '항상 학생들을 시키는 버릇 때문에 누구든지 시키는 데 익숙해진 것이 특색이자 단점이란 점'을 너무도 잘 알기 때문에 여기에 물들지 않으려 노력하고 있었다.

나는 12월 2일 드디어 10번째 영국행 비행기에 몸을 실었는데, '88 서울올림픽 덕분에 비행 항로가 개선되어 비행시간이 무려 14시간으로 단축되었다. 나는 런던 도착 즉시 킹스턴 친구집에 들려 잠시 휴식을 취한 후 길퍼드에 있는 학교로 갔다. 지도교수는 내가 3일간 캠퍼스에서 머물 수 있도록 이미 스택힐 코트 기숙사에 방을 하나 예약해 두었다.

나는 학과 모든 교직원들에게 인사를 하였으며, 그동안 그들의 협조에 감사했다. 그들은 이구동성으로 "샘(Sam: 나의 애칭으로 외국인들이 이렇게 불렸다) 축하해요"라며 손을 굳게 잡아주었다. 과거 학생신분으로 학과 사무실이나 교수 연구실에 출입할 때와는 전혀 다른 기분을 맛볼 수 있었다.

다음날 있을 학위수여식에서 착용할 학위복과 관계서류들을 지도교수로부터 받아들고 나는 기숙사 방에 와서 피나는 도전에 대한 의미있는 결실을 주신 하나님께 감사드리고 학위복을 펼쳐보았다.

나는 명분과 꿈을 위한 도전의 보람과 함께 실제보다 몇 배로 더 무거운 중압감을 느끼면서 학위모와 가운을 입고 거울 앞에 섰다. 이것이 내일 학위수여식에서 남들에게 비추어질 나의 모습일 테지만, 과연 나의 참모습이 될 수는 없을 것이란 생각을 해보았다. 허전한 마음을 가누지 못한 채 멍하니 거울 앞에 서 있는데, 누군가가 방문을 두드렸다. 그들은 다름아닌 우리별 1호의 주역들이었는데, 그중에서도 나는 SD군을 만나게 되어 무척 반가웠다.

SD군은 그 당시 대구 수성경찰서 P서장의 막내아들로 그의 부친과 나는 평소에 가깝게 지내는 사이였다. 더구나 그는 한국과학기술대학을 졸업하고 정부의 장학금으로 이곳 서리 대학교 위성통신학과에 유학이 결정되었을 때 내 연구실에 찾아온 사실도 있어서 더욱 반가웠다.

이들 우리별 1호의 주역 7명은 나에게 축하인사와 더불어 저녁식사를 같이 하길 원했고, 나는 기꺼이 그들의 요구에 응했다. 그들은 과정 이수와 연구에 매우 바쁜 듯 오랜 시간을 같이 보내지 못한 채 내일 졸업식장에서 만날 것을 약속하고 헤어졌다.

잠자리에 막 들려고 하는데 과거 이 대학에서 생의학으로 석사과정을 마치고 현재 런던 대학에서 학위과정을 이수하고 있는 MJ선생 내외로부터 전화가 걸려왔다. 그들은 축하인사와 더불어 '내일 졸업식장에서 만나자'고 했다.

학생신분으로서의 마지막 밤을 공교롭게도 나는 1982년 이 대학에 입학해서 첫날밤을 보낸 바로 그 기숙사에서 보내게 됐다는 사실을 확인한 순간 어떤 운명과도 같은 야릇한 감정을 맛볼수 있었다.

나는 과거 공부하면서 어려울 때마다 기도를 드렸는데, 그때 푸른 잔디 위에 인자하게 서 계시는 예수님을 환상으로 가끔 볼 수 있었다. 오늘밤에도 나는 그런 예수님을 만날 수 있기를 기대하고 기도드리면서 잠을 청했다.

졸업식장인 길퍼드 커시드럴(성당)에는 오후 1시부터 졸업 예정자와 축하객들로 붐비기 시작했는데, 킹스턴에 있는 친구와 MJ선생 내외 그리고 지도교수 부인 등이 입구에서 나에게 축하인사를 해주었다.

나는 친지용 입장권이 두 장뿐이었기 때문에 킹스턴 친구와 MJ선생에게만 주고 그의 부인은 기다리게 했다. 물론 지도교수 부인은 이미 입장권을 확보하고 있었기에 염려할 필요가 없었다.

그들이 미리 준비해 온 꽃다발을 받아서 MJ선생 부인에게 맡기고 식장에 막 들어가려는데, 우리별 1호팀들이 닥쳤다. 나는 그들에게 어제 저녁 입장권이 없으면 들어갈 수 없을 거라고 했는데도, 입장하려고 수위와 다투는 것을 보고 말렸다. 그들은 식장에 들어가는 것을 포기한 채 재차 축하한다는 인사를 한 후 연구실로 돌아갔다. 킹스턴 친구는 그들에게 식이 끝난 후 만나서 식사할 것을 약속했다.

식장의 좌석에는 모두 지정된 번호가 있어서 입장권에 적혀 있는 번호대로 가서 착석하도록 되어 있었다. 맨 앞좌석에는 교수들이 좌우로 서로 마주보고 앉아 있었고 그 다음에는 학부형들의 좌석이었다.

그리고 마지막으로 학과별 졸업예정자들이 석사·준박사·박사의 순으로 앉게 되어 있었다. 식장의 안내원이 일일이 좌석번호를 확인하고 안내하기 때문에 빈 좌석이라고는 하나도 찾아볼 수 없었다.

학위수여식장은 분위기도 엄숙했지만 질서가 매우 정연해서 우리나라 대학 졸업식장과는 너무 대조적이었다. 식장에서 사진기를 들고 왔다갔다한다던가 소란을 피우는 사람은 한 명도 볼 수 없었다. 나는 '이런 것을 우리가 배워야 한다'고 생각했다.

장엄한 교회 파이프 오르간 음악에 맞추어 총장인 켄트 공과 임석관들이 입장할 때 모든 사람이 일어나서 박수로 환영했다. 단상에는 총장과 외부 저명인사, 그리고 부총장 등 3명만이 좌정했으며 왼편 사회대에는 교무처장이 서 있었다.

부총장의 개식 선언과 함께 교무처장의 학사보고에 이어 학과별 석사·준박사·박사의 순으로 학생을 호명하면 졸업생은 순서대로 단상에 올라가 총장에게 경례를 하고 악수한 뒤 반대편으로 내려오면서 학과장과 악수하고 교무과장으로부터 학위증을 받아서 제자리로 가서 착석하게 되어 있었다.

교무처장은 학과별 학위 취득자의 현황을 총장에게 사전에 보고하고 명단을 부른 후 학과단위의 학위수여가 끝나면 다시 총장에게 보고는데, 이때 참석자들이 축하의 박수를 보낸다. 사전에 예행연습도 하지 않았는데 얼마나 질서정연하고 조직적으로 행사가 진행되는지 나는 정말 감탄하지 않을 수 없었다.

학위 취득자의 보고와 배알을 받는 순서가 끝난 후 총장은 중후하고 근엄한 목소리로 준비한 격려사를 낭독했다. 총장의 격려사가 끝난 후 부총장의 폐회선언과 함께 학위수여식은 약 1시간 30분 만에 끝이 났다.

나는 사전에 졸업식 기념 비디오 테이프를 신청했는데, 아무리 보아도 촬영하는 사람이 안 보여서 의심을 했었다. 그런데 나중에 알고 보니 양쪽 벽면에 촬영기를 설치해 놓고 사진을 찍었기 때문에 행사 진행에는 아무런 방해를 주지 않았던 것이다.

나는 총장인 켄트 공에게 두 번째로 배알할 기회를 가진 셈이었는데, 그는 왕족답게 매우 근엄하였으며 권위가 있어 보였다. 졸업식을 마친 후 먼길을 어렵게 달려와서 학위수여식에 참석한 보람이 있었다고 생각하면서 나는 지도교수 부부와 함께 공식 축하 연회장으로 갔다.

대학의 공식 축하연이 끝난 후 지도교수 부부는 나를 축하해 주기 위해 그날 저녁식사를 폴테호텔 식당에서 같이하자고 했다. 킹스턴 친구도 우리별 1호팀 학생들과 MJ선생 부부를 데리고 나한테 한턱 내겠다고 했지만 나는 선약이 있다고 양해를 구한 뒤 내일로 미루자고 했다.

킹스턴 친구는 섭섭한 표정을 감추지 못한 채 무거운 발걸음으로 떠났는데, 나는 그의 뒷모습을 보면서 미안한 생각이 들었다. 지도교수 부인은 나의 손을 잡으면서 "고귀한 왕족인 켄트 공과 악수한 손이니 며칠간 씻지 말라"고 농담을 걸어왔다. 나는 그날 저녁 지도교수 부부로부터 융성한 만찬 대접과 더불어 축하의 뜻이 담긴 건배를 여러 차례 제의받았다.

이튿날 나는 한인교회와 관광공사 런던지사 그리고 그 외 신세진 분들을 찾아뵙고 그동안 베풀어준 은덕에 감사의 인사를 드렸다. 그리고는 킹스턴 친구와 함께 템스강변의 팝에 들려 차가운 초겨울 저녁의 기운을 녹여주는 노오란 불빛 아래서 생맥주를 한 잔씩 놓고 지난 8년간의 세월들을 되새겨보았다.

서리 대학교 관광경영학과 교직원들과 우리별 1호팀 학생들의 환송 인사를 받으며 나는 3박 4일간의 학위수여식 참석을 위한 학생으로서의 마지막 기숙사생활을 끝내고 귀국 준비를 하였다.

SD군은 "모래가 어머니 생신인데 수고스럽지만 작은 선물을 좀 갖다 줄 수 있느냐?"고 부탁해 왔다. 나는 그의 갸륵한 효심에 감동받아, 기꺼이 심부름을 해주겠다고 했다.

나는 재영 한국대사관에도 들려 인사를 했는데, H공사는 "김 교수의 금의환향을 진심으로 축하한다"는 인사를 했다. 한국관광공사 K런던지사장도 똑같은 인사를 했는데, 나는 '그 인사가 내게 타당한지? 아니면 내가 그런 인사를 받을 자격이나 있는지? 서울행 기내에서 곰곰이 생각해 보았다.

외형적으로는 내가 금술이 달린 학위모와 청색과 적색으로 디자인된 후드 그리고 청색이 앞줄로 드리워진 검은색 가운을 입게 되었고, 철학박사 학위증을 받아 쥐고 귀국하게 되었으니 그런 인사를 받을 자격이 있을지도 모른다. 그러나 중요한 것은 인간의 눈에 내가 어떤 모습으로 비치느냐가 아니라 하나님이 보시기에 내가 얼마나 참되고 진실된 성숙한 인간으로 보이느냐가 더욱 중요하다고 나는 생각했다.

따라서 이러한 결과도 중요하지만 '앞으로 이것을 발판으로 인류사회 발전을 위해 내가 얼마나 노력하고 봉사하느냐' 하는 문제가 더욱 중요한 과제라고 느꼈다.

인간은 다만 하나님이 주신 명분 때문에 존재하며, 아울러 그 명분을 찾기 위해 끊임없이 도전하고 있을 따름이라고 나는 생각했다. … 또 다른 꿈과 명분을 위한 도전에 임할 준비를 하면서!

김 상 무
교수

포항 동지고등학교를 졸업하고 계명대학교에 진학하여 영어영문학과 학부를 거쳐 대학원에서 1973년 문학석사학위를 받고, 1978년 미국 University of Hawaii에서 관광마케팅 과정을 수료하고, 1984년 영국 University of Surrey에서 관광개발학석사(MSc) 학위를 받았으며, 1989년에는 동 대학원에서 관광경영학 전공 철학박사(PhD) 학위를 취득했다.

1973년부터 계명문화대학 교수로 재직하다가, 1986년 계명대학교 관광경영학과 교수로 임용되어 퇴임 시까지 관광개발론, 국제관광론, 관광자원론, 관광사업경영론 등의 강의를 담당하였으며, 호주 University of Queensland 및 영국 University of Surrey와 미국 University of Hawaii 등에서 객원교수로 연구한 바 있다.

또한 영남관광학회 회장, 대한관광경영학회 초대 회장, 계명대학교 경영대학 학장, 그리고 사단법인 한국관광학회 회장을 역임하였다.

연구논문으로는 SSCI 등재지인 "Tourism Management" 외 저명 국제학술지에 전공관련 논문을 다수 게재한 바 있으며, 전국 규모 학술지인 "관광학연구" 및 기타 학회지에 약 60여 편의 논문을 발표한 바 있다. 또한 『관광사업경영론』과 『관광개발: 이론과 실제』(2002, 백산출판사) 등 다수의 전공 서적 저자이기도 하다.

1978년부터 관광종사원 자격시험 출제위원 및 각종 심사위원, 경상북도 정책자문위원, 경북관광포럼 운영위원장, 농촌마을가꾸기 심사위원장, 한국 방문의 해 추진위원, 문화관광부 정책자문위원 등을 역임함으로써, 국가사회 발전을 위해 봉사해 왔다. 또한 그는 미 육군 공로훈장(1970), 주한 유엔군 총사령관 표창(1971), 대통령 표창(2003), 옥조근정훈장(2005) 등을 수여받았으며, 1990년부터는 국제학술지인 "Tourism Management"의 편집위원으로, 1995년에는 국제관광학술원(IAST) 정회원으로 활동한 바 있다. 현재는 IAST 명예회원으로 있으며, 2003년부터는 사단법인 한국관광학회 고문으로, 그리고 2005년 퇴임 후 현재까지는 계명대학교 명예교수로 활동하고 있다.